教育部人文社会科学研究青年基金项目"教育过度发生率及其收益：基于珠三角地区企业的微观实证"（13YJC790181）"；

全国教育科学"十三五"规划 2020 年度教育部重点课题项目"人工智能时代应用型高校大学生就业质量持续提升路径研究"（项目编号：DFA200300）；

广东省哲学社会科学规划 2020 年度青年项目"新冠肺炎疫情对大学生就业的多维冲击及其多重响应机制研究"（项目编号：GD20YJY09）；

广东省普通高校重点科研平台和项目"公共行为与健康研究团队"（2019WCXTD005）

中国劳动力市场运行中的教育过度问题研究

The Over-education in the Chinese Labor Market

杨永贵 著

重庆出版集团 重庆出版社

图书在版编目 (CIP) 数据

中国劳动力市场运行中的教育过度问题研究 / 杨永
贵著 . — 重庆 : 重庆出版社 , 2021.12
ISBN 978-7-229-16554-3

Ⅰ . ①中… Ⅱ . ①杨… Ⅲ . ①劳动市场 – 关系 – 教育
– 研究 – 中国 Ⅳ . ① F249.2 ② G52

中国版本图书馆 CIP 数据核字 (2021) 第 269791 号

中国劳动力市场运行中的教育过度问题研究
ZHONGGUO LAODONGLI SHICHANG YUNXING ZHONG DE
JIAOYU GUODU WENTI YANJIU

杨永贵　著

责任编辑：袁婷婷
责任校对：何建云
装帧设计：优盛文化

 重庆出版集团
重庆出版社　出版

重庆市南岸区南滨路 162 号 1 幢　邮编 : 400061　http://www.cqph.com
三河市华晨印务有限公司
重庆出版集团图书发行有限公司发行
E-MAIL: fxchu@cqph.com　邮购电话 : 023-61520646
全国新华书店经销

开本 : 710mm×1000mm　1/16　印张 : 17.25　字数 : 310 千
2023 年 2 月第 1 版　2023 年 2 月第 1 次印刷
ISBN 978-7-229-16554-3
定价 : 98.00 元

如有印装质量问题，请向本集团图书发行有限公司调换 : 023-61520678

前　言

　　劳动力市场运行中教育与工作的关系一直是劳动经济学和教育经济学关注的热点问题。自 Freeman（1976）出版《教育过度的美国人》（*The Overeducated American*）一书提出"教育过度理论"以来，教育过度问题备受关注。伴随经济的飞速发展和扩招政策的实施，中国高等教育规模迅速扩大。但由于各种因素的综合作用，大学生就业面临严峻挑战。"毕业即失业""屈身俯就较低学历者要求的工作或与所学专业无关的工作""大材小用""人才高消费"等现象日益普遍。有学者据此认为中国开始出现"教育过度问题"，但也有学者对此提出异议。同时，现有文献关于教育过度发生率及影响效应测量方法与结果也存在较大分歧，特别是对教育过度的成因解释尚未形成统一的分析框架。

　　在梳理国内外相关研究的基础上，利用"中国企业雇主－雇员匹配调查数据（2013）""广州市大学生首份工作就业质量调查数据"和"广州市医务人员工作状况调查数据"对以下三个基本问题进行了研究。

　　第一，基于放松"同等学历下能力同质"假设，提出了一种更符合中国实际的教育过度测量方法，区分名义教育过度和真实教育过度，并测量中国当前劳动力市场教育过度的现状，确认当前是否存在教育过度问题？若存在，中国劳动力市场的教育过度有何特征？

　　第二，突破现有教育过度成因解释理论"个人决策主体"和"劳动力市场收益是教育单一功能回报"的前提假设，以家庭为决策单元，基于教育目的的多维性和教育预期收益的多元性，构建双边异质性条件下的教育－工作匹配三阶段动态决策过程模型，剖析教育过度的形成机制，为理解教育过度的深层次成因提供一个新的理论视角。同时，基于调查数据以 Logit 模型和 mlogit 模型实证考察在教育过度形成过程中扩招政策、家庭背景与教养方式、家庭相对地位与角色分工、企业规范意识与 HR 管理水平、求职渠道与搜寻强度等因素的影响效应。

第三，基于调查数据，利用 ORU 方程、V-V 模型和 Probit 实证考察教育过度（包括真实教育过度和名义教育过度）对劳动者劳动力市场表现（如工资、晋升、离职倾向）的影响效应，利用有序的 Probit 模型和半参数模型分析教育过度对劳动者身心健康（过度劳动）的影响效应，并探寻教育过度对个体劳动力市场表现产生影响的机制，特别是对工资收入产生惩罚效应的机理与路径。

本研究得到以下主要结论：

第一，中国劳动力市场运行中的确存在教育过度现象，但主要是名义教育过度，真实教育过度发生率并不高；教育过度在学历、性别、户口、职业类型、企业规模、行业和地区等不同群组间存在显著差异，且其群组特征在区分真实教育过度和名义教育过度后，发生明显调整。在不区分真实教育过度和名义教育过度的情况下，以公司对工作的学历要求作为基准，教育过度发生率为 42.09%；以个人认为做好工作的学历要求作为基准，教育过度的发生率为 43.82%；在区分真实教育过度和名义教育过度的情况下，以公司学历要求作为基准，名义教育过度发生率为 36.84%，真实教育过度发生率为 5.22%；若以个人认为做好工作的学历要求为基准，名义教育过度发生率为 37.86%，真实教育过度发生率为 5.87%。

第二，教育过度形成过程中，扩招、家庭背景与教养方式、家庭相对地位与角色分工、企业规范意识与 HR 管理水平、求职渠道与搜寻强度等各阶段影响因素对教育过度存在显著影响，但对真实教育过度和名义教育过度的影响效应存在差异。控制性别等相关变量的影响后，扩招并没有明显提高教育过度的发生率；而不同经济社会的地位等级对教育过度的影响存在明显区别，家庭教养方式也对教育过度有显著影响；家庭相对地位会明显影响劳动者教育过度的概率，且影响效应存在明显的性别差异；企业管理规范化意识和规范化程度会显著降低教育过度的发生率，企业 HR 的管理水平，特别是企业招聘甄选系统和职业发展系统会整体降低劳动者遭遇教育过度的概率，尤其是真实教育过度的概率；劳动者求职渠道会影响教育过度的发生率，通过熟人介绍寻找工作，整体提升了教育过度的风险，但对"真实教育过度"和"名义教育过度"的影响存在差异，而简历投寄数量、面试次数和搜寻时间等搜寻强度指标均对教育过度有正向影响，虽然并不显著。

第三，教育过度对劳动者的劳动力市场表现有显著影响。相对于从事同样工作的适度匹配者，教育过度者会获得较高的工资，但与同等学历适度匹配者相比，教育过度者需要承受工资惩罚；同时，教育过度会降低劳动者的晋升预期并提高劳动者的离职倾向。基于 ORU 方程回归结果表明：控制个人特质与工作特征后，工作要求的教育回报率为 13.3%，高于个体实际教育年限的教育回报率；相对于从事同样工作的适度匹配者而言，教育过度者可以得到正向的工资溢价，超出部分的教育回报率为 3.2%；但相对于具有相同学历的适度匹配者而言，教育过度者将承受相应的工资惩罚，惩罚效应为 10.01%，且影响效应存在性别差异。基于 V-V 模型的估计结果表明：教育过度、特别是真实教育过度存在明显的工资惩罚效应。与相同教育水平的适度匹配者相比，教育过度者需要承受 8.4% 的工资惩罚。

第四，区分真实教育过度和名义教育过度后，真实教育过度和名义教育过度对劳动者的劳动力市场表现的影响存在差异。真实教育过度的收入惩罚效应远高于未区分时的收入惩罚效应和名义教育过度的收入惩罚效应，而且对晋升预期和离职倾向有更大的影响。区分为真实教育过度和名义教育过度后，名义教育过度的收入惩罚效应为 6.0%，低于未区分时的教育过度收入惩罚效应；真实教育过度的收入惩罚效应为 23.8%，远高于未区分时的收入惩罚效应和名义教育过度的收入惩罚效应，真实教育过度的收入惩罚效应是名义过度收入惩罚效应的 4 倍。

第五，教育过度（包括真实教育过度和名义教育过度）对劳动者的劳动力市场表现的影响，无论是对工资收入的影响效应、对晋升的影响还是对离职倾向的影响，均不因技能利用程度变量的加入而改变，但会受到专业不匹配因素的影响。同时，以倾向评分匹配（PSM）等方法控制不可观测能力变量影响后，教育过度的收入影响效应有所降低。

第六，教育过度对劳动者身心健康的影响需要再进一步确认。标准有序 Probit 模型和半参数估计结果表明，教育过度对过度劳动没有显著影响；而教育不足和技能不足会对过度劳动存在显著正向效应，其中技能不足的影响更加显著。

本书建议政府应适度控制高等教育发展速度，专注内涵式发展，并促进市场中介发展；高校创新人才培养模式，提升人才培养质量；用人单位优化企业组织结构与管理方式；家庭提升高等教育投资质量，并合理进行内部角色分工；劳动者注重核心能力打造，并优化工作搜寻方式，打造政府、高校、企业、家庭、个人"五位一体"的互动体系，提升就业匹配效率，降低教育过度。

目　录

第 1 章　导论

1.1　问题的提出

劳动力市场运行中，教育与工作的关系一直是劳动经济学和教育经济学关注的热点问题。自 20 世纪 70 年代 Freeman（1976）对美国出现的教育蓬勃发展与大量高学历人才失业和教育投资回报率下降现象进行研究，并出版《过度教育的美国人》（*The Overeducated American*）一书，提出"过度教育理论"[1]以来，过度教育问题备受关注。学者们对不同时期、不同国家的教育过度现象进行了研究，发现：教育过度是世界各国普遍存在的现象，不仅可能带来教育资源的浪费，导致更高的失业率，也会影响在岗劳动者的工作满意度[2-5]、劳动生产率[4][6-7]、职业流动[3][8-9]、职业选择[10]、培训参与率[11-13]等，甚至付出政治代价[14]，影响经济的持续快速增长[15-16]，损害国家整体竞争力[17]。

伴随中国经济的飞速发展，高等教育进入快速扩张阶段。自 1998 年国家提出《面向 21 世纪教育振兴行动计划（1998）》，决定大幅度扩大高等教育招生规模以来，中国高等教育规模不断扩大，根据国家统计局和教育部发布的最新数据显示，全国共有在校大学生 2 695.8 万人，应届大学毕业生 795 万人，普通本专科招生 748.6 万人，全国共有具有大学教育程度人口为 1.959 3 亿人；另据教育部 2017 年 7 月 10 日发布《2016 年全国教育事业发展统计公报》显示，2016 年，中国高等教育毛入学率已达 42.7%，比 2012 年增长 12.7%，比 1995 年的 7.2% 上升了 35.5 个百分点①。按照美国教育学家马丁·特罗于 1973 年提出并得到国际公认的高等教育大众化标准，中国早已进入了高等教育大众化教

---

① 教育部 . 2016 年全国教育事业发展统计公报 . 中华人民共和国教育部网站 .http://www.moe.gov.cn/jyb_sjzl/sjzl_fztjgb/201707/t20170710_309042.html

育阶段，甚至开始接近普及化阶段。伴随高等教育规模的急剧扩张，随之而来的是大学生就业问题日益突出，人社部的毕业生数据显示，2017 年应届大学毕业生 795 万，如果加上中职毕业生和 2016 年尚未就业的学生数量，2017 年待就业的加在一起约有惊人的 1 500 万①。就业形势日益严峻背景下，"毕业即失业""屈身俯就以前较低学历要求的工作或与所学专业无关的工作""大材小用""高学低就""人才高消费"的现象也日益普遍。有学者据此认为中国开始出现了"教育过度问题" [18-29]。其中，刘璐宁（2015）在尝试界定教育过度内涵的基础上，通过对初次就业率、职业吻合度、就业满意度、相对薪资水平等指标的描述，提出了教育过度在中国确实存在的观点 [29]；刘小华（2014）以衡量教育过度的三条标准为基点，做出了中国高等教育已出现"过度"的基本判断 [28]；范皑皑（2013）利用 2003—2011 年全国高校毕业生抽样调查数据，发现毕业生面临的是一个岗位实际技能需求有所降低但入职学历门槛不断提升的市场，所以出现了越来越多的向下职位挤压和教育过度 [22]；陈方红（2007）认为不管是从宏观层面，即从教育系统与社会大系统之间的比较以及教育系统内部的比较来看，还是从微观层面，即受过高等教育者自身来看，中国目前高等教育发展存在一定的过度 [21]；张谋贵（2003）认为政府迫于居民要求接受高等教育的压力，在财政许可的范围内不得不在招生人数上进行扩张，由此导致教育规模和教育结构脱离经济发展的内在要求而盲目发展，出现了教育过度现象 [20]。而赖德胜（1999）、孔宇芳（2004）、梁强（2005）、徐文华（2005）、张军利（2010、2011）、周婧和符少辉（2011）、北京师范大学劳动力市场研究中心发布的《2012 中国劳动力市场报告》等则进一步强调指出：与西方国家不同，中国的教育过度是结构性过度，是高等教育整体上处于教育不足情况下，出现的结构性、区域性失衡的教育过度 [23-27][30-32]；周婧和符少辉（2011）进一步强调中国"教育过度"现象具有长期性、局部性和结构性的特点 [24]。但也有学者认为，中国并不存在高等教育过度的问题，大学生就业难与教育过度并无关系，因为从国际比较视角来看，不但中国大学生的比例远远低于发达国家，而且中国人口平均受教育年限也远远低于发达国家，上述现象是教育深化过程中的"知识失业"，而不是教育过度 [33-36]。夏再兴（2003、2005）进一步分析了高等教育过度假象的三大表现：表象性、虚假性、结构不均衡性，并通过对中国教育投入、教育供给与需求、人力资本现状

---

① 人社部 . 2017 年 ,1500 万大学生就业形势分析 . 搜狐网 . http://www.sohu.com/a/146464792 _348178.

等因素的综合考察，得出中国的教育投资一直不足，教育供给还不能适应教育需求，中国仍然是教育和人力资源欠发达国家的结论，因此中国的高等教育并没有过度。[37-38] 李幸福（2008）也从人力资本投资、高等教育大众化、国际间的比较这 3 个角度论证了中国的高等教育没有过度。[39] 蔡昉（2013）在《高等教育真的过度了吗？》一文中指出"若根据人力资本回报率来判断高校扩招是否盲目，或者回答过去十余年高等教育的大众化进程导致教育过度的问题，是简单且直截了当的。无论是使用扩招前的数据还是扩招后的数据，计量经济学研究都表明，高等教育比较低教育阶段的回报率更高。清华大学经济系教授李宏彬发现，在 1999 年高校扩招之后，拥有大学专科以上文凭的雇员平均工资高于高中毕业生雇员的幅度继续提高，在 2009 年达到 49%"，并强调高等教育发展应该从更长远的视角回答：我们为什么需要高等教育的大力发展，应审慎面对大学发展中的问题，不能使其轻易成为因噎废食的理由。[40] 胡解旺（2010）强调，大学生就业难和高等教育规模扩张是当前一个显而易见的事实，但认为将大学生就业难归因于教育过度，存在严重的逻辑问题；事实上，大学生就业难不是教育过度，恰恰相反，是教育不足的集中体现。[33]

显然，学术界对中国是否存在教育过度还存在明显争议，若进一步考察现有研究成果测量的教育过度发生率及影响效应，同样也会发现存在巨大分歧。例如，有研究成果指出本科生以上教育过度率超过九成[41]，这不仅与已有研究成果存在巨大差异，也超出一般的认知；大部分学者认为教育过度对员工绩效、工资、满意度产生了极大的负面影响，但同时存在完全相反的看法[42]。科学研究不能仅凭感觉和感情，而应该扎根于翔实的数据资料和严谨的逻辑推理论证。经济学认为，只有对社会问题做出了科学合理的解释，才可能提出富有成效的解决对策。基于粗心调查而不是建立在深刻经济解释基础之上的建议比没有还糟糕。但遗憾的是，限于数据的可得性，现有研究无法对中国的劳动力市场的教育－工作不匹配状况进行准确、清晰的表述，也缺乏对教育过度对劳动者劳动力市场表现的影响进行测量，更无法解释中国特殊背景下教育过度的成因，以及对工资收入等劳动力市场表现产生影响的机理。因此，该专题还有较广阔的研究空间。

本研究拟基于翔实的"中国企业雇主－雇员匹配调查数据（2013）""广州市大学生首份工作就业质量调查数据"和"广州市医务人员工作状况调查数据"等微观调查数据对二个基本问题进行研究。一是中国劳动力市场上教育过度现状到底如何？是否存在所谓教育过度现象？若存在教育过度则程度如何？有什么显著特征？二是中国特殊的制度和文化背景下教育过度的深层次成因到底是什么？有哪些特殊的影响变量？其对教育过度有多大程度的影响，产生影响的路径和机理是什么？三是教育过度对劳动者的劳动力市场表现和身心健康有没有影响，有多大程度的影响？教育过度对个体劳动力市场表现产生影响的机制，特别是对工资收入产生惩罚效应的机理与路径到底是什么？研究结论对准确把握中国劳动力市场上教育－工作的匹配状况及人力资源利用状况，准确理解劳动力市场的运行规律，从而为高等教育改革和劳动力市场优化政策的出台夯实微观基础和理论依据，对推进中国经济的进一步发展和人才开发战略的实施有重要的理论和现实意义。

1.2 研究目标与内容

1.2.1 研究目标

本研究的目标是，基于 3 个互补的微观调查数据，利用一种基于放松"同等学历能力同质"假设的更合理教育过度测量方法，测量中国劳动力市场中教育过度的现状，深入剖析教育过度形成的深层次原因，并实证考察教育过度对劳动者劳动力市场表现及身心健康的影响效应。

1.2.2 研究内容

围绕上述研究目标，本文的研究内容包括四个方面：

第一部分：中国劳动力市场教育过度现状测量。已有的文献大部分以"同等学历下劳动者能力的同质"为前提的测量方法 ①，Chevlier（2003）指出忽略相同教育程度者的能力异质性，从而高估教育过度的实际发生率。在本部分，

---

① 测量方法主要有三种，①自我评估法（Worker Self-Assessment，简称 WA），可以分为劳动者自我评估做好工作要求法（WAd）和劳动者自我评估申请工作要求法（WAg）；②工作分析法（Job Analysis，简称，JA）；③实际匹配检验法（Realized Matches，简称 RM），其中实证检验法又包括众数法（RMml）和平均数加标准差法（RMmn）。三种方法都以学历与能力的同质性为前提假定，即拥有同样学历的人可以相互替代；相同职业名称的工作对能力的要求是一致的。Halaby（1994）指出，这种假设在毕业生被雇佣于灵活性很高的工作的现实经济环境中是极其不现实的。且事实上无论在任何国家，高等教育除了正规的学校教育还存在"开放学院"与"在职学历培训项目"等多种形式，更进一步印证了学历与能力的同质性假设不可能成立。更详细的内容可参考第二章的文献综述部分。

首先在梳理教育过度测量方法发展脉络，评述各方法优缺点的基础上，参照 Chevalier（2003）对英国劳动力市场的测量方法，提出一种更符合中国实际的基于能力异质性的新的教育过度测量方法①。进而结合"中国企业雇主－雇员匹配调查数据（2013）"，测量中国劳动力市场上的发生率，并区别不同学历层次、不同职业、不同行业、不同地区等不同群组间的教育过度现象的差异，总结归纳中国劳动力市场上教育过度的特征。

第二部分，教育过度的成因及影响因素研究。这一部分共包括两方面内容：一方面在简要评述是教育过度成因已有的解释理论局限性的基础上，突破现有教育过度成因解释理论"个人决策主体"和"劳动力市场收益是教育单一功能回报"的前提假设，以贝克尔的新家庭经济学理论、人力资本理论、有限理性理论等为基础，以家庭为决策单元，基于教育目的的多维性和教育预期收益的多元性，构建双边异质性条件下教育－工作匹配三阶段动态决策过程模型，剖析教育过度的形成机制。另一方面，基于翔实的"中国企业雇主－雇员匹配调查数据（2013）"和"大学生首次就业状况调查数据"，以 Logit 模型和 mlogit 模型实证考察在教育过度形成过程中扩招政策、家庭背景与教养方式、家庭相对地位与角色分工、企业规范意识与 HR 管理水平、求职渠道与搜寻强度等因素对教育过度的影响效应。

第三部分，教育过度对劳动者劳动力市场表现的影响。这一部分共包含两方面的内容，一是基于"中国企业雇主－雇员匹配调查数据（2013）"，借鉴 Duncan 和 Hoffman（1981）、Hartog 和 Osterbeek（1988）、Allen 和 Van der Velden（2001），以及 Mateos-Romero 和 Salinas-Jiménez（2016）的方法和实证思路，利用 ORU 方程、V-V 模型实证考察教育过度（包括真实教育过度和名义教育过度）对劳动者工资收入的影响效应，并以不可观测能力代理变量法和倾向得分匹配（PSM）法控制不可观测能力变量的影响，纠正因内生性等原因导致的估计偏差。二是借鉴 Sicherman（1991）、Linsley（2005）、Pietro 和 Urwin（2006）等研究的分析方法，以 Probit 模型分析教育过度对职位晋升、离职倾向（在职搜寻行为）的影响效应。

第四部分，教育过度对劳动者职业发展与身心健康的影响效应研究。基于"广州市医务人员工作状况"调查数据，利用 OProbit 模型和半参数分析法

---

① 具体方法可参考第三章中的相关内容，简单地说就是先以"拥有学历与招聘学历要求"和"拥有学历与自我评估做好工作学历要求"作为工作要求标准，与实际学历水平对比测量教育过度，进而基于"对匹配的满意度"区分"名义教育过度"和"真实教育过度"。

分析教育过度对过度劳动的影响，以期理解教育过度等工作不匹配因素对劳动者身心健康的影响。

1.3　研究方法及技术路线

1.3.1　研究方法

本书所用的研究方法主要包括文献研究和计量分析法。

文献研究：文献研究主要是在研究阶段，系统检索、阅读教育过度理论及实证研究最新进展的经典文献，然后对这些文献进行梳理，找寻可拓展的实证研究方向。经典文献搜寻主要借助 ProQuest 检索平台、EcoLit with Fulltex、JSTOR 等外文数据库，以及中国人民大学学位论文数据库、中国学位论文全文数据库、中国优秀博硕士学位论文全文数据库、中国期刊全文数据库、人大报刊复印报刊资料等全文数据库，同时考虑到文献入库的延后问题，还参阅了几个著名学术研究机构的工作文稿，如 IDEAS、IZA 以及 NBER 等，同时借助学术搜寻引擎等，以期能够获得该领域研究的最新成果。

计量分析法：基于问卷调查的数据，利用 Logit 模型以及 mlogit 模型分析扩招、家庭角色分工等中国特色的因素对教育过度的影响。利用 ORU 方程和 V-V 模型测量教育过度、教育不足的工资收入效应，利用不可观测能力代理变量和 PSM 法纠正因内生性等导致的估计偏差，利用 Probit 模型、Oprobit 模型以及半参数模型，研究教育过度对职位晋升、离职意向（在职搜寻行为）、过度劳动等关键变量的影响。

1.3.2　技术路线

本研究的技术路线如图 1-1 所示。

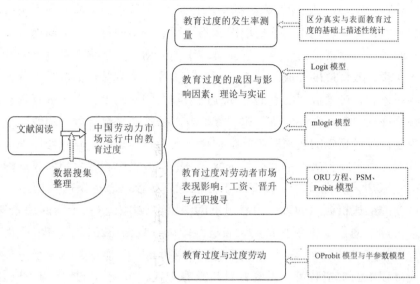

图 1-1　技术路线图

1.4　研究章节安排

本书共分为 7 章，具体安排如下：

第 1 章，提出研究问题和研究目标，对文章的研究内容进行简要概述并阐明研究使用的研究方法和技术路线。

第 2 章，文献评述，分国外、国内两个部分对教育过度测量方法、教育过度影响因素和成因，以及教育过度影响效应的文献进行梳理归纳。在国外研究中重点关注了教育过度的测量方法发展脉络和最近动向的梳理，国内部分则重点关注教育过度存在性争论观点的归纳。同时，国内外两部分都重点关注教育过度的影响因素和教育过度的影响效应，如教育过度的收入效应以及教育过度对职位晋升和离职倾向等。在对文献进行系统梳理并评述的基础上，提出有待继续验证的实证方向。

第 3 章，中国劳动力市场教育过度现状测量。本书将首先在对已有教育过度测量方法的回顾的基础上，借鉴 Chevalier（2003）对英国劳动力市场的测量方法，在放松"同等学历下能力同质"假设下，提出了一种更符合中国实际的教育过度测量方法，以区分名义教育过度和真实教育过度。使用该方法和"中国企业雇主–雇员匹配调查数据（2013）"，测量中国当前劳动力市场教育过度的现状，考察区别不同学历层次、不同职业、不同行业、不同地区等不同群组间的教育过度现象的差异，进而总结中国劳动力市场中教育过度的特征。

第4章，教育过度的成因分析：理论与实证。本章共包括两个部分：一是在简要评述教育过度成因已有的解释理论局限性的基础上，突破现有教育过度成因解释理论"个人决策主体"和"劳动力市场收益是教育单一功能回报"的前提假设，以贝克尔的新家庭经济学理论、人力资本理论、有限理性理论等理论为基础，以家庭为决策单元，基于教育目的的多维性和教育预期收益的多元性，构建双边异质性条件下教育–工作匹配三阶段动态决策过程模型，剖析教育过度的形成机制，为理解教育过度的深层次成因提供一个新的理论视角。二是基于翔实的"中国企业雇主–雇员匹配调查数据（2013）"和"广州市大学生首次就业状况调查数据"，以 Logit 模型和 mlogit 模型实证考察在教育过度形成过程中的扩招政策、家庭背景与教养方式、家庭相对地位与角色分工、企业规范意识与 HR 管理水平、求职渠道与搜寻强度等因素对教育过度的影响效应。

第5章，教育过度的劳动力市场影响：工资、晋升与离职倾向。本章共包括两个部分：一是基于"中国企业雇主–雇员匹配调查数据（2013）"，借鉴 Duncan 和 Hoffman（1981）、Hartog 和 Osterbeek（1988）、Allen 和 Van der Velden（2001），以及 Mateos-Romero 和 Salinas-Jiménez（2016）的方法和实证思路，利用 ORU 方程、V-V 模型实证考察教育过度（包括真实教育过度和名义教育过度）对劳动者工资收入的影响效应，并以不可观测能力代理变量法和倾向得分匹配（PSM）法控制不可观测能力变量的影响，纠正因内生性等原因导致的估计偏差。二是借鉴 Sicherman（1991）、Linsley（2005）、Pietro 和 Urwin（2006）等研究的分析方法，以 Probit 模型分析教育过度对职位晋升、离职倾向（在职搜寻行为）的影响效应。

第6章，教育过度对劳动者身心健康的影响：过度劳动。基于"广州市部分医院医务人员工作状况的调查数据"，以有序 Probit 模型半参数估计方法，实证分析教育过度、教育不足、技能过度和技能不足对过度劳动的影响，以期理解教育过度等工作不匹配因素对劳动者身心健康的影响。

第 7 章，结论与研究不足。总结本书的实证研究结论，并分析研究中存在的不足，在实证研究结论的基础上，提出"五位一体"的联动机制的具体制度设计。

1.5 创新及贡献

与现有研究相比，本研究的创新点与贡献主要体现在以下几个方面：

一是放松"同等学历下劳动者能力同质"假设，在考虑到个体能力异质性的情况下，借鉴 Chelivar（2003）的方法，提出了一种更适合中国现实情况的教育过度的测量方法，以区分真实的教育过度和名义教育过度，从而为准确测量中国劳动力市场运行中的教育过度现状、理解教育过度内涵提供有益借鉴。

二是突破现有教育过度成因解释理论"个人决策主体"和"劳动力市场收益是教育单一功能回报"的前提假设，以家庭为决策单元，基于教育目的的多维性和教育预期收益的多元性，构建双边异质性条件下教育 - 工作匹配三阶段动态决策过程模型，剖析教育过度的形成机制，为理解教育过度的深层次成因提供一个新的理论视角。

三是使用了"中国企业雇主 - 雇员匹配调查数据（2013）"等 3 套有较强代表性的微观数据，得到了一些有意义的新结论。例如，中国劳动力市场运行中的确存在教育过度现象，但主要是名义教育过度，真实教育过度发生率并不高；教育过度存在性别、职业等群组差异，且真实与名义教育过度前后特征存在明显区别；真实教育过度的收入惩罚效应远高于未区分时的收入惩罚效应和名义教育过度的收入惩罚效应，是名义过度的 4 倍；教育过度的收入效应不因技能利用程度变量的加入而改变，但受到专业不匹配因素的影响；以倾向得分匹配（PSM）等方法控制不可观测能力变量影响后，教育过度的收入效应有所降低。

第2章 国内外研究现状评述

2.1 国外教育过度问题的研究进展

2.1.1 教育过度的测量方法

教育过度问题的研究最早源于 Freeman（1976）提出的教育过度理论。其后 Duncan 和 Hoffman（1981）在《教育过度的发生率与工资的影响》一文中区分了个体实际接受的教育水平和工作所需要的教育水平之间的差别并确定了教育 – 工作匹配问题研究的三个核心概念：教育过度（over-education）、工作所需要的教育和教育不足（under-education），同时推导出教育过度和教育不足的测量方法。[43] 以此为基础，后来的学者发展了多种测量教育过度的方法。包括：①自我评估法（Worker Self-Assessment，简称 WA），又可以分为劳动者自我评估做好工作要求法（WAd）和劳动者自我评估申请工作要求法（WAg）；②工作分析法（Job Analysis，简称，JA）；③实际匹配检验法（Realized Matches，简称 RM），其中，实证检验法又包括众数法（RMml）和平均数加标准差法（RMmn）。

1. 自我评估法（Worker Self-Assessment，简称 WA）

自我评估法是通过询问劳动者工作的要求，从而确定员工所从事的职业需要的教育水平标准，进而与员工实际获得的教育水平对比，测量教育过度的一种方法。询问的方式大致可分为两种，一种是询问获得当前从事工作的要求。如 Duncan 和 Hoffman（1981）在研究中提出的问题是"想要获得这份工作需要接受什么级别的正规教育？""如果某人现在想要申请你的这份工作，他们除了义务教育之外还需不需要接受额外的教育或者职业教育？如果需要的话，需要几年？"[43] Hartog 和 Oosterbeek（1988）提出的问题是"对你而言，最适合你现在的工作的教育水平是什么？"[44] 这就是自我评估法中的劳动者自我评估申请工作要求法（WAg）。另外一种提问方式是询问做好工作的要求，如 Alba-Ramirez（1993）提出的问题是"个人需要哪一种教育才能在你所从事的工作中有较好的表现？"[45] Halaby（1994）[46] 询问了类似的问题，也使用了做好工作的学历要求作为基准，即自我评估法中的劳动者自我评估做好工作要求法（WAd）。

2. 工作分析法（Job Analysis，简称 JA）

是通过工作评估专家根据每个工作岗位的性质、所需要的知识与技能界定该岗位需要的教育水平和类型，从而确定工作学历要求基准，进而与劳动者实际教育水平比较，高于工作所需平均教育水平则界定为教育过度，低于工作所需平均教育水平则为教育不足，从而测量教育过度的方法。引用较多的为美国的职业分类大典（DOT）。该词典是一个提供职业信息的数据库，包含工作内容、职责以及岗位要求，如受教育程度和技能水平等，其中还包含通用教育发展指数（GEDI），它将教育分为 7 个等级。①

3. 实际匹配检验法（Realized Matches，简称 RM）

Verdugo 和 Verdugo（1989）提出了一种新的确定工作要求基准，测量教育过度的新方法，即将从事相同职位所有员工的教育年限的均值作为判断是否为教育过度的标准，进而与劳动者实际教育水平对比，测量教育过度等相关概念。当一个工人的实际教育水平超过（或低于）平均教育水平之上（或之下）一个标准差时，称之为教育过度（或教育不足）；而落入平均教育水平的正/负一个标准差之内的工人的教育程度与工作所需的相匹配，即平均数加标准差法（RMmn）[47]。后来 Kiker 等（1997）在此基础上，以众数取代平均值，从而形成众数法加标准差法（RMml）[48]。总之，某类工作岗位所需的教育水平通常与工人所接受的教育水平的平均数和分布有关。

整体而言，自我评估法操作方便，在实证研究中使用最多，但该方法的个人判断标准不一，与岗位要求有较大的伸缩余地导致测度的结果往往缺乏可比性的缺点不容忽视，其效度也有待检验[49]；工作分析法的优势在于提供了一个统一的可以相互比较的标准，但这种标准确定的困难和滞后性影响了该方

---

① Thurow and Lucas（1972）、Hartog（1980）、Rumberger（1987）、Kiker and Santos（1991）、Oosterbeek and Webbink（1996）都在研究中使用了该方法。目前 DOT 已经被美国劳工部的职业信息网所取代（简称 O'NET），职业信息网使用共同的语言和术语对超过 900 个职位进行描述，每个职业名称和代码依据职业分类法，定期更新。

法的测度效果 [50]，特别是中国暂时还没有权威的职业标准分类，因此其在中国的应用范围比较窄，只适用于对学历有比较明确要求的职业，如对教师 [51]；众数法和平均数加标准差法可以较直观地反映个人受教育年限的相对状况，可以用于对不同时期教育过度状况进行测度，操作上也比较简单，但该方法对技术进步以及劳动市场特征比较敏感，其在衡量中存在不稳定性，依赖于职业中的学历分布 [48]。同时，工作水平与教育过度的内生性相关在实证研究中备受批评。由此看来，目前还没有一种十全十美的测度教育过度的方法，因此，有些学者（如 Alpin，1998；Bang et al.，2000）在一个研究中同时用几种方法，以比较不同方法对测度结果的影响。Battu 等（2000）发现教育过度程度随测量方法的变化而变化，相互之间存在较弱的相关关系。[52]Groot and Brink（2000）指出对界定教育过度不同衡量方法的选择很大程度上影响教育过度的比例，而对教育过度收入效应没有影响。[53] Verhaest（2006）系统梳理已有文献提到的五种教育过度的测量方法，并比较其优缺点后指出：在系统测量误差风险存在的情况下，简单地认为工作分析法（JA）优于其他方法是不太妥当的。比较现实可行的方法是以 JA 方法作为做好自我评估工作的工具变量。[54]

特别需要提出的是，上述教育过度的测量方法都是建立在"同等学历者能力无差异和同一名称的工作对任职者能力要求一致"这两个严格的同质性假设上的。但 Halaby（1994）指出这两个假设显然与劳动力市场的实际不符。同时也有学者对教育是否是能力的有效指标提出了质疑，强调影响劳动生产率的因素除了教育程度之外，应该还有其他不可观察的"能力"[46]，因此，简单地以受教育程度和工作对学历的要求对比，并把比较结果作为工作是否匹配的直接指标是不太合适的，因为同样学历等级的劳动者的技能水平可能存在明显差异。

围绕同等学历的劳动者能力异质性的假设，有学者开始从概念上区分教育不匹配和技能不匹配，如 Allen and Van Der Velden（2001）、Di Pietro and Urwin（2006）和 Green and McIntosh（2007）的研究 [55-57]，Allen and Van Der Velden（2001）考察了学历不匹配和技能不匹配的关系，发现前者对工资有着强烈的负面影响，而后者没有。与学历不匹配的员工相比，技能不匹配的员工工作满意程度更高 [55]。Mavromaras et al.（2010）甚至认为，以 Overskilling 代替 Overeducation，测量工作–劳动者的匹配状况，克服了教育过度指标忽视不可观察的能力异质性的缺陷，直接有效研究工作和劳动者的不匹配状况。[58] 也有学者将结合学历匹配和技能匹配（此处称主客观匹配）的说法，如 Iammarino 等人（2015）[59]，见表 2-1。

表 2-1 教育-岗位匹配矩阵

教育水平 /所在岗位		是否充分利用	
		是	否
是否符合要求	是	客观匹配（obj-match）：学历匹配，技能得到充分利用	主观不匹配（sub-overedu）：学历匹配，技能得不到充分利用
	否	主观匹配（sub -match）：学历过度 / 不足，技能充分利用	客观不匹配（obj-overedu）：学历过度 / 不足，技能得不到充分利用

资料来源：Iammarino, S. and E. Marinelli (2015). "Education-Job (Mis)match and Interregional Migration: Italian University Graduates' Transition to Work." Regional Studies 49(5): 866-882.

还有学者开始以重新定义教育过度为目的，以区分真实（或实质）的教育过度和表面（或名义）的教育过度，这一方面以 Chevalier（2003）、Chevalier 和 Lindley（2009）、Green 和 Zhu（2010）、Pecoraro（2014）、Mateos-Romero 和 Salinas-Jiménez（2016）为代表。[5, 60–63]

其中，Chevalier（2003）、Chevalier 和 Lindley（2009）在教育技能和工作都存在异质性的假设下，通过综合职业代码工作要求和自我汇报教育工作的匹配状况（即询问劳动者"对匹配状况是否满意"）两类方法定义教育过度，并将教育过度区分为表面教育过度（apparently overeducation）和真实教育过度（genuinely overeducation）。[5, 61] 具体的处理方式是：Chevalier（2003）放松同等教育程度下大学生同质假设，将大学生分为高能力者（clever）和低能力者（under-achiever）两个类别；将工作分为三个等级，大学学历工作（Graduate job）、升级的非大学学历工作（Upgraded non-graduate job）和一般的非大学学历工作（Normal non-graduate job）。可能的配置如下：高能力大学生可能从事大学学历工作或升级的非大学学历工作，若从事大学学历工作则是恰好匹配的，若从事升级后的非大学学历工作，则处于真实的教育过度状态；低能力的大学生只能从事升级后的非大学学历工作或一般的非大学学历工作，当从事升级的非大学学历工作时是处于表面的教育过度状态，从事一般的非大学学历工作时处于真实的教育过度状态（表 2-2）。

表2-2　真实教育过度与表面教育过度关系示意

	高能力大学生 （clever）	低能力大学生 （under-achiever）
大学学历工作 （graduate job）	完美匹配 （perfect match）	
升级版非大学学历工作 （upgraded non-graduate job）	真实教育过度 （genuine overeducation）	表面教育过度 （apparent overeducation）
一般非大学学历工作 （normal non-graduate job）		真实教育过度 （genuine overeducation）

　　因为大学生的能力和工作要求是否升级均不可观测，Chevalier（2003）以劳动者对"自身资质与工作要求匹配是否满意"的信息来区分，将对匹配状况不满意的教育过度者划入真实教育过度，满意者归入表面教育过度。

　　Green 和 Zhu（2010）、Pecoraro（2014）则是通过询问教育过度的劳动是否同时存在技能过度来将教育过度区分为名义教育过度（formal overeducation）和实际教育过度（real overeducation）。在这些方法中，教育过度的劳动者若对学历和工作的匹配状况满意，或声明他们的技能与工作要求匹配，将被认定为表面教育过度者。相反，若教育过度的劳动者对学历和工作的匹配状况不满意或声明他们处于技能不匹配的状态，则被归入真实或实际的教育过度者行列。Mateos-Romero 和 Salinas-Jiménez（2016）认为实际上两种方法都是一致的，因为劳动者汇报的对学历和工作匹配状况的满意度可以看作是技能不匹配的代理变量，他们在此基础上提出了另外一种新的教育过度测量方法，该方法建立在劳动者实际达到的认识技能的客观水平的基础上，通过教育过度者实际认知水平与具有同等程度劳动者的认知水平对比或与从事同样工作的劳动者的认知水平对比，区分实际的教育过度（real overeducation）和表面的教育过度（apparently overeducation）。[60]

　　也有学者指出，这种方法存在三个主要问题，一是容易由于集中于高校毕业生群体，限制了对教育不足情况的关注；二是对无法排除由于专业不对口造成的对匹配状况的不满意的影响；三是劳动者在回答该问题时需要考虑的是综合能力，而不单单是从学校获得的技能。[64]但 Chevalier（2003）认为结合其他测量方法，将教育过度划分为表面教育过度（apparently overeducation）和真实教育过度（genuinely overeducation），能力缺乏且长时期处于教育过度状况的人属于表面上的教育过度，这种划分可以实现对教育过度的有效测量[5]。

另外，需要注意的是，Jensen 等（2010）利用随机动态收入边界函数估计了个人的潜在收入，并以潜在收入和实际收入的比例作为资历过高的测量指标，他们认为这种新的以收入比例为指标的测量方法也进一步丰富了有关教育过度问题研究的文献，弥补了传统常用教育过度测量主客观指标仅关注等级性匹配而忽略资历过高的收入和效率数量的缺陷。[65]Betti 等（2011）也强调教育不匹配概念界定中掺杂了很多因素，传统文献中的单一维度的测量指标限制了问题的进一步分析，他们在此基础上提出了一种双维度的教育过度测量方法：第一维度是关于工作满意度的信息，涉及专业技能应用、学习与工作一致性和传统的测量指标；第二个维度是关于收入方面。[66]

2.1.2 教育过度成因的理论解释

西方经济学家更多的是从微观机制上探寻教育过度产生的原因。他们依据不同的理论基础，对教育过度有不同的解释。

1. 人力资本理论

人力资本理论认为教育过度仅是劳动力市场中一个短期的不均衡现象[6]，关于教育过度的成因，人力资本理论有两种解释，一是超出部分的正式学校教育是其他形式人力资本的补偿性替代，如培训不足、工作经验缺乏等，有研究发现，与教育匹配员工相比，教育过度的员工更加年轻，工作经历相对较少，且缺少在职培训[8]；二是暂时性的教育过度对于个体而言往往是为了积累工作经验以寻找更加匹配的工作机会的策略[8, 45]，这部分内容在职业流动理论中再详细叙述。Chevalier（2003）认为教育过度员工相对比较年轻的主要原因是：老员工有更多的时间逗留在劳动市场并且通过在职培训等获得原先缺乏的技术；大学毕业生之所以没有掌握足够的技术是因为其读书期间的课程很多，没有时间学习额外的技术。[5]。

2. 职业流动理论

职业流动理论可以说是人力资本理论的一种特殊形式。Sicherman 和 Galor（1990）提出的职业流动理论，认为新进入的劳动者会接受表面看起来低于其所拥有正式学历的工作，以获得工作经验或通过接受培训活动提升特殊工作技能，期望在特定时间转向更高等级的工作。教育过度者的收入损失可以通过更好的晋升发展预期获得弥补，这种暂时性的教育过度是劳动者适应劳动力市场的一种求职策略。Sicherman（1991）基于面板数据，首次验证了这一理论。[8] 但除此之外的唯一的基于面板数据的实证检验者 Robst（1995）却没有得到相似的结论。[67]Buchel 和 Mertens（2004）基于德国经济社会调查的面板数据（German Socio-Economic Panel）发现在德国，教育过度者的工资增长率低于适度匹配者。[12] 按照 Pischke（2001）的解释，教育过度者有较少的机会参加正式或非正式的在职培训，而这些培训被证明是与工资增长正向相关的。[12]

3. 信号筛选模型

Spence（1973）等认为劳动者拥有的受教育水平与工作要求的受教育水平之间的差异是工作需要的，虽然并不是必须要求具备的。这种偏离在大多程度上被认为是教育过度取决于客观调查、学校教育作为信息筛选的效率以及学校教育所获得的个人和社会回报。在劳动市场不完善的情况下，教育只是作为一种机制，学历作为个体能力的体现，雇主按照它来辨别个体的技能和能力，由此达到区分出高劳动生产率和低劳动生产率的人。[68] 劳动市场的求职者为了更容易获得较好的职业岗位，会不断地提高教育层次，以获得尽可能强的信号，这在一定程度上加大了教育过度的概率。但 Chevalier（2003）利用英国的数据进行了全面的论证，其研究结论并不支持筛选理论。[5]

4. 职位竞争理论

Throw（1972）提出的职位竞争模型考虑两个行列：工作行列和求职行列。工作行列里的每项工作均有其要求的技能、生产力特征以及薪级标准排序；求职者为竞争工作也组成了一个行列，个人的相对位置是由自身具有的一系列特征所决定的，如教育水平、工作经验等，这些特征使雇主能估计到求职者所需的工作培训成本。位于求职行列越靠前的人，其所耗费的用人单位的培训成本越低，就越有机会获取该行列前头的工作。为跻身于求职行列靠前的位置，个人会加大对自己的教育投资，希望额外的教育会令其获得较好职位的机会提高。工作竞争模式从求职者的角度分析了教育过度的原因。雇佣劳动力具有不确定性，拥有高学历的大学毕业生在求职时会对工资、工作环境、工作稳定性及发展前途等有一个心理价位。用人单位的条件若不符合他们的标准，他们宁愿暂时失业，也不愿屈身于不理想的工作。而工作岗位对所需人员的技能、素质及工作经验的要求不同，用人单位对求职者未来的工作表现难以预测（许多工作技能是在岗位上获得的），求职者与工作岗位的矛盾就成为影响大学生就业的重要原因。

5. 配置理论

配置理论可追溯到 Roy（1951）和 Tinbergen（1956）的研究，Hartog（1977）和 Sattinger（1993）发展和完善了这一理论，配置理论认为市场匹配过程中存在一个异质性的劳动者如何被分配到存在明显差异的工作岗位中的配置问题。[69] 其采用了与职位竞争理论同样的逻辑。所以这里的问题也是分配问题，能力不同的劳动者依据不同能力而被配置到具有不同水平的困难和复杂性的工作岗位上，而受教育水平就是劳动者能力的显性指标，依据从高到低依次配置到相应的工作岗位上。在从高到低的配置过程中，处于配置序列末端的劳动者可能就会处于教育过度状态。

6. 劳动力市场分割理论

劳动力市场分割理论围绕"劳动力市场的结构与制度"因素展开分析，认为国家和区域的劳动力市场内部由于存在制度性或流动性等方面的差异，造成劳动力市场出现制度性或体制性分割，使劳动者很难在劳动力市场之间进行自由流动。同时，由于在各分割的劳动力市场中企业所处的竞争环境、自然条件等差异较大，导致劳动者面临的就业环境、工作条件及薪酬福利等相差很大，因此，劳动力市场中往往会形成职位空缺与就业困难并存的状况。在分割的劳动力市场中，由于制度性或体制性壁垒的存在，劳动者不能实现在主要劳动力市场和次要劳动力市场的自由流动，劳动者一旦在次要劳动力市场就业将很难回流到主要劳动力市场，在这种情况下，劳动者宁愿暂时不就业或在主要劳动力市场中从事低于自身学历水平的岗位工作也不愿到次要劳动力市场就业，因此形成教育过度。Nicaise（2000）指出，劳动市场的不完善（例如潜在就业者和雇主之间的信息不对称）是引起学历低的人受到学历高的人的排挤、造成教育过度的原因。由于大学之间存在互相争夺生源的现实，这就降低了大学文凭的质量，报酬的期望水平会下降，因为多数学生是由于高等教育的扩张而进入大学，进而在就业压力条件下形成教育过度。

7. 技术革新理论

技术革新理论通过强调产品和市场中的技术变化来解释为何有劳动者处于教育不足的状况，而同时另一些人（从事相同的工作且有更高的受教育程度）却处于教育过度的状况。Mendes De Oliveira 等（2000）的实证研究发现，指出高技能工人从事低技能工人的工作，是技术结构升级与变革的需要，能推动相关行业的技术进步，关于技术变化引致的教育过度与教育不足的解释与葡萄牙的经济事实基本一致。[70] 该理论认为劳动者的教育过度将是一个长期现象，教育过度的劳动者能够与企业生产技术相互作用，进而推动技术进步。

8. 差异化过度胜任理论

Frank（1978）针对女性工资明显低于男性的现实提出差异化过度胜任理论是一种不同于歧视理论的理论解释。该理论假设男女能力相当，且不存在雇主歧视，存在一种简单的供给机制解释雇主为何支付较少的工资给女性雇员，即认为工资差异是源于女性劳动者的家庭责任与承诺差异导致其接受低于自身能力标准工作而形成的一种正常的劳动力供给现象。[71]McGoldrick 和 Robst（1996）发现美国的数据并不支持该理论。[72]Felix 和 Battu（2003）利用德国的面板数据（GSOEP）也检验了该理论，与已有研究不同，在控制了交通距离的情况下，他们的研究结论支持该理论的基本假设。[73]

2.1.3　教育过度的发生率及其影响因素

教育过度发生率一直是学术界关注的重点。但由于对教育过度内涵理解的细微区别、测量方法选择的差异以及国家地区间存在的客观差距等原因，已有研究成果中，教育过度发生率的测量结果上存在巨大的差异。Groot 和 Maassen– Van Den Brink（2000）系统梳理已有文献中使用的关于教育过度的定义及教育过度发生率，发现只有基于某一职业内教育程度偏离法测量的教育过度比率显著低于平均水平，教育不足的比率则显著依赖于教育不足变量的定义方法。[53]

Leuven 和 Ooserbeek（2011）系统梳理了已有研究中关于教育过度与教育不足发生率的相关结果，发现在已有研究中，教育不足发生率的平均值为 0.26，中位数为 0.21；教育过度发生率的平均值和中位数均为 0.30，且在不同国家和地区、不同时间、使用不同方法得到的测量值之间存在明显的差异，整体而言欧洲国家的教育过度发生率高于美国。具体到不同国家教育过度发生率的差异，可从以下研究文献中得到答案。

在美国，作为首次从微观上定义教育过度概念的 Duncan 和 Hoffman（1981），他们的研究发现大约有 40% 的美国劳动者及约 50% 的黑人男性工作者拥有高于工作要求的教育程度，即处于教育过度状态。[43] Head（1989）也估计美国大约 40% 的劳动者是资历过高。[74]

在英国，Dolton 和 Vignoles（2000）指出，已有研究发现英国的劳动者中 11% ～ 40% 的白人男性拥有比实际工作需要高的教育程度，且基于 1980 年英国 1/6 的调查样本数据，有约 38% 的毕业生在第一份工作中存在教育过度问题，甚至 6 年后，30% 的毕业生还处于教育过度状况。[64]Siles 和 Dolton（2002）基于英国某城市大学的调查数据研究发现，大约 1/5 的毕业生处于真实的教育过度状态。[75]

在比利时，Karakaya 等（2005）发现比利时 22% ～ 24% 的劳动者处于教育过度状态。[76]

在澳大利亚，Kler（2005）同时利用客观法和平均值偏离法分析了澳大利亚毕业生的教育过度程度，研究发现，毕业生的教育过度比例随性别和测量方法的变化而变化，在 21% ～ 46%。[77]

在巴西，Diaz 和 Machado（2008）发现，巴西合适匹配的比例在 25% ～ 31% 之间，教育过度的比例在 14% ～ 19%，且存在明显区域差异：东南部地区有最高的匹配率，而南部地区教育过度率更高，东北部地区教育不足的比例最高。[78]

在哥伦比亚，Mora（2008）发现哥伦比亚约 14% 的人处于教育过度状况，其原因主要是不断受区域流动性、工作经验、性别、公司规模和教育程度的影响。[79]Dominguez 和 Moreno（2009）基于 2006 年第二季度哥伦比亚 Continuous Household Survey 数据，以实际匹配法（RM）发现，7 个职业大类中 13% 的工作者处于教育过度状况。[80]

在芬兰，Jauhiainen（2011）以统计测量法测量芬兰劳动者的教育过度发生率，其发现整体而言，约 9.6% 的芬兰劳动者处于教育过度状态。[81]

在蒙古，Yano（2012）基于蒙古 Living Standards Measurement Survey（2002/2003）and the Household Socio-Economic Survey（2007/2008）的调查数据，以国际职业标准分类（ISCO-88）下的职业内教育实际匹配的众数作为工作学历要求标准定义教育过度和教育不足，发现蒙古 2007/2008 教育过度和教育不足的比例约为 27%，在发达国家使用该类方法测量的教育过度比例范围之内。[82]

同时已有研究还发现，不同性别、年龄的劳动者的教育过度发生率也存在明显区别。如 Voon 和 Miller（2005）基于 1996 Census of Population and Housing Household Sample File（HSF）数据研究发现，约 15.8% 的男性和 13.6% 的女性处于教育过度状态，大约 18.5% 的女性和 13.7% 的男性处于教育不足状态。[83]Carroll 和 Tani（2013）发现 24% ～ 37% 的毕业生在毕业后的短期内处于教育过度状况，其中年轻女性的教育过度发生率最高，年长女性的教育过度发生率最低。[84]

关于教育过度的影响因素，已有研究文献予以了充分的关注。从宏观的供求因素、劳动力市场规模，到性别、学历、工作经验等个人特质以及职业类型、公司规模、行业等工作特征，都进行了验证。但整体而言，相关的实证结果中，关于特定变量的影响并没有统一的结论。

在宏观因素方面，有关实证结论均认为供求因素和区域因素是教育过度的显著影响变量。如 Hartog 和 Oosterbeek（1988）分析了荷兰高等教育规模的扩张以及对教育水平和工作要求关系的影响，他们发现，教育不足降低，而教育过度增加。[44]Buchel 和 Ham（2003）发现劳动力市场规模是影响教育过度现象的重要因素。[85]Diaz 和 Machado（2008）指出区域因素是形成教育过度的重要因素，教育过度呈现明显的区域差异。[78] Jauhiainen（2011）发现区域是决定教育过度概率的重要因素。换句话说，在大的劳动力市场中居住，可降低教育过度的风险[81]，他指出现有研究已经发现生活在较小的劳动力市场中会增加教育过度的概率，而职业流动会降低教育过度概率。Lenton（2012）基于英国劳动力调查数据，分析了英国十一个区中男性劳动者教育过度水平和教育工资状况，其研究发现教育过度发生率在区域之间存在明显差异。[86]

在微观个体特质和工作特征方面，相关研究认为，年轻人、女性更容易处于教育过度状态，而在工作经验上相关结论则存在争议；在公共部门工作的劳动者更容易出现教育过度。如：Sicherman（1991）发现教育过度者大部分是年轻人，且在职培训的数量少于适度匹配者。[8]Alba-Ramirez（1993）发现教育过度者与适度匹配者相比，有较少的工作经验，同时其还发现工作匹配状况会随年龄和职业流动得到改善。[45]Ng（2001）发现正规学历教育与工作经验之间存在一定的相关替代效应。[87]McGuinness（2002）发现私营部门的毕业后培训对教育过度有一定的影响效果，但这种影响效果主要源自更有效的筛选效应而非真正的培训内容，若可以精心设计培训主题，则可能增加培训效果。[88]

Buchel 和 Pollmann-Schult（2004）基于德国生活史研究调查数据（GLHS）的研究发现，毕业证书类型对未来教育过度的风险有非常显著的影响。更进一步说，中级学校证书（持有该证书者一般进入初级职业训练项目）的等级也对未来教育过度的风险有着显著影响。与现有研究文献一致，本研究发现教育过度的风险随传统人力资本如工作经验、任职时间和在职培训的增加而降低。[89]

Karakaya 等（2005）利用 1995 年收入结构调查数据，分析了比利时私营部门教育过度的影响因素，他们发现男性国有企业的雇员、学徒和实习生较少受到教育过度的影响，公司规模对教育过度有微弱的影响。[76]

Mora（2008）研究发现教育过度主要受到区域流动性、工作经验、性别、公司规模和教育程度的影响。[79]

Ordine 和 Rose（2009）发现教育过度现象主要取决于教育质量和代表个人经济社会背景的变量。[90]

Di Paola 和 Moullet（2009）指出女性在公共部门工作的意愿对教育过度具有累积效应。在公共部门工作的意愿较强，特别是想在公共部门工作一生的女性更容易主观不认为存在教育过度，即使客观指标表明她们已经处于教育过度中。[91]

Verhaest 和 Omey（2010）利用 probit 模型分析了佛兰德市大学毕业生第一份工作中教育过度的决定因素，他们发现最后一年的学业等级是教育过度的重要解释因素。[92]

Betti 等（2011）研究发现，整体而言，女性的教育过度发生率高于男性，药学、医学和工程学专业的毕业生在第一个维度上教育过度发生率最低，但在第二维度上他们与其他专业毕业生有相同的教育过度概率。自雇佣和集体协议较明显地降低了第一维度的教育过度发生率，但若纳入第二维度，签订集体协议的毕业生将有最高的教育过度问题。另外，2001—2002 年意大利高等教育系统的教育改革没有显著地减少教育过度现象。[66]

Frei 和 Sousa-Poza（2012）研究发现，工作经验的增长并不意味着教育过度风险的降低，这并不符合工作搜寻匹配理论的预期。[93]

Blazquez 和 Budria（2012）研究发现，教育过度是动态的，特别是进入教育过度状态的概率明显受到个人特质的影响。尽管这些差别受到个人异质性的影响，但的确还存在永久的教育过度现象。对前一年处于教育过度状态的劳动者来说，会由于状态依赖效应而面临大约 18% 的教育过度风险。[94]

Yano（2012）研究发现，女性和居住在城市的劳动者更容易出现教育过度。控制教育层次、婚姻状况、工作类型后，男性的教育过度率明显上升，城市的教育过度率明显下降。[82]

Carroll 和 Tani（2013）发现教育过度发生率在不同的专业之间有明显的差异，且与该专业毕业生的相对需求量有关。教育过度在毕业三年后一般较少出现，但也有相当比例的毕业生在毕业三年后依然处于教育过度状态。[84]

需要特别指出的是，有学者注意到不可观测的个人特质和社会角色对教育过度的影响，如 Wirz 和 Atukeren（2005）研究发现，不可观测的异质性可解释过度胜任或教育过度现象。女性的家庭责任限制了她们人力资本投资的有效应用，导致更容易发生教育过度。[95] Sohn（2010）则利用国家教育追踪调查数据，研究发现，非认知技能以及认知技能对正规教育有替代作用，但替代效用随教育等级的提升而降低。教育年限超过其认知和非认知技能的劳动者可预期是教育过度者。[96] Joubert 和 Maurel（2013）基于全国青年追踪调查（NLSY79）数据，发现工作搜寻效率、不可观测的能力、工作岗位的非货币福利和职业流动预期显著教育过度，且教育过度中的性别、民族和经济社会背景存在异质性差异。[97]

另外，国外学者对外来移民教育过度的影响因素进行了研究。研究发现，一般情况下，黑人、少数族群、学历是否国内获得、在迁入国工作生活时间等都会对教育过度产生影响。

Battu 和 Sloane（2002）发现与白人相比，是否少数族群会因歧视更易出现教育过度问题。研究发现，影响效应在少数族群内部差异明显，且国外获得学历者收入更少。[98]

Battu 和 Sloane（2004）研究发现，不同的族群有不同的教育过度状况，发生率最高的是印度和非 – 亚族群。但当进一步控制某些因素后，非 – 亚族群的教育过度和教育不足发生率都比印度族群高。但若出生在英国的人，则结果相反。国外获得的学历证书提升了巴基斯坦人和孟加拉人教育过度的概率，而降低了非 – 亚族群教育过度的发生率。语言的流利度增加了教育过度的概率。[99]

Green 等（2007）发现，与本土居民相比，外来移民更容易遭受教育过度现象的困扰，即使是通过移民签证的移民者也是如此。非英语国家的外来移民教育过度现象最多，教育回报率最低，其更加严格的福利支持限制提升了就业水平但也加剧了教育过度。[100]

Kler（2007）研究发现，来自英语国家的外来移民与本土居民有同样的教育过度发生率。只有亚洲的非英语国家的外来移民的教育过度率在移民政策收紧和福利政策改革后有所上升。[101]

Lindley（2009）研究发现，与白人相比，非洲黑人、其他非白色人种更容易出现教育过度，而印度、巴基斯坦和孟加拉国的女性更容易出现教育过度。[102]

Poot 和 Stillman（2010）发现，居住年限少于 5 年的外来移民大多处于教育过度状况；超过 5 年的移民大多处于教育不足状况。但若考虑异质性，随着其在新西兰居住年限的增加，他们的教育过度和教育不足状况将变得与本地出生的居民一致，且教育过度比教育不足收敛更快。[103]

Dell'Aringa 和 Pagani（2011）研究发现，外来移民与本国居民相比，更容易遭受教育过度，其在母国劳动力市场上的工作经验在意大利劳动力市场上没有价值，甚至在意大利获得的工作经验也无助于工作匹配状况的改善。[104]

Nielsen（2011）研究发现，与本地居民和在丹麦受教育的外来移民相比，持有国外受教育文凭的外来移民更容易遭受教育过度。工作经验会在一定程度上降低教育过度的风险，而失业的持续时间将增加一个人接受低于其胜任资格的工作机会。[105]

2.1.4　教育过度的劳动力市场影响效应研究

长期以来，学界对教育过度的影响效应特别是工资收入效应展开了广泛的研究，取得了丰硕的成果。

1. 教育过度对工资收入的影响

关于教育过度对工资收入影响的研究一般都采用 Duncan 和 Hoffman（1981）拓展 Mincer 方程建立的 ORU 标准模型或者 Verdugo 和 Verdugo（1989）的 V-V 模型。Hartog（2000）、Groot 和 Maassen Van Den Brink（2000）、Sloane（2003）、McGuinness（2006）、Leuven 和 Oosterbeek（2011）在相关文献综述中，系统梳理使用教育过度收入效应的相关文献。他们的研究结论是：在同一个工作上，教育过度者相对于适度匹配者会获得工资溢价，虽然超出部分教育的收益率会低于工作要求部分教育年限的收益率；但与拥有同样教育年限且适度匹配者相比，教育过度者会获得较低的收入，承受一定的收入惩罚。其中，Groot 和 Maassen Van Den Brink（2000）对 25 个国家的教育过度研究结果进行元分析（meta analysis）发现，未加权平均下，劳动者实际教育的教育回报率均值为 5.6%，工作要求教育的教育回报率为 7.8%，教育过度的教育回报率为 3.0%，教育不足的教育回报率为 1.5%。关于教育过度收入效应的结论陈述 [53]，Leuven 和 Oosterbeek（2011）使用元分析（meta-analysis）文献中提出的加权方法，计算得出工作要求部分教育的平均教育回报率为 0.089（标准差为 0.003），教育过度部分的教育回报率为 0.043（标准差为 0.002），教育不足部分的教育回报率为 -0.036（标准差为 0.002）。[106]

其中，比较经典的研究大致有以下内容。

Duncan 和 Hoffman（1981）基于 1976 年的 PSID 数据，发现美国白种男人的教育回报率为 0.058，当区分为工作要求教育、教育过度、教育不足三部分后，工作要求教育的回报率为 0.063，教育过度的回报率为 0.029，教育不足部分的教育回报率为 -0.042。教育过度部分的教育回报率明显低于工作要求部分的教育回报率。[43]

Sicherman（1991）利用美国收入面板数据中的资料，使用与 Duncan 和 Hoffman（1981）的方法，得出了类似的结论。[8]

Dolton 和 Vignoles（2000）基于英国针对 1980 年毕业的大学生进行的 1/6 的调查样本数据，发现教育过度者比合理匹配者收入少。[64]

Battu 和 Sloane（2004）对英国少数族群的分析结果也支持已有的关于教育过度、匹配教育和教育不足回报率的相关结论，虽然在本地居民和外来移民之间存在差异。[99]

Buchel 和 Mertens（2004）基于德国社会经济调查数据研究发现，德国教育过度者的工资增长率低于适度匹配者。[12]

Cutillo 和 Pietro（2006）基于意大利的数据，纳入了劳动者个体关于是否就业和选择何种职业的选择，运用 double selection approach 纠正样本选择性偏差和教育过度的内生性偏差分析教育过度对工资收入的影响效应发现，教育过度者比适当匹配者的收入少，即存在收入惩罚效应。虽然与已有研究中关于教育过度者收入少于适度匹配者的结论一致，但两步选择法估计的结果与普通最小二乘法估计的结果相比，收入差距更加明显。[107]

Mora（2008）基于哥伦比亚的研究也发现，教育过度者的收入比适度匹配者的收入少 2%，与国际标准基本一致。较高教育过度程度者倾向于不留在特定的领域内，拥有大学文凭的劳动者更不愿意留在他们自己的专业内。[79]

Diebolt 和 Guironnet（2012）在假设工作技能要求在短期内迅速增长的条件下，发现在第一份工作上存在明显的教育过度现象和过度工资惩罚效应。[108]

Yano（2012）研究发现，教育过度的收益率为正，但低于工作要求教育年限的回报率的结论表明，教育过度也可能发生在严重依赖自然资源和农业的经济相对不发达的小国之内。[82]

另外，有学者注意到不同测量方法对教育过度收入效应的影响。Battu 等（2000）利用英国大学生的调查数据，发现教育过度发生率会因着测量方法选用的不同而存在巨大差异，三种测量方法的测量结果之间存在弱相关关系，但三种测量方法下，教育过度对收入、工作满意度的影响不存在差异。[52]Groot 和 Maassen Van Den Brink（2000）基于荷兰的数据得到了教育过度发生率方面类似的结论，研究发现，只有一小部分劳动者被三种方法同时认定为教育过度，但与 Battu 等人研究结论的区别是，他们发现教育过度的影响效应也因测量方法的不同而存在差异。[109]

随着研究的深入，学者们开始关注教育过度在不同群组内收入影响效应的差异，开始注意应用特定的定义或计量技术控制能力异质性差异的影响，以分离出教育过度的真实影响。

在群组内影响效应差异方面，Vahey（2000）分组估计不同学历层次内教育过度的收入效应，发现从事要求本科学历工作的男性，教育过度有正向回报，但对其他学历要求层次的工作者回报不显著；从事低学历要求工作的男性会因教育不足导致低收入。对女性来说，所有学历层次要求的工作均统计不显著。[110]

　　Diza 和 Machado（2008）基于巴西的人口普查（2000）数据和巴西职业调查（2002）的数据分别估计了区域差异和性别差异对教育过度回报率的影响，发现女性教育过度的回报率为 13.9%，而对男性的回报率为 12.1%。在中西部和东南部地区对男性教育过度的回报率较高，分别为 12.7% 和 12.4%；而对女性教育过度的回报率在两个主要的动态区东南部和南部较低，分别为 1.6% 和 12.1%。[78]Lenton（2012）的研究发现匹配教育回报存在的区域差异，与迁移到特定地区的流动灵活性有关，而流动灵活性将减轻教育过度的程度。[86] Rubb（2009）分析了教育过度对工资和提前退休决策的影响，发现年长劳动者教育过度的工资效应与年轻人没有差异，其并没有发现教育过度对提前退休决策有影响的实证证据。[111]另外，Lindley（2009）基于英国劳动力调查数据，分析外来移民和少数族群的教育过度问题，发现教育过度的收入惩罚效应对东南亚移民和本地男性工作者的影响非常大，当然对白人男性移民、黑人女性和英国出生的白人女性也统计显著。[102] Nielsen（2011）基于 1995—2002 年丹麦移民登记的面板数据，分析外来移民的教育过度问题，他发现教育过度者比从事同类型工作的同事收入稍多，但低于其若从事与其资质匹配的更高等级的工作而获得的收入，但持有国外学历证书的移民教育过度部分的收益最低。[105] McGuinness 和 Sloane（2011）基于知识时代灵活就业数据研究英国大学生的教育过度问题时，发现对男女两个群组的确存在教育过度的收入惩罚效应，而仅对男性存在技能过度的惩罚效应。当教育过度与技能过度被同时引入到模型中时，只有技能过度才显著降低工作满意度，两个群组的结果是一致的。[112] Verdugo 和 Verdugo（1989）发现教育过度、教育不足和适度匹配的工资效应在不同职业之间存在显著差异。[47]另外，值得注意的是，McGuinness 和 Bennett（2007）利用分位数回归技术评估教育过度对收入的影响，他们以在毕业生群组工资分布中的地位作为特定能力的代理变量，利用分位数回归技术发现，相对于适度匹配者，中等和低能力组的男性毕业生挣得的确较少。但是对女性来说，教育过度的影响在整个群组中显得更持久与一致。[113]

　　在关注劳动者能力异质性方面，主要有三种思路。

　　第一种思路重点是区分教育不匹配和技能不匹配，在控制技能不匹配的情况下，剥离教育过度对收入的真实影响效应。主要的研究成果有 Allen 和 Van Der Velden（2001）、McGuinness（2003）、Di Pietro 和 Urwin（2006）、Green 和 McIntosh（2007）、Korpi 和 Tahlin（2009）等人的研究为代表 [55-57, 114, 115]。Poot 和 Stillman（2010）也基于 1996、2001 和 2006 年的 New Zealand censuses 数据，强调了分析外来移民的教育 - 工作匹配问题时考虑异质性的重要性。[103]

其中，McGuinness（2003）在考虑了能力的异质性的条件下，分析了北爱尔兰大学生的教育过度的收入效应，发现在控制能力后，教育过度收入效应的影响方向和数值均与已有研究成果存在差异，控制技能与工作要求不匹配程度，能够更深层次理解教育过度问题和收入决定过程。研究结果表明，若控制与工作相关的限制教育过度者充分利用其技能的约束后，教育过度者相对于适度匹配者而言，依然只能获得更少的收入。教育过度者收入较低现象的持续存在表明，剔除工作经验、能力异质性和无法充分发挥之后，还存在其他的决定和影响工资水平的因素。[114]

Korpi 和 Tahlin（2009）研究发现，即使考虑能力差异后，不同匹配组之间的教育经济回报依然存在明显差异，没有证据表明教育过度者的工资增长率高于其他人员。该研究并不支持教育–工作不匹配主要反映了人力资本投资的不成功而非真正意义上的不匹配的假设，也不支持教育过度会随劳动力在市场上工作时间的增加而消失，因此在个人职业生涯中其对工资的影响效应应趋近于零的假设。[115]

第二种思路是利用面板数据技术控制不可观测的能力异质性，主要成果是 Bauer（2002）、Dolton 和 Vignoles（2000）、Dolton 和 Silles（2008）、Korpi 和 Tahlin（2009）、Lindley 和 McIntosh（2008）以及 Tsai（2010）的研究。Bauer（2002）基于德国 1984—1998 年的面板数据，强调了分析教育过度收入效应是控制不可观测能力影响的重要性，他发现当控制不可观测的能力异质性以后，教育过度者和适度匹配者的工资差异变小了或完全消失了。[116]Frenette（2004）也发现控制不可观测的能力异质性之后，教育过度的收入负效应几乎消失。[117]

Verhaest 和 Omey（2012）基于弗兰斯德年轻工作者的数据，利用固定效应工具变量方法分析了测量误差对估计结果的影响。研究发现，利用该方法得到的教育过度惩罚效应和教育不足的额外收益均高于标准随机效应模型，这表明不可观测的能力异质性导致的向上偏误大于测量误差导致的向下偏误。[118]

最后一种思路是以重新定义教育过度为目的来区分真实（或实质）的教育过度和表面（或名义）的教育过度。主要以 Chevalier（2003）、Chevalier 和 Lindley（2009）、Green 和 Zhu（2010）、Pecoraro（2014）、Mateos-Romero 和 Salinas-Jiménez（2016）为代表[5, 60-63]。如 Chevalier（2003）放松员工和工作的同质性的假设，区分表面教育过度者和实际教育过度者，认为表面教育过度员工与教育匹配的员工具有观察不到的技能，真正教育过度的员工其技能要少，对表面教育过度者来说，其由教育过度带来的收入要少 5% ~ 11%，而真正教育过度者，其收入要少 22% ～ 26%。[5]Chevalier 和 Lindley（2009）发现三个群组的不可观测技能存在异质性，但控制异质性并不影响关于教育过度收入效应的结论。[61]

另外，Silles 和 Dolton（2002）发现教育过度对进入劳动力市场一段时间的大学毕业生并非是随机分配。另外研究结果还表明最小二乘估计方法系统低估了教育过度对收入的负面影响。[75]

但 McGuinness（2008）使用 PSM 方法评估最小二乘法估计得到的估计结果过高估计教育过度影响的程度，结果发现两种方法的估计结果基本一致。[119]

整体而言，大部分的已有研究成果均发现教育过度对劳动者收入有负向影响。但实际上教育过度对收入的影响还存在一定的争议。有研究发现教育过度的收入惩罚效应不存在，或控制特定因素后，影响效应消失。如 Kler（2005）基于客观法和实际匹配均值法研究对比分析澳大利亚大学生市场上教育过度的收入效应，发现非线性的教育过度收益在毕业生中得到验证。与适度匹配者相比，年轻男性教育过度者并不遭受收入惩罚效应，但这可能是工作场所、工作要求的变化快于职业名称变化的客观反映。[77]Jaoul-Grammare 和 Guironnet（2009）基于 INSEE and Cereq 的数据实证结果表明，教育过度在短期内对个人收入有正向影响。更进一步说，教育过度对高校毕业生无收入惩罚效应。[120] 而 Tsai（2010）利用 1979—2005 年收入动态面板数据，对教育过度的工资效应进行面板分析以控制时间稳定的个人特质，用多种方法在考虑教育性不匹配变量测量误差的情况下分析教育过度的工资效应。结果表明，教育过度并不导致低收入，即不存在收入惩罚。已有的发现教育过度者的收入差距是忽略劳动者非随机处于教育状态的结果。[121]Carrol 和 Tani（2013）也指出教育过度的收入效应研究中与年龄有关的效应大多被以前的研究忽视，当控制不可观察的异质性之后，年轻的教育过度毕业生没有收入惩罚效应，而年长的教育过度者收入的确少于适度匹配者。[84]

最后，还需要注意的是 Battu 等（1999）指出，横截面的测量忽视了随时间明显变化的个人特征的影响；强调进入和退出匹配工作的速度是不可忽略的重要问题；Kiker 等（1997）研究结果表明，收入不仅仅取决于个人所拥有的受教育水平。工作岗位特征在工资决定中扮演着重要的角色。因此利用标准的人力资本收入模型估计教育过度的收入效应可能是有偏差的，虽然估计结果也是发现超过工作要求部分教育年限的收益率低于工作要求年限的收益率。[48]

2. 教育过度对满意度和劳动生产率等其他市场表现的影响

已有文献不仅关注了教育过度的收入效应，还对教育过度对工作满意度、劳动效率、离职倾向，甚至认知能力的影响效应进行了分析。

关于教育过度对工作满意度的影响效应，Jenkins（1988）发现教育过度是影响工作满意度的重要因素，轻微的教育过度者有最低的工作满意度。教育过度者并没有更高的工作安全感。[122]Head（1989）发现客观法测量的属于教育过度的劳动者在技能多样性、工作重要性、自主性、工作保障性、同事关系满意度、上级管理满意度、整体满意度、发展成长满意度和离职倾向等方面的得分低于适度匹配者。主观测量法属于教育过度的劳动者在离职倾向、整体满意度、上级管理满意度和同事关系满意度上得分较低。获得其他就业机会的可能性和工作效用对资历过高与劳动力市场表现的关系有部分调节作用。Tsang（1984）研究发现教育过度与工作满意度之间存在明显的负相关关系，工作满意度和公司产出之间存在统计显著的正相关关系，教育过度年限每增加一年，工作满意度将降低 3.3%，工作满意度每提升一个百分点，公司产出将增加 2.53%。因此，教育过度对产出有负向影响，这与理论预期结果一致。[123]Fleming 和 Kler（2008）基于澳大利亚第一次家庭收入与劳动力动态调查数据，在运用双变量单位概率模型纠正潜在的异方差后，发现与适度匹配者相比，教育过度工作者的满意度的所有维度依然得分均偏低。这表明工作满意度应该从相对视角而非绝对视角来分析与理解。[124]Verhaest 和 Omey（2009）基于佛兰德市离校大学生的样本数据，通过固定效应估计方法被用于控制个体的异质性，并利用影子价格技术方法分析了客观测量法教育过度与工作满意度之间的关系，发现在劳动力市场入口，教育过度是非自愿的，并将导致生产率损失。另外，教育过度的负向效应随着工作经验的增长而逐渐消失。Belfield（2010）检验了标准个人层面上教育过度对收入和工作满意度的惩罚效用，在区分了工作场所的综合效应和工作场所的劳动实践效应的基础上，发现教育过度对工作满意度的影响非常强且在公司层面上显著。[125]Curtarelli（2011）基于意大利的数据分析教育过度对工作满意度和生产效率的影响，也发现教育过度对工作满意度和生产率存在负向效应。[126]

关于教育过度对劳动生产率的影响效应，在斯宾塞的信号模型中，教育仅被作为一种信号机制，雇主按照它来辨别个体的技能和能力，因此是不会提高生产率的。[68]Rumberger（1987）的研究进一步证实，额外的教育并不总是提高生产率的，因为工作所需的教育不仅是基于员工自身的理解，而且取决于对工作所需教育的独立的评价。还有的学者研究表明教育过度对生产率有负效应。在这方面的经典研究当属 Tsang（1987）在美国贝尔公司做的实证研究。他通过引入工作满意度作为中间变量，建立了教育过度和生产力的关系，阿尔巴·拉姆雷斯也发现，教育水平的不断提高，并没有增加员工的工作满意度以及与生产率相关的因素 [6, 127]。

关于教育过度对职业流动与离职倾向的影响效应，Sicherman（1991）发现教育过度者转换公司与职业的流动性较高，这种流动大部分是向高层次的职业流动。研究发现教育过度可以用学校教育与其他人力资本形式相互替代或者教育过度者的流动模式来解释。[8]Alba–Ramirez（1993）研究发现，教育过度者与适度匹配者相比，有较少的工作经验、较少的在职培训和较高的工作转换率。[45] Groeneveld 和 Hartog（2004）基于一家大型能源和电信公司的人事记录信息的研究，发现与通常研究结论一致的教育过度和教育不足的收入效应，因此拒绝了有关相关收入效应只是公司固定效应的论断。进一步区分内部劳动力市场和外部劳动力市场，他们发现在内部劳动力市场，教育过度和教育不足先相互影响劳动者的职业发展，特别是对于年轻人尤其如此，但相关影响在外部劳动力市场上则不明显。Rubb（2013）再次证实了已有实证结论关于教育过度者拥有更高的自我汇报的转换公司倾向以及向上职业流动概率较高的结论。[128]

关于教育过度影响效应的其他方面，如对精神健康、认知能力的影响也已有相关文献。Johnson（1986）指出已有研究忽略了不充分就业或报酬过低对精神福利的影响。基于包括 500 名黑人男性劳动者和 606 名白人男性劳动者的样本数据的研究发现，预期一致，不充分就业的黑人男性更少感觉快乐，更少感觉能掌控自己的生活，更少对自己工作满意，更多地感觉人际关系紧张。[129] De Grip（2008）研究发现：教育过度对人的认知能力，如即时和延后的记忆能力、认知灵活性和语言流利度等，都有负向影响。[130] 在一定程度上，这是教育过度者和教育不足者认知能力的自我调整。Lee（1997）基于 World Values Survey 调查数据，对比分析了教育过度对工作导向的影响效应，特别是检验教育过度对工作中心化、内外工作价值和工作满意度的影响是否因美国和日本的国家区别而存在差异。研究结果表明，在不同的职业分类中，教育过度对工作定位的影响并不存在美国与日本之间的差异，但是在技能类职业、半技能类职业和非技能职业的工作分类中，教育过度对工作导向的影响在美国和日本之间存在差异。美国和日本劳动力市场制度差异比文化对该差异有更好的解释力。[131]

需要特别注意的是，虽然已有的研究成果大多数也都认为教育过度对工作满意度有负向影响，进而影响劳动者生产效率和身心健康。但也有负向的结论，Büchel（2002）基于 1984—1995 年的德国社会经济调查数据（German

Socio-economic Panel，GSOEP）分析了公司视角的雇员生产率，发现结果与少数已有的基于美国数据进行的实证研究结果矛盾，教育过度者比适度匹配的其他劳动者更加健康，更具工作导向，更乐意参加在职培训，并将在本岗位上工作更长时间。在工作满意度方面没有明显差异。[132]

2.2　国内教育过度问题的研究进展

近年来，中国学者开始借鉴西方理论研究成果，关注并讨论中国的教育过度问题。试图对中国特殊制度背景下教育过度问题的深层次成因及工资效益等问题形成理解和认知。基于对已有研究成果的系统梳理，发现现有研究成果主要集中在以下几个方面。

2.2.1　关于教育过度是否存在的争论

关于中国是否存在教育过度，学界内有两种不同的观点。有学者根据严峻的大学生就业形势下的大学生"毕业即失业""屈身俯就较低学历要求工作或与所学专业无关的工作""大材小用""高学低就""人才高消费"等现象，认为中国出现了"教育过度问题"[18-29]。其中，杨友国，刘志民（2006）认为中国高等教育过度现象客观上已经存在，主要表现为大学生就业困难、薪酬水平下降、就业层次降低等，属结构性过度[133]；刘璐宁（2015）在尝试界定教育过度内涵的基础上，通过对初次就业率、职业吻合度、就业满意度、相对薪资水平等指标的研究，提出了教育过度在中国确实存在的观点[29]；刘小华（2014）以衡量教育过度的三条标准为基点，作出了中国高等教育已出现"过度"的基本判断[28]；范皑皑（2013）利用2003—2011年全国高校毕业生抽样调查数据，发现毕业生面临的是一个岗位实际技能需求有所降低、但入职学历门槛不断提升的市场，所以出现了越来越多的向下职位挤压和教育过度的现象[22]；陈方红（2007）认为不管是从宏观层面，即从教育系统与社会大系统之间的比较以及教育系统内部的比较来看，还是从微观层面，即受过高等教育者自身来看，中国目前的高等教育发展都存在一定的过度[21]；张谋贵（2003）认为政府迫于居民要求接受高等教育压力，在财政许可的范围内不得不扩大高等教育规模，导致教育规模和教育结构脱离经济发展的内在要求而盲目发展，出现了教育过度现象[20]。而赖德胜（1999），孔宇芳（2004），梁强（2005），徐文华（2005），张军利（2010、2011），周婧、符少辉（2011），北京师范大学劳动力市场研究中心发布的《2012 中国劳动力市场报告》等则进一步指出：与西方国家教育过度不同，中国的教育过度是结构性过度，是高等教育整体上处于教育不足情况下，出现的结构性、区域性失衡的教育过度[23-27, 30-32]；周婧、符少辉（2011）进一步强调中国"教育过度"现象具有长期性、局部性和结构性的特点[24]。谭桂利（2012）在考察美国 20 世纪 70 年代教育过度出现的背景及成因的基础上，将中国高等教育过度总结为：具有相对性过度、结构性过度、长期性过度三个主要特征。[134] 但也有学者认为，中国并不存在教育过度的问题，大学生就业难与教育过度并无关系，因为从国际视角来看，中国大学生的比例不但远远低于发达国家，而且中国人口平均受教育年限也远远低于发达国家，上述现象是教育深化过程中的"知识失业"，而不是教育过度[33-36]。夏再兴（2003、2005）进一步分析了高等教育过度假象的三大表现：表象性、虚假性、结构不均衡性，并通过对中国教育投入、教育供给与需求、人力资本现状等因素的综合考察，得出中国的教育投资一直不足、教育供给还不能适应教育需求、中国仍然是教育和人力资源欠发达国家的结论，因此，中国的高等教育并没有过度[37, 38]。李幸福（2008）也从人力资本投资、高等教育大众化、国际间的比较这 3 个角度论证了中国的高等教育没有过度[39]。蔡昉（2013）在《高等教育真的过度了吗？》一文中指出："若根据人力资本回报率来判断高校扩招是否盲目，或者回答过去十余年高等教育的大众化进程导致教育过度的问题，是简单且直截了当的。无论是使用扩招前的数据还是扩招后的数据，计量经济学研究都表明，高等教育比较低教育阶段的回报率更高。清华大学经济系教授李宏彬发现，在 1999 年高校扩招之后，拥有大学专科以上文凭的雇员，平均工资高于高中毕业生雇员的幅度继续提高，2009 年达到 49%。"他强调高等教育发展应该从更长远的视角回答：我们为什么需要高等教育的大力发展，应审慎面对大学发展中的问题，不能轻易地使这些问题成为因噎废食的理由。[40] 胡解旺（2010）强调，大学生就业难和高等教育规模扩张是当前一个显而易见的事实，但将大学生就业难归因于教育过度，存在严重逻辑问题；事实上，大学生就业难不是教育过度，恰恰相反，是教育不足的集中体现[33]。于洪霞（2010）使用高校毕业生就业调查数据，研究了中国高校毕业生实际学历与工作所需学历的匹配情况及其影响因素，研究发现：总体来说，样本中约有 57% 的高校毕业生工作所需学历与自身学历相符，在剩余毕业生中，向上错配和向下错配的比例相当，不能认为存在教育过度。[135]。目前相对得到认可的观点是，中国高等教育总体上并未存在教育过度，但存在相对性、局部性、结构性的教育过度。彭勃、吴治兵（2006）从文化的视角分析中国高等教育规模的扩张以及随之而来的大学毕业生就业难问题日益突出的问题后，认为理论界所提出的高等教育过度化只是一种表象和假象，其根源在于文化的冲突和错位。[136]

2.2.2　教育过度发生率及其变化特征

首先，关于中国教育过度的发生率测量方面：杨娟与岳昌君（2005）以教育部有关调查数据为研究基础，运用自我评估法，对中国现象进行了分析，研究显示，总样本中，约有 21% 的本科毕业生属于教育过度，硕士和博士毕业生教育过度的比例达到 36% 和 42%，但在区分了"表面教育过度者"和"真实教育过度者"之后，总样本的教育过度比例低于 10%（杨娟、岳昌君，2005）。武向荣、赖德胜（2010）利用以用人单位为标准来评价工作所需教育水平和以个人为标准评价工作所需教育水平两种自我评估法，估算北京市教育过度发生率。第一种方法估算得到，教育过度发生率为 43.64%，教育不足发生率为 5.05%，适度教育发生率为 51.31%。第二种评估方法估算得到，教育过度发生率为 52.31%，教育不足发生率为 6.04%，适度教育发生率为 41.65%。[137] 刘扬（2011）对大学毕业生调查数据研究发现：超过四成高职高专毕业生的教育存在教育过度。[138] 代懋、王子成（2014）基于电子问卷调查搜集数据，采用自我评估法、岗位分析法和统计测量法对中国大学生教育匹配、专业匹配和能力匹配进行了测量，发现在中国大学毕业生中，1/3 教育过度，1/3 专业不匹配，46% 高能低配。[139] 刘璐宁（2016）通过 ISCO 和 ISCED 的对接法计算得出，中国教育过度发生率为 27.6%，与欧美国家比较，中国教育过度问题比较严重。[140] 任苗苗（2016）基于中国综合社会数据调查（2008 年）发现：2008年的教育过度率为 42.3%，适度教育率为 56.13%，教育不足率为 1.53%。[141]

其次，关于中国教育过度发生率的特征及群组差异方面：武向荣（2007）研究发现：教育过度在行业和地区上都表现出分布不均衡的特征。[51] 罗润东、彭明明（2010）利用来自中国综合社会调查（CGSS）项目调查数据，统计了不同单位类型受过高等教育员工的状况。结果显示，行政机关和事业单位的教育过度比例总体高于企业单位；而在企业单位中，国有或国有控股企业又高于外资企业和私营企业；不同行业间员工的受教育程度差异显著，其中采矿业、制造业和电气、燃气及水的供应业三大行业员工的教育过度比例最高，而卫生、体育和社会福利保障业员工教育不足比例相对较低。从学历层次看，中国目前各行业员工的教育过度状态呈现出"中间高、两头低"的正态分布格局。[142, 143] 赖德胜等（2012）针对北京师范大学《2012 中国劳动力市场报告》

指出：从所有制类型来看，城镇私营企业、地方国有企业和中央、省国有企业的教育过度发生率较高，分别为 57.04%、55.36% 和 53.92%；在党政机关和事业单位教育过度发生率较高，分别为 60.00% 和 54.12%，在企业中教育不足发生率较高。从地区来看，东部的教育过度发生率明显高于中部和西部[144]。刘金菊（2014）发现不同群体的教育过度率也都呈现不断增长趋势，且差异不断扩大。北京、上海等大城市的教育过度率大大高于其他地区。[19]代馨（2016）采用标准差法和众数法计算教育过度发生率，结果显示样本数据中教育过度发生率因劳动者的学历水平、性别、年龄及所在单位的企业所有制类型及行业因素而存在差异。[145]王芳芳（2017）利用中国综合社会调查（CGSS）2003至 2013 年的数据，研究发现：高等教育就业人员的教育过度状况在个人特征、地区特征、单位特征和行业特征方面存在显著差异：教育过度者趋向于年轻化；女性就业人员的教育过度比重比男性就业人员高；与中部地区和西部地区相比，东部地区的教育过度比重最高；在不同的单位类型中，国有企业中高等教育就业人员的教育过度情况最为严重；在各行各业中，流通部门内各行业的教育过度现象较为严重。[146]

最后，关于教育过度发生率的变化趋势方面：已有文献存在三种观点。一种观点认为中国教育过度发生率已经呈现上升趋势。如孟文新（2010）强调中国教育过度的发生率已呈上升趋势。[147]范皑皑（2013）基于北京市企业调查数据，发现高校扩招以后的北京劳动市场中，本专科毕业生初次就业发生教育过度的比例随着时间的推进呈现增长的趋势。[22]刘金菊（2014）考察中国近 20 年来教育过度现象的趋势和差异，发现中国教育过度率呈现不断增长趋势，从 1990 年的 7.24%，到 2000 年的 12.26%，再增加到 2010 年的 28.16%，后十年的上升幅度大大超过前十年。[41]于林月、张力（2015）基于中国综合社会调查（CGSS）项目 2003 年和 2008 年的数据，对首职教育过度的持续性及影响因素进行分析发现，1983 年至 2007 年中国首职教育过度的发生率持续快速上升；教育过度的发生与中国经济形势和劳动市场分割性特征关系紧密；且劳动力的教育过度状况具有持续性，且此现象在具有高学历的青年人群中尤为突出。[148]第二种观点认为教育过度发生率呈现先上升再下降的特征趋势。如颜敏、王维国（2017）以中国家庭收入项目（CHIPS）纵向数据为样本，采用随机前沿法（SFA）和样本选择模型，分析了中国教育过度现状及其演变。研究发现，教育过度率呈现先上升后下降的趋势。[149]第三种观点是发现教育过度发生率有下降的特征。如刘璐宁（2014）利用 CGSS 2003 年和 2008 年数据估算了中国教育过度发生率，发现 2008 年教育过度发生率较 2003 年有所下降。[150] 陈洁（2017）使用 CHNS 调研数据测算了 1989—2011 年中国的教育 - 职业匹配率，发现中国的教育过度率在扩招后不升反降。[151]

2.2.3　教育过度的影响因素

国内学者针对中国教育过度的影响因素进行了探讨，主要涉及性别、学历、家庭背景、学校类型等个体特征变量和职业、企业类型、行业等工作特征变量。研究结论存在较大的分歧。

杨娟、岳昌君（2005）研究发现，高校的排名、家庭背景、学历等对教育过度的发生率均有显著影响。

武向荣（2007）发现，教育过度在行业和地区上都表现出分布不均衡的特征，随着时间推移，教育过度发生率有增长的趋势。[51]

赵世奎、张彦通（2008）指出在非完全竞争的市场经济环境下，由于制度约束、个人偏好、劳动力市场分割等因素的存在，教育过度的程度不仅取决于劳动力市场毕业生总供给与总需求的对比，也与劳动力市场岗位效用分布的特征密切相关。[152]

李锋亮、岳昌君、侯龙龙（2009）利用 2003 年北大课题组进行的全国范围内的高校毕业生调查数据，通过考察毕业生初始工作教育过度的情况与所在企业的规模之间的关系，发现企业规模越大，毕业生出现教育过度的概率越大，而且教育过度的幅度也越高。这表明教育过度可能是雇主筛选毕业生求职者的一种机制。[153]

张苏、李东、曾庆宝（2010）通过问卷调查获取一手资料，利用 Probit 模型实证分析影响大学教育与劳动力市场需求不匹配的因素，探索出了专业、母亲的学历等 11 个因素影响大学教育与劳动力市场需求的匹配关系。[154]

于洪霞（2010）使用高校毕业生就业调查数据，研究发现：学校类型和学科门类等是影响学历匹配情况的重要因素，进一步的研究表明，专业不匹配和学历不匹配同时发生的可能性较大。[135]

许紫岳、胡淑静、黄一岚（2010）通过建立数据模型分析了性别、专业对口程度、工作稳定性等因素对教育过度的影响，发现性别间无差异，专业对口对教育过度有负向效应。[155]

刘扬（2011）运用大学毕业生调查数据，研究发现：普通本科生的教育与职业匹配性明显高于高职高专生；教育与工作匹配性受到性别、专业以及实习经历等因素的显著影响。[138]

缪宇环（2013）基于回归分析发现：学历水平、家庭人口数、所在公司的所有制及规模对被调查者教育过度程度有显著的影响；其中港澳台资公司存在职工教育过度现象的可能性要大于私有 / 民营企业，而大型公司比小型、中型公司更容易出现职工教育过度的情况。[156]

代懋、王子成、杨伟国（2013）基于电子问卷调查数据，研究发现教育匹配的主要影响因素可以归结于毕业生学历水平、成绩、学校的声誉、职业类型和单位规模等；拓宽专业本身、学校就业指导课、学校招聘信息渠道则可以有效地提高专业匹配程度；性别、学历、社会实践、找工作渠道会影响大学生能力匹配。[157]

刘璐宁（2014）利用 CGSS 2003 年和 2008 年数据，研究发现：个人因素中政治面貌、婚姻状况、年龄和工作经验对教育过度发生率有显著影响，加入过政治团体的人、未婚人士、年轻人和工作经验较短者发生教育过度的可能性较高；劳动力市场因素中企业规模越大，员工出现教育过度的可能性也越大，岗位对教育水平的要求也与教育过度的发生率存在正向的关系；家庭背景因素中父亲的单位类型也对子女教育过度有影响。[150]

马莉萍（2015）基于 2013 年全国高校毕业生就业状况调查数据，对高校毕业生的区域流动行为与工作匹配的关系进行了实证研究。研究发现：流动行为能够降低毕业生教育过度的可能性，增加找到专业更匹配、满意度更高工作的机会。[158]

郝明松（2015）利用中国八城市调查数据（JSNET2009）考察社会网络机制在求职者如何获得与自己资质相匹配的职位过程中的正反两方面的作用：通过提供信息，降低雇佣双方的信息不对称，以促进人职匹配；还是通过信任、义务、恩惠等人情因素，干扰入职筛选决策，如将资质欠缺者拉到某个岗位，从而降低人职匹配率？实证结果发现：使用社会网络获取信息资源对避免高才低就作用不显著；使用社会网络获取人情资源，主要作用是实现低才高就。[159]

马文武、李中秋（2016）运用 CHNS 数据，采用实际匹配法，对中国教育过度现象进行了测度和分析。发现：城市居民教育过度发生程度高于农村居民。[160]

刘璐宁（2016）基于 CGSS 数据，研究发现，对受过高等教育者来说，工作特征因素是影响教育过度的主要因素。[140]

任苗苗（2016）利用中国综合社会数据调查（2008 年），研究发现：是否是独生子女、单位所有制、单位类型对教育过度有显著的影响；劳动力市场分割与垄断这一市场结构因素对教育过度存在显著影响。[141]

代馨（2016）通过构建二元 Logstic 模型来分析个体特征因素、单位性质与行业特征对教育过度发生率的影响，结果表明教育过度发生率不存在显著的性别差异，只存在明显的企业所有制分割和行业分割。

李骏（2016）对家庭背景、学校出身、人力资本和劳动力市场四大影响因素进行考察发现，教育过度确实具有负向选择的特点，那些拥有较低人力资本和较差出身背景的人更容易发生教育过度。[161]

袁玥（2016）采用中国劳动力动态调查（CLDS）2012年的个体调查数据研究发现：用多元Logit回归模型，从微观角度探讨影响劳动者发生教育职业纵向错配的因素，模型回归结果表明，劳动者个体特征、家庭特征、社会关系和工作特征的差异均会导致教育职业纵向匹配状态的差异。[162]

周鹏、朱小军（2016）基于全国28所高校的抽样调查数据，发现：专业性越强的毕业生在就业市场上的优势越明显，越不容易出现教育过度现象；公共部门容易出现教育过度的现象，而私立部门则容易出现教育不足问题；东部地区更容易发生教育过度。[163]

黄琪（2017）基于北京市社科就业选配视角下北京市大学生人力资本提升路径研究项目的数据，研究发现影响教育过度发生的因素中，性别、博士学历、专业、企业类型对教育过度的发生率有显著影响，而民族、独生子女、政治面貌、学校等个人因素和家庭因素对教育过度的发生没有显著影响。[164]

王春超、佘诗琪（2017）利用中国乡—城移民调查（RUMIC）数据，基于标准法，研究城镇中不同职业对劳动者学历要求与劳动者受教育年限之间的匹配程度，比较不同户籍类型的劳动者职业匹配程度对其收入的影响，发现在分割的劳动力市场中，外地人的教育过度情况比本地人严重，而本地人通常处于教育不足的状况。[165]

王芳芳（2017）利用中国综合社会调查（CGSS）2003年至2013年的数据，研究发现：教育过度的各影响因素中，教育年限和工作经验的影响较为显著：教育年限越长，发生教育过度的可能性越大；工作年限越长，发生教育过度的可能性越小；相对流通部门内的各行业而言，金融业等为生产生活服务的行业和科教文卫各行业内的在职人员发生教育过度的可能性较小。[146]

特别值得注意的是，学者们针对扩招对教育过度的影响，进行了分析，但结论也存在分歧。

一种观点是认为扩招对教育过度没有影响。

陈洁（2017）通过使用CHNS调研数据测算1989—2011年中国的教育-职业匹配率及教育过度的收益率，发现中国的教育过度率在扩招后不升反降，控制个体异质性后，扩招并没有带来能力强的真实教育过度者收益的下降；从而认为扩招对教育过度发生率及收入效应影响存在异质性。[151] 杨金阳、周应恒、严斌剑（2014）基于工作搜寻理论，结合中国劳动力市场分割的现实构建考虑劳动力市场分割的大学生个体择业行为模型，发现高校扩招只是"知识失业"的诱因，劳动力市场的分割导致了大学生整体的保留工资对其劳动力市场供给数量的变化不敏感，使得市场无法出清，才是出现"知识失业"的真正原因。[166]

另一种观点是，扩招提升了教育过度发生率。邓光平（2004）指出中国高等教育的高速扩张，在缓解民众旺盛的教育需求的同时，由于高等教育结构与产业结构不相吻合，专科教育没能形成特色以及就业市场的条块分割等因素的影响，引发了毕业生就业的结构性失衡与教育过度发展的潜在危机和负面影响。[167] 彭金冶（2005）认为高等院校扩大招生促进了高等教育由精英教育向大众化教育的过渡，但也随之产生了高等教育过度问题，中国的高等教育过度与扩大招生关系密切。[168] 许紫岳、胡淑静、黄一岚（2010）通过 2008 年对中国高校扩招前后已就业大学毕业生的就业数据进行对比分析，也认为，1999 年开始的高等教育扩招政策在提高了高等教育普及率的同时，也导致了大学生就业市场需求结构的失衡，教育过度的现象有了明显的提高。[155] 刘金菊（2014）考察中国近 20 年来教育过度现象的趋势和差异认为，中国教育过度的迅速增长，一个主要的原因是高校扩招政策的实施，导致高校毕业生的增长速度远远高于就业岗位的增加速度。[41]

2.2.4　教育过度的成因解释

国内关于教育过度的成因解释的成果相对比较零散，主要是借鉴西方已有的成熟理论，探寻中国教育过度的合理解释。有部分文献已经开始尝试从中国特殊因素出发，寻找中国教育过度结构性失衡的成因，并取得了一定的成果。系统梳理已有研究成果，可大致归纳为以下几个方面：

一是强调制度分割在教育过度成因中的特殊作用。赖德胜（2001）认为经济转轨时期中国的劳动力市场是制度性分割的，劳动力缺乏流动性，导致经济发达地区出现了人才过剩和教育过度问题[169]；张曙光、施贤文（2003）指出劳动力市场分割增加了行业专用性人力资本投资的风险，降低了投资的积极性，间接引发文凭教育过度。[170] 姚白羽（2008）认为劳动力市场分割是造成高学历者就业难问题、进而形成教育过度的根本原因。[171] 张晓蓓、亓朋（2010）利用全国综合社会调查数据（CGSS 2003）分析中国劳动力市场反映出来的教育过度现象，认为导致中国教育过度产生的主要原因是劳动力配置的低效率。[172] 范皑皑、丁小浩（2013）认为劳动力市场分割条件下高等教育毕业生在主要劳动力市场的激烈竞争是导致国有企业员工教育过度的重要原因 [173]；范皑皑（2013）分别基于北京市企业调查数据分析扩招后的文凭通胀现象，认为劳动力市场分割和地区经济发展不平衡，毕业生选择向院校分布集中、经济发达、对毕业生吸纳能力强的大城市集聚，是文凭膨胀的主要原因。[173] 石丹淅、刘青桃（2013）根据 2008 年北京市调查数据，发现劳动力市场存有明显的分割是导致一些地区、职业、行业等内人力资本过度集中，进而形成教育过度的重要原因。[174]

二是强调高等教育规模扩张超出现阶段经济社会发展需求形成的供求失衡是教育过度的主要成因。刘志业、栾开政、李卫东（2003）强调教育过度问题的本质在于高等教育的人才培养模式与中国现阶段的产业发展状况存在很大的不适应。[175] 赵宏斌（2003）将教育过度的原因归结为教育与劳动力市场错位。[176] 张彦通、赵世奎（2004）认为大学毕业生就业的结构性失衡和地区性失衡也是中国教育过度局域性产生的直接原因。[18] 章小梅和姚利民（2004）指出"知识失业"在中国已成为客观事实，并将这一现象归因于高等教育在自身发展中所存在的超常规发展、高校层次定位不合理、学科专业结构性失衡、大学生素质不高等现象。[177, 178] 夏再兴、周春丽（2005）认为中国高教供求结构失调和培养的人才素质结构不合理，是形成中国教育"结构性过度"的根本原因。[179] 王一涛（2007）将教育过度归因于公众对高等教育的过度需求以及政府的高等教育供给策略。[180] 魏立佳（2008）认为高等教育的发展水平与产业结构不适应是教育过度产生的主要原因 [181]。王华春、赵蕊、杨丙见（2010）认为中国在转型时期出现的局部"教育过度"现象与当前经济发展阶段及社会转型相联系，与教育投资快速扩张直接相关，教育的结构性失衡以及全球化带来的经济结构变动超前于教育结构变化，也直接影响教育资源的合理配置。[182] 周婧、符少辉（2011）认为"教育过度"现象形成的主要原因在于大学毕业生的供给超过了现代经济部门的有限职业需求；高校教育模式单一导致毕业生就业能力缺失；"唯学历论"的职业筛选标准助长了"知识失业"现象。[24] 汪凌洲（2015）认为导致教育过度现象的主要原因是高等教育规模迅速扩张、中国经济发展水平有限、高等教育结构失衡等。[183]

三是强调教育过度是制度缺失、信息失真及中国特殊文化影响的结果。王良美（2002）认为导致学历幻觉和教育过度的原因乃是"为学历而学历"、盲目追求高学历的短视行为。[184] 张香敏（2004）认为劳动力市场制度不完善、就业信息制度不健全、户籍制度及其他劳动保障制度的限制、高校的人才培养制度的制约、就业理念供给不足是导致教育过度的主因[185]。殷朝晖、欧阳红兵（2005）指出，导致中国的高等教育"结构性"过度的社会、经济和文化原因包括传统文化的影响、强制性二元经济结构、行政主导的教育体制以及市场信息机制不健全等，其中中国的儒家文化是导致"教育过度"的深层文化原因[186]。杨友国、刘志民（2006）认为中国高等教育过度的成因在于中国高等教育主体公益性引致的低价格供给、国家宏观教育政策的引导驱动、个人非人力资本积累因素影响及标识信号失真使社会对学历教育过度追捧的现象。[133] 马桂兰、李静（2009）从经济学视角剖析教育过度现象的成因，发现：影响教育过度的因素有市场、用人单位、社会经济发展阶段、高等教育的结构、传统社会文化心理的影响等。[187] 黄志岭、逯岩、樊小钢（2010）认为中国教育过度现象的出现并非因为教育投资过剩，而是教育投资结构不合理所致。[188] 王文龙（2012）从结构主义视角分析中国高等教育"过度"问题，认为中国高等教育"过度"的根本原因在于中国二元体制的强化以及体制内外不断扩大的收入、地位差距，以及特殊利益集团对资源与权力日益加强的垄断造成的社会闭锁[189]。刘小华（2015）认为制度障碍、制度供给不足是高等教育过度出现的主要原因。[190]

四是强调教育过度是高等教育内部失衡、高校人才培养模式失败的结果。刘茂松、刘果（2004）认为教育过度是教育层次结构失衡和高等教育内部层次结构、专业结构失衡造成的结构性的现象[191]。赵彦（2007）认为教育结构性失衡的根源在于：其一，在高等教育学科与专业上，对专业性人力资本的投资不足；其二，普通高等教育和职业高等教育的发展存在结构性的不平衡；其三，在劳动力市场中，劳动力专业技能的表现信号及信号传递的渠道并不顺畅；其四，地区间经济和社会发展的差距是造成区域性教育过度的深层原因。[192] 靳宏（2008）认为高等教育过度主要是由教育结构在学科专业、层次结构及区域结构方面失衡引起的结构性过度。高等学校自主意识的缺乏、用人单位消费人才的盲目以及毕业生自我定位的迷失等心理因素是结构性教育过度产生的直接原因。[193] 罗润东、彭明明（2010）则认为其深层原因与现有的高等教育培养体制相关。[142] 刘险得（2017）将研究生"教育过度"现象的成因归结为体制原因，认为"教育过度"的实质是教育培养体制、就业市场供需、人才流向区域等结构性失衡。[194]

五是强调教育过度是经济结构、体制制度与个人观念等诸多因素综合作用的结果。黄芳（2004）在分析就业风险状态下大学毕业生教育过度发生的机理的基础上，总结出了导致中国大学毕业生教育过度的深层次原因：经济方面，第三产业发展缓慢及结构低级；制度方面，户籍制度、社会保障制度对人才流动的"壁垒"、企业缺乏人事管理权、经营机制尚未转化；教育方面，高等院校管理体制僵化，高校缺乏有效的监督与约束机制，就业指导工作不健全；劳动力市场方面：劳动力市场信息不通畅。[195] 陈磊（2007）认为：毕业生就业观比较陈旧、教育培养模式不够合理、高校专业设置相对滞后、用人单位观念有失科学、市场经济体制存在缺陷和专门人才市场彼此分割等是导致高校毕业生教育过度的主要原因。[196] 王鹭娟（2009）强调教育过度是多方面因素综合作用的结果：社会层面，受到宏观政策、群体本位和人才评价的价值观误导；高校层面，存在办学定位、专业设置和就业指导的价值观偏差；家庭层面，受到教育目的、教育内容和教育方式的价值观牵制。[197] 刘亚兰、王洪见（2012）指出教育过度的出现，是国家、高校、企业、个人等各种因素相互作用的结果。[198] 谭桂利（2012）在考察美国 20 世纪 70 年代教育过度出现的背景及成因的基础上，认为经济水平限制、高等教育发展不合理、特殊制度环境和传统择业观念等是中国高等教育过度的深层原因。[134] 范皑皑（2013）利用2003—2011 年全国高校毕业生抽样调查数据，分析了毕业生面临的就业环境和就业状况，剖析教育过度发生的原因，发现追随性求职策略导致能力较弱的毕业生没有竞争优势，进而不能获得适度匹配的岗位；专业人力资本不足的毕业生需要更多的教育经历来证明个人能力，也因此而发生教育过度；更多的教育还可能成为弱势家庭子女弥补家庭社会经济资本不足的一项工具。[22]

此外，部分学者基于国内数据检验了国外教育过度理论在中国的解释力。如张晓蓓、亓朋（2010）基于全国综合社会调查数据（CGSS 2003），发现教育过度分配理论能够解释中国教育过度现象产生的原因。[172] 马文武、李中秋（2016）运用 CHNS 数据，采用实际匹配法，对中国教育过度现象进行了测度和分析。结果表明，中国存在教育过度现象，且从时间上有不断增加趋势，筛选理论能够更好地解释中国教育过度的发生。[160] 张仙芬（2016）基于中国家庭追踪调查（CFPS）2010、2012、2014 年的面板数据，发现并不支持职业流动假设。[199] 张冰冰、沈红（2016）基于 CGSS 2010 中国综合社会调查数据检验教育过度的收入效应，发现人力资本互补假说并不能有效地解释教育过度，但劳动力市场分割却是教育过度发生的重要原因。[200]

值得注意的是，国内学者已经开始尝试突破国外教育过度成因的解释框架，形成具有中国特色的解释模型。

唐可月、张凤林（2006）运用劳动市场信号发送理论，分析近年来中国高校大规模扩招所产生的社会经济后果。其基本观点是：在假设教育只具有能力信号功能的前提下，扩招提高了就业门槛，导致教育信号的过度投资，这是雇主和雇员互动博弈的结果。若引入教育的生产力功能，扩招使特质对应的教育水平分布区间加大，原来教育水平可以分离的特质分布区间降低，意味着本科教育的信号区分功能减弱。高能力的本科生为了分离自己，会选择更高的教育信号（如研究生），或是追求名校、特殊资质证书等其他信号，教育信号投资的激励效果增强。如果高校不断扩招，则会促成教育信号投资的不断攀升，并最终导致教育过度。[201]

杨娟（2007）通过发展 Sattinger 的分配理论建立了用来解释教育过度成因的优序理论模型，从劳动力市场对不同层次劳动力需求和供给两个角度分析了教育过度的成因，并揭示了决定个人教育过度的因素。[202]

卿石松（2008）认为教育收益率不断上升、对城市就业和婚姻市场的青睐，以及就业歧视等造成的女大学生就业难是高校女研究生比例不断上升的主要原因，也是形成教育过度的重要因素。[203]

陈纪平（2012）从教育的非经济功能角度解释教育过度现象。基于教育社会学原理，建立了一个以教育多重功能为假设条件的教育供求模型，发现多重功能条件下均衡教育水平大于单一经济功能的均衡教育水平，两者的差异构成以要素配置效率标准来衡量教育过度。[204]

曹妍、芮潇潇（2012）通过设计理论假设和理论模型，分析在高校扩招的不同发展背景下用人单位和毕业生不同的就业预期与受教育水平之间的相关关系，证明教育过度存在的必然性，并大胆预测未来中国教育事业中教育过度的发展趋势，证明教育过度在一定程度上是教育深化的过渡现象。[205]

宋锦（2015）在肯定教育竞争能够区分具有不同潜在生产率的劳动者，并使其与就业岗位进行有效匹配的基础上，指出在教育竞争的激烈程度有所差异时所引起的竞争对劳动者的筛选可能会发生扭曲，会导致教育过度现象的形成。[206]

刘璐宁（2015）尝试从宏观和微观两个角度分析教育过度的成因：首先，在宏观方面，通过分析中国产业结构、行业结构和职业结构的特点，提出三种结构的相对偏低，难以提供适合大学毕业生规模的有效岗位是宏观层面出现教育过度的主要原因；此外，中国特有的经济环境、文化环境以及社会环境因素也促进了教育过度。其次，在微观层面，首先提出了教育过度产生的根源是人力资本的特殊性，即人力资本的价值性和人力资本产权的可分离性，并建立了教育过度微观分析模型——雇佣双方选择四象限模型，分析劳动力市场分割等因素对教育过度的影响。并综合宏、微观的成因分析，借鉴勒温场动力理论

B=f(PE)构建了教育过度形成机制模型。认为中国存在结构性教育过度问题，它的发生受到劳动者个人、雇主、劳动力市场分割因素以及宏观环境多方面影响。[29]

2.2.5 教育过度的工资收入效应

国内关于教育过度收入效应的研究，基本是沿用国外的 ORU 模型或 W 模型，使用中国的数据，测量教育过度的收入效应，并进行国际比较。

武向荣（2007）采用中国社科院经济研究所收入分配课题组在 1995 年进行的全国城镇居民家庭收入分配调查得到的数据，利用 ORU 模型估算教育过度的收入效应，结果表明，工作所需教育收益率 5.8%，高于实际教育收益率 3.2%，教育过度收益率 1.2%，说明个人发生教育过度仍可获得收益，但收入会受到损失。

黄志岭、逯岩、樊小钢（2010）采用 2002 年城调队数据估算教育过度的收入效应。研究结果显示，相同学历的群体，处于教育过度的个体要比适度教育者的收入低 4.8%，表明教育过度将会导致个人收入受到损失。[188]

罗润东、彭明明（2010）基于中国社会综合调查（CGSS）的相关数据，研究发现：教育不足与工资收入呈明显的负相关，而且相对教育匹配的员工，教育不足员工的工资平均要低出 9%。但是，具体到拥有大学学历的员工，教育过度员工的工资收入比教育匹配的员工平均高出近 30%。[143]

代馨（2016）基于调研数据，研究发现 ORU 模型的回归结果表明教育过度收益率和教育不足收益率均低于适度教育收益率水平；Verdguo-Verdugo 模型的回归结果表明教育过度的收入效应为负值，发生教育过度的劳动者收入水平显著低于同等学历水平上适度教育劳动者的收入。[207]

邢芸（2017）利用 2014 年"少数民族高校毕业生调查"数据，使用 DSA 方法采集就业匹配自我评价得分，构建包含学历匹配和专业匹配的回归模型，分析就业匹配对收入的影响。结果表明，少数民族高校毕业生的学历匹配和专业匹配程度越高，对收入的影响越大，且学历匹配对收入影响显著。[208]

黄琪（2017）基于北京市社科就业选配视角下北京市大学生人力资本提升路径研究项目的数据，研究发现，在北京地区，教育过度和教育不足对工资收入的影响是显著的。[164]

王春超、佘诗琪（2017）利用中国城乡劳动力流动调查（RUMiC）数据，研究发现：在同等教育年限下，教育过度者的收入低于恰好匹配者的收入；教育不足者的收入高于恰好匹配者的收入。而且教育过度和教育不足与户籍之间存在交互效应。[165]

　　与国外研究一样，国内学者也关注了不同教育过度在不同群组内影响效应的差异问题。武向荣（2007）用 ORU 模型估算中国教育过度的收入效应，结果表明，教育过度收益率为正值，但小于工作所需教育收益率，说明个人发生教育过度仍可获得收益，但收入会受到损失。分工种、分行业和地区的估算表明，在教育水平和工作技术层次紧密相关的工作领域，教育和工作配置关系对配置程度较高的工种收入影响很大，如专业人员和技术工人；相反，对配置程度较低的工种收入影响较小，如办事员。在竞争性强和收入低的部门和地区，教育过度收益率较低，或者不显著。相反，在垄断程度和收入越高的行业和地区，教育过度收益率越高，这可以解释即使发生教育过度，受教育者仍然愿意在该类地区和行业工作的原因。[209]范皑皑（2012）按照教育过度发生原因将教育过度区分为"弥补型教育过度"和"非弥补型教育过度"（或"发展型的教育过度"），基于 2006 年北京市企业调查的数据，探讨了弥补型教育过度的短期和长期收入效应，发现长期来看，弥补型教育过度带来的收入损失更大，非弥补型教育过度虽会带来短期的收入损失，但长期收入损失并不显著。[210]周丽萍、马莉萍（2016）利用北京大学教育学院 2013 年全国高校毕业生就业调查数据研究发现，控制了人力资本变量后，教育过度从无影响变为显著负影响，专业匹配从显著正影响变为显著负影响；控制社会资本变量后，教育过度和专业匹配对起薪的负效应都减小约 2%。从不同子样本来看，教育过度对高学术优势院校毕业生起薪的负影响更大，专业匹配对低学术优势院校毕业生起薪的负影响更大，教育不足仅对男生和非"211"院校毕业生起薪具有显著正影响，对总样本和其他子样本都无显著性影响。[211]周鹏、朱小军（2016）则基于全国 28 所高校的抽样调查数据，按照性别、专业、学历、工作单位、就业区域五个类别对高校毕业生的教育过度收入效应进行测算，发现教育过度使得个人教育投资的边际收益递减，学历越高，教育过度的收益损失率也会随之提升；专业性越强的毕业生在就业市场上的优势越明显，越不容易出现教育过度现象；公共部门的教育过度收益率要高于私立部门，但是公共部门容易出现教育过度的现象，而私立部门则容易出现教育不足问题；高校女性毕业生教育过度损失率和教育不足损失率均高于男性毕业生；东部地区更容易发生教育过度现象，且东部地区的教育过度收益率高于中部和西部地区。[163]

　　另外，国内文献还关注了农民工群体教育过度的收入效应问题。如董延芳、刘传江、胡铭（2012）在研究农民工失业问题时，将其受教育年限超过工作学历要求的情况称为教育过度，属于隐性失业的一种，并利用 2009 年武汉市农民工抽样调查数据，实证分析了其影响因素和收入效应。[212] 王广慧、徐桂珍（2014）基于问卷调查数据，采用工作者自我评价法对新生代农民工的教育－工作匹配程度进行了度量，并应用教育过度收益率模型（ORU 模型）对新生代农民工教育－工作匹配的收入效应进行了分析。研究结果表明，新生代农民工教育与工作匹配时的教育收益率高于其实际教育收益率。虽然教育过度对新生代农民工的收入有正向影响，但不具有统计显著性；教育不足对男性新生代农民工的收入有显著的负向影响，而对女性新生代农民工则没有显著影响。[213] 吴杨、施永孝（2015）基于新生代农民工的深入访谈和问卷调查数据，应用 ORU 模型对新生代农民工教育－职业匹配的收益率进行分析，研究发现，教育对新生代农民工的收入具有显著影响，教育－职业是否匹配也对其收入具有显著影响。[214] 叶尔肯拜·苏琴、伍山林（2016）基于 2013 年的 CGSS 数据，在运用实际匹配法评估农民工教育与工作匹配状态的基础上，进一步采用 D–H 模型和 W 模型估算了农民工教育的收入效应，并且据此讨论了教育获益与教育惩罚的问题研究发现，就农民工群体而言，教育不足发生率比较高，但并非不存在教育过度情形；农民工具有教育过度工资溢价和教育不足工资折价并存的特征，女性农民工不具有这样的特征。[215]

可喜的是，国内研究也开始使用相对新的计量分析技术与方法提升分析的深度。如隋国玉（2009）基于中国城镇居民的 1995 年和 2002 年微观数据，应用分位数回归技术估算了不同受教育水平工人在条件工资分布不同分位点上的适度教育收益率和教育过度收益率，研究发现，随着条件工资分布分位点的升高，教育过度发生率在波动中趋于平稳。不同受教育群体都存在着明显的工资惩罚，随着条件工资分布分位点的上升，男性的工资惩罚都逐渐减小，而女性的高等教育群体工资惩罚变化幅度很小，高中、中专教育群体的工资惩罚呈扩大趋势。在控制了个体工作特征后，教育过度收益率的估计结果下降幅度远大于适度教育收益率。与 1995 年相比，2002 年不同受教育水平个体的教育收益率全面上升；高等教育群体中，男性和女性的工资惩罚都有所上升，在高中、中专教育群体中，男性和女性的工资惩罚均有所下降。因此，教育过度扩大了群体内部的不平等。[216] 袁玥（2016）采用 W 模型和分位数回归模型，利用中国劳动力动态调查（CLDS）2012 年的个体调查数据估算不同匹配状态下的教育收益率，研究结果表明，同等学力的劳动者，当发生教育过度时其教育收益率要低于匹配情况下的教育收益率，当发生教育不足时其教育收益率会高于匹配情况下的教育收益率；随着收入水平的提高，错配造成教育收益率之间的差异逐渐缩小。[162] 李骏（2016）指出已有文献较少考虑教育过度的选择性问题，使用倾向值匹配的方法，针对高学历劳动者的教育匹配与收入回报研究发现，即使是在考虑了选择性之后，教育过度者的收入仍然显著低于适度教育者。[161] 陈洁（2017）使用 CHNS 调研数据，基于 ORU 模型的分析表明扩招后教育过度的收益率下降，但是在通过固定效应控制个人的异质性后，教育过度收益率下降的趋势逆转，这说明扩招并没有带来能力强的真实教育过度者收益的下降，而能力较弱的表面教育过度者确实遭受了工资惩罚[151]。张仙芬（2016）基于中国家庭追踪调查（CFPS）2010、2012、2014 年的面板数据分析了中国教育过度现状，进而计量分析了中国教育不匹配对工资的惩罚效应发现，当用平均值法测算教育过度水平时，混合模型的估计结果和随机效应模型的估计结果类似，对随机效应模型而言，需求的教育年限每增加一年，工资对数会增长 27%，而教育过度年限每增加一年，工资对数会增长 16.7%，教育不足年限每增加一年，工资对数会降低 6.5%。然而，在固定效应估计中，即除去遗漏变量偏差以后，需求的教育年限回报上升到 30.3%，教育过度年限回报稍升到 17.9%，而教育不足年限回报下降到 6%；当运用平均值以及众数法测算适度教育年限、教育过度教育年限、教育不足年限，并利用工具变量法去除测度误差以后，需求教育年限和教育过度年限的回归结果会有所下降。具体表现为需求的教育每增加一年，工资对数会上升 17.4%，而教育过度每增加一年，工资对数会上升 4.7%。即当控制了遗漏能力偏误及测量误差后，教育过度的工资惩罚效应进一步加大。[199]

值得注意的是，上述研究基本都相对一致地认为，教育过度对收入存在负向影响。但与国外研究结论存在分歧一样，国内也有学者发现教育过度的收入效应并不总是一致的。有研究对教育过度的负向收入效应提出了异议。如范皑皑、丁小浩（2013）运用 2006 年北京市企业调查获得的员工数据研究发现，劳动力市场分割条件下高等教育毕业生在主要劳动力市场的激烈竞争是导致国有企业员工教育过度的重要原因。在主要劳动力市场的员工即使发生教育过度，也能通过收入和其他福利获得补偿。[173] 张冰冰、沈红（2016）利用 CGSS 2010 居民调查数据研究发现，与相同教育水平下的教育适度者相比，教育过度者并不承担任何的收入损失，教育不足者却享受一定的收入溢价，这种收入差异主要是由职业分割所引起的；与此同时，部门分割也是教育不足者收入溢价的主要来源；当剔除劳动力市场分割的影响后，教育过度者的收入最高，教育不足者的收入最低。[200] 而李剑峰（2016）利用 2013 年中国高校毕业生调查数据，从比较优势的视角研究发现，教育过度对大学毕业生的就业起薪和户口解决程度有显著影响。[217]

2.2.6 教育过度对离职倾向等其他劳动力市场结果的影响

国内目前关注教育过度对工作满意度、离职倾向，特别是劳动者身心健康的实证研究还相对较少。

武向荣、赖德胜（2010）基于对北京市党政机构及企事业单位职工就业状况的调查数据发现，较多发生教育过度的职工对现在工作不满意，且工作更换频率较高。[137]

李楠（2012）基于北京、大连、哈尔滨三个城市的 447 名新生代员工的调查数据研究发现，新生代员工教育过度和组织支持感存在负相关，新生代员工教育过度和工作投入存在负相关，新生代员工组织支持感对教育过度与工作投入之间的关系起到了部分中介作用。[218]

尹盈盈（2014）检验了教育过度对员工心理授权与组织公民行为的关系的调节作用发现，对教育过度的高度感知会削弱心理授权与组织公民行为之间的正向关系。[219]

王子成、杨伟国（2014）利用大学生就业质量调查数据，探讨了就业匹配对大学生就业质量的影响。结果显示，就业匹配对大学生工资和就业稳定性均产生显著影响。教育过度者的就业稳定性较差，出现跳槽的概率较高，专业严格匹配者的跳槽率高于专业不匹配者，而高能低配者的跳槽概率要显著高于低能高配者。[220]

刘明艳（2016）基于高校毕业生群体问卷调查数据研究发现，被调查群体中教育与工作匹配的高校毕业生占总体比例为 63%；而且高校毕业生教育 - 工作匹配与工作满意度显著正相关，与离职倾向存在显著负相关。[221]

王广慧、耿菊徽（2016）基于高校毕业生就业状况问卷调查数据，研究发现，适度教育对高校毕业生就业满意度具有显著的正向影响；教育不足对高校毕业生就业满意度具有显著的负向影响；教育过度对高校毕业生就业满意度具有负向影响，但不具有统计显著性。[222]

李剑峰（2016）利用 2013 年中国高校毕业生调查数据，研究发现，教育过度对大学生的工作满意度有显著的负影响。[217]

张仙芬（2016）基于中国家庭追踪调查（CFPS）2010、2012、2014 年的面板数据，验证人力资本补偿假设，发现教育过度和一般技能正相关：工人的工作对其需求的教育年限每增加一年，工作经验增加 8.1%，超过工作所需的教育水平虽然稍弱，但仍然显著为正，即工作所需的教育年限每增加一年，口头表达能力提升 9.5%。教育过度和健康有稍弱的相似的正相关关系，而与恰好匹配的回归也为正相关关系，而对教育不足的回归比教育过度回归系数绝对值更大，意味着教育不足的情况对健康状况的影响更大，而理解能力和口头表达能力相似。本文的估计结果支持了人力资本补偿假设。[199]

2.2.7　教育过度治理对策的讨论

武向荣（2007）指出，政策选择上，现阶段应按照渐进、适度的原则扩大教育规模；加大调控不同行业和地区的收入分配，防止收入差距过大造成教育过度高度集中在高收入行业和地区，导致教育资源得不到优化配置；个人也需要理性投资教育，避免因教育过度的发生降低教育的经济价值。[51] 张军利（2010）认为解决中国高等教育"教育过度"问题，需要发展经济、增加就业机会，加强体制改革，优化教育资源配置；建立信息共享渠道，对大学生进行就业指导和帮助。[25] 周婧、符少辉（2011）提出治理"教育过度"现象必须实现职业教育和高等教育并举，坚持市场对专业设置的引导，建立长期稳定的人才供应渠道，适当调整毕业生的就业观念。[24]

2.3　文献简评

教育过度问题自 20 世纪 70 年代产生以来，已被西方学界广泛研究。综合前述分析，可以发现国内外已有文献关于教育过度问题研究大致按照三条思路进行：第一是重点关注如何准确测度教育与工作间的匹配问题，以识别教育过度的真实性，特别是如何处理同等教育程度内劳动者能力的异质性问题；第二是依据教育经济学和劳动经济学等学科中的经典理论模型，重点探讨教育过度的成因及状态依赖特征；第三是集中分析教育过度在微观和宏观层面的影响，重点是教育过度的工资效应及对其他劳动力市场表现的影响。

客观而言，国外关于教育过度的界定与测量方法及相关问题的研究为我们在该领域的研究提供了有益借鉴。特别是 Chevalier（2003）等在"教育与工作岗位异质性"的前提条件下，以"对教育 – 工作匹配满意度"为基础，提出了区分"表面的教育过度"和"真实的教育过度"的方法，为我们深入理解教育过度问题提供了方向和新的视角；人力资本理论、工作竞争理论等对教育过度的成因提供了有力的解释，特别是差异化过度胜任理论，以女性与男性家庭责任的差异解释在不存在歧视的情况下女性工资低于同等能力男性原因的视角，可能为深入理解教育过度的形成机制提供了新的视角。但毋庸讳言，国外对教育过度问题的研究也存在一些问题。例如，在测量方法和影响因素的分析方面，国外关于教育过度问题的研究处于不断发展和完善过程中，对如何降低测量误差问题还在尽力探索。而关于教育过度对工资等劳动力市场表现影响的实证结论并未取得高度的共识，产生结论的区域和时间差距明显，解释需要结合劳动市场的状况和经济发展的阶段与周期，特别是虽然现有研究尝试解释教育过度的工资效应，但还缺乏统一明确的理论分析框架，难以形成对相关问题的合理理论解释。尤其值得注意的是，现有关于教育过度成因解释的理论，均是以个人为决策主体、基于新古典的理论框架下提出的解释，虽然差异化过度胜任理论注意到了女性家庭责任对工作搜寻结果的影响，但依然是以个体决策为基本逻辑的。而贝克尔的新家庭经济学提出，家庭既然是一个消费单位，也是一个生产单元，很多决策是以家庭为单位作出的。劳动力供给和就业选择作为家庭的重要决策，理所当然应该从家庭决策的角度理解，而不是仅仅把家庭责任当作一种影响变量，所以还存在较大拓展空间。而国内现有的研究主要是针对高校的扩招和大学毕业生就业难问题而展开的探讨，对中国是否存在教育过度问题，一直存在争议。现有关于教育过度的工资收入效应的测量及解释，学者们大多借鉴国外研究的相对成熟方法和思路来考察中国的教育过度现象。正如刘璐宁（2015）在其博士论文中总结的那样："国内教育过度问题的研究起步较晚，争议较多，表面研究较多，深入研究较少；理论研究较多，实证研究较少；宽泛研究较多，专门研究较少。尤其表现在有关教育过度内涵的理论研究空洞泛泛，对教育过度形成机制的研究尚浅，有关教育过度成因的实证研究明显不足三个方面。"[29] 客观地说，由于中国的人力资源状况与制度演化路径与西方国家存在着明显差异，且囿于数据可得性的限制，国内还没有很好地处理同等教育程度内劳动者能力异质性的问题的方法，也还没有相应的有分量的研究成果。关于中国特殊制度、文化背景下教育过度的形成机制，虽然刘璐宁（2015）等尝试从微观、宏观的角度建立中国教育过度形成的解释框架，但因为忽视了教育投资目的的多元性、劳动者能力和需求的异质性，和决策主体的家庭性，解释力度上还可以进一步加强。在教育过度收入效应等劳动力市场表现影响的实证研究上，国内研究者还是基本遵循了国外学者的研究框架，研究方法的实验化、工具变量、PSM等方法的逐渐推广，但由于数据的限制，无法很好地处理劳动者的能力异质性问题，相关研究成果的准确性和可信度需要进一步确认。我们认为巧妙处理同等级教育程度劳动者的能力异质性，以家庭为决策主体，探究教育过度的成因，并在控制能力异质性的情况下，测量教育过度对收入等劳动力市场表现影响,才能深刻理解中国劳动力市场的运行机制,从而为教育改革与劳动力市场优化政策的出台夯实微观数据基础与理论基础。

第 3 章　中国劳动力市场教育过度现状测量

3.1　教育过度：内涵再审视

一般文献都认为最早提到"教育过度"并进行了比较系统研究的学者是美国的弗里曼（Freeman）。然而，在弗里曼之前已经有学者对这一问题进行了探索。Berg（1970）在其著作《巨大的培训掠夺》一书中已经提到"教育过度"，他验证了 Anderson（1962）"基于对 415 名电子技术专业人员进行调查分析，发现教育程度和个人生产率之间呈现负相关关系"的结论，指出受教育程度低的人并不比受教育程度高的人工作质量差，甚至还要更好一些[223]。但这一发现与人力资本理论关于"教育能提升人的劳动生产率，从而促进整个经济的发展"的结论相矛盾，所以在人力资本理论风头正劲的当时，并没有引起经济学家和决策者的注意和重视。然而，二战后西方经济社会发展的调整，使经济增长放缓、劳动生产率增长幅度下降、失业率不断上升，从而对原以为"教育总能通过提高人们的认知技能来提高劳动生产率"这种无条件成立的命题产生了挑战和冲击。以 Freeman 为代表的一些学者则开始了对教育过度的深入研究。Freeman（1976）出版了《教育过度的美国》一书，预测大学生供大于求的现象在美国将持续存在。引起了社会各界对教育过度的广泛关注。但 Freeman 的研究在引起关注的同时，也招致了很多的批评，Smith 和 Welch（1978）添加了 Freeman 分析事情前两年和后两年的数据，指出主要是大批劳动力市场进入者同时进入带来的拥挤效应，而不是教育过度问题，是高校毕业生因为拥挤效应而导致的在与有部分工作经验的高中毕业生的竞争中处于不利地位。在消除了经验积累的因素后，投资回报率下降的趋势得到大部分的消除。此外，还有其他人的批评，如 Hammack（1978）和 Levin（1977）后续关于不同技能群体的工资不平等问题的研究，Autor 和 Katz（1999）也验证了 Freeman 观察到的高等教育投资回报率下降是一种短期存在的现象。如果说 Smith 和 Welch 的批评，结合 1974 年以后高校毕业生相对工资的上升，证明对教育过度的关注是一时之兴，那么 Duncan 和 Hoffma（1981）的文章 "The Incidence and Wage Effects of Overeducation" ——一流期刊《教育经济评论》上的一篇文章，重新引发了关注教育过度问题的热潮。Duncan 和 Hoffma（1881）借鉴 Eckaus（1964）和 Berg（1970）的研究，对比了劳动者的教育程度的供给与工作对教育水平的需求。与前人研究不同之处在于，前人是在宏观层面上进行对比，而 Duncan 和 Hoffma 是在微观层面上进行对比，并拓展 Mincer 方程，估计工作需求的教育年限、教育过度的教育年限和教育不足的教育年限的投资回报率。Duncan 和 Hoffma（1981）区分了个体实际接受的教育水平和工作所需要的教育水平之间的差别并确定了教育 - 工作不匹配问题研究的三个核心概念：教育过度、工作所需要的教育和教育不足，成为了后续研究定义教育过度和测量教育过度发生率的基石。

要理解教育过度，其重点和难点在于理解什么是"度"。按照辩证唯物主义观点，"度"是量变引起质变转化为他物而形成新质的关节点或临界点，以"水"为例：在标准气压下，超出 0℃到 100℃这个范围，水就会变成冰或者水蒸气，从而失去原有的状态，0℃和 100℃是两个关节点或临界点。本书认为实际上度的根本含义是平衡或均衡，尤其是在两个或两个以上的系统的相互关系中，其中任何一个系统中事物量的"过度"增加或减少，不仅会引起事物质的变化，也会破坏系统之间的平衡关系，度就是那个失去平衡或均衡的"临界点"或关节点。当前，教育过度的理解中实际上也面对着两个系统，一个是教育系统，另一个是劳动力市场系统。教育过度实际上是两个系统发展在量上不均衡的表现之一，另一种不均衡的表现便是教育不足，而均衡的表现为适度教育[①]。

人力资本理论预测教育过度是劳动力市场不均衡的暂时现象，其会随着劳动者经验的丰富或职业流动而消失。但部分学者实证发现了教育过度持续存在的证据。例如，Dolton 和 Vignole（2000）针对英国大学毕业生的分析发现，62% 的男性大学生在初次就业中处于教育过度状态，6 年之后依然处于教育过度状态[64]；Frei 和 Sousa-Poza（2012）也指出工作经验的增长并不意味着教育过度风险的降低[93]。Blazquez 和 Budria（2012）也研究发现虽然教育过度

---

① 实际上，教育过度的理解中不应该仅包含劳动力市场的影响，教育的功能是多元化的。后边有深入分析。

是动态的，特别是进入教育过度状态的概率明显受到个人特质的影响。尽管这些差别受到个人异质性的影响，但的确还存在永久的教育过度现象。对前一年处于教育过度状态的劳动者来说，由于状态依赖效应而面临大约 18% 的教育过度风险 [94]，Sloane（1999）也证明教育过度者不会因为更换岗位或雇主而有所缓解，反而更容易处于被解雇或失业状态 [224]。同时，学者们针对各国的实证研究发现教育过度在不同时点上的各地区不同程度地持续存在。因此，不能简单地将教育过度理解为劳动力市场不均衡的表现，这只是一种暂时现象。

学术界关于什么是教育过度，以及如何测量教育过度已经进行了深入、系统的研究，并取得了丰硕的成果。关于教育过度的概念，学术界目前比较公认的观点有以下几个：一是 Bishop 提出的"教育过度就是指一个社会或个人拥有的教育超过了它或他的所需或所望"。二是 Robust（1995）提出的"一个人所获得教育超出其职业通常要求的水平，便属于教育过度"。三是 Levin 和 Tsang（1985）的界定："有下列情况三者之一的就可称为教育过度：①相对于历史上较高受教育水平者，现在接受相对教育的人的经济社会地位下降了；②受过教育者未能实现其对事业成就的期望；③工作人员拥有比其工作要求较高的教育或技能"。这是迄今为止，在世界范围内得到认可的定义。值得注意的是，两位学者认为只要满足这三种情况之一便是教育过度。在分析教育过度的内涵时，必须要搞清楚三个角度的定义之间到底是何种关系才能使后续研究更加扎实可信。可以确定的是，三个定义之间并不是"和"的关系，而是"或"的关系，也就是说，教育发展出现以上三种情况之一就属于教育过度。

国内学者曲恒昌等（2000）在对有关教育过度文献总结的基础上，提出了教育过度的四个方面的表现：受教育人口的失业率比较高，甚至超过未接受过教育的人口或教育层次较低的人口（即知识失业）；受教育人口的专业技能未得到充分利用或就业不充分，或学非所用；高才低用，大学毕业生从事通常由高中毕业生承担的工作；接受过同一水平教育的人，现今的实际收入要比以前低。[225]

但我们在这里需要指出的是：教育的目的是多维的。劳动力市场并不是教育回报的唯一途径。除了劳动力市场，教育还面向婚姻市场，以及其他更丰富的人生内容。诸多的研究也表明，教育的回报不仅仅来自劳动力市场。Weisbrod（1964）指出目前经济学界关注的经济型回报只是教育影响效应的一部分，而非全部。Chiappori（2009，2016）强调教育投资可预期在劳动力市场与婚姻市场上得到回报，并发现劳动者会基于未来不同的市场工资水平和家庭角色进行教育投资。张家福、罗琳（2017）强调是由于人们对教育的认识不清楚，忽略了问题背后的伦理原因，抛弃了教育的自身价值，更多地把教育视为一种工具，从而造成供给不足和不合理需求增加，这可能是教育不足等问题产生的合理解释。

通过以上分析，不难发现要想理解"教育过度"内涵先要明确的就是"度"的确定标准是什么。亚当·斯密曾说过"每个人都是自身福利的最好判读者"，面对存在显著异质性的工作岗位和劳动者，本书认为最佳的"度"从微观角度来看就是员工自我感知的某指定工作岗位做好工作对员工受教育程度的最低要求。所谓"春江水暖鸭先知"，劳动者对自身工作岗位的要求有着最直接的感知。

3.2　教育过度：新测量方法

如第 2 章中文献综述部分关于教育过度测量方法的梳理与评述，当前测量教育过度程度的大多数研究着眼于测量岗位实际所需的教育年限，主要有三种测量方法：①自我评估法（Worker Self-Assessment，简称 WA），其又可以分为以劳动者自我评估做好工作要求法（WAd）和劳动者自我评估申请工作要求法（WAg）；②工作分析法（Job Analysis，简称 JA）；③实际匹配检验法（Realized Matches，简称 RM），其包括众数法（RMml）和平均数加标准差法（RMmn）。

所有测量方法都有弊端。自我评估法的缺陷在于所谓主观性，雇员的回答会受到很多因素的影响，如员工期望获得的最高教育水平，以及期望获得的工作岗位等。此外，自我评估法还会受到雇主招聘筛选行为的影响，如雇主所制定的新进员工标准包含了雇主的主观意图，而员工的回答会受到雇主所制定的标准影响。岗位分析法的最大问题在于岗位的分类不是绝对明确的，不断变革的技术和社会经济环境都会带来岗位分类的变化，如果岗位分类不能随着时间而调整，那么其教育过度程度可能会被高估。[46]Sicherman（1991）和Halaby（1994）指出 DOT 等职业分类大典的方法，以职业内的平均要求代替特定岗位的要求，忽视同一职业内学历要求差异性分布事实，且 GED 与教育年限之间的转换会存在不一致，可能会带来测量误差。[8][46] 统计测量法是受到质疑最多的方法。该方法基于已有教育水平的分布情况得出结论，无论是标杆水平的选择，还是标准偏差的确定都是完全随意的。[47] 权衡利弊，Hartog（2000）认为岗位分析法虽然在理论上是最优的方法，但从实际操作角度来说，自评法更具魅力。[226] 更有学者从操作便利性的角度强调欣赏主观测量法搜集信息的成本更低的特点。[227]

到目前为止，学界并没有公认最好的测量方法。更加重要的是，有学者对以教育年限作为主要测量基准的方法提出了更深层次的质疑。Mavromaras等（2010）甚至认为，以 Overskilling 代替 Overeducation，测量工作和劳动者的匹配状况，克服了教育过度指标忽视不可观测的能力异质性的缺陷，可直接有效研究工作和劳动者的不匹配状况。[58] 教育水平之所以成为测量教育过度的通用方法，是因为它提供了单一维度的、极易量化的、便于进行国际比较的测量方法。然而，越来越多的研究指出单纯以教育年限为测量手段有很大的弊端。有学者对教育是否是能力的有效指标提出了质疑，强调影响劳动生产率的因素除了教育程度之外，应该还有其他不可观察的"能力"，因此单纯将受教育程度和工作对学历的要求进行对比，并把比较结果作为工作是否匹配的直接指标是不太合适的。

另外，客观地讲，目前存在的都是建立在"同等学历者能力无差异和同一名称的工作对任职者能力要求一致"这两个严格的同质性假设上的测量方法，但这两个假设显然与劳动力市场的实际不符 [46]。所以，很多文献开始将不可观测的个体异质性作为工资差异的重要决定因素；学者们开始围绕如何突破"同等学历者能力无差异和同一名称的工作对任职者能力要求一致"的限制，从而降低教育过度测量的误差进行相关的探索。如前边所述，主要有两种思路：

一是从概念上区分教育不匹配和技能不匹配，如 Allen 和 Van der Velden（2001）、Di Pietro 和 Urwin（2006）以及 Green 和 McIntosh（2007）的研究[55-57]，通过在问卷中设置相关问题，增加技能不匹配的测量。例如，Allen 和 van der Velden（2001）通过询问劳动者对"我当前的工作为我提供了充分发挥我能力和知识的空间"（My Current job offer me sufficient scope to use my knowledge and skill）以及"如果我有更高的知识和技能，那么我就可以更好地完成工作"（I Would perform better in my current job if I possessed additional knowledge and skills）的回答，生成了技能过度和技能不足的变量。Green 和 McIntosh（2007）通过询问劳动者在多大程度上同意"在当前工作岗位上，我有足够的机会应用我所拥有的知识和技能"（In my current job I have enough opportunity to use the knowledge and skills that Ihave）和"当前工作岗位上，你过去的经验、技能和能力能够使用多少？"（How much of your past experience, skill and abilities can you make use of in your present job?）的回答

构建技能过度的变量，而通过询问 "如果我有更高的知识和技能，那么我就可以更好地完成工作"（I Would perform better in my current job if I possessed additional knowledge and skills）的回答来生成技能不足变量。Pietro 和 Urwin（2006）则通过询问劳动者 "当前工作岗位上，你使用在大学中所获得的知识与技能的程度"（The extent to which they have used the knowledge and the skills acquired at university at current job），获得技能不匹配的变量。

　　二是有学者开始尝试在教育技能和工作都存在异质性的假设下，以区分真实（或实质）的教育过度和表面（或名义）的教育过度。这一方面以 Chevalier（2003）、Chevalier 和 Lindley（2009）、Green 和 Zhu（2010）、Pecoraro（2014）以及 Mateos-Romero 和 Salinas-Jiménez（2016）为代表。[5, 60-63] 其中，Chevalier（2003）以及 Chevalier 和 Lindley（2009）在教育技能和工作都存在异质性的假设下，通过综合职业代码工作要求和自我汇报教育工作的匹配状况（即询问劳动者 "对匹配状况是否满意"）两类方法定义教育过度，并将教育过度区分为表面教育过度（apparently overeducation）和真实教育过度（genuinely overeducation）。[5, 61]Green 和 Zhu（2010）、Pecoraro（2014）则是通过询问教育过度的劳动是否同时存在技能过度来将教育过度区分为名义教育过度（formal overeducation）和实际教育过度（real overeducation）。在这些方法中，教育过度的劳动者若对学历和工作的匹配状况满意，或声明他们的技能与工作要求匹配，将被认定为表面教育过度者。相反，若教育过度的劳动者对学历和工作的匹配状况不满意或声明他们处于技能不匹配的状态，则被归入真实或实际的教育过度者行列。Mateos-Romero 和 Salinas-Jiménez（2016）认为实际上两种方法都是一致的，因为劳动者汇报的对学历和工作匹配状况的满意度可以视为技能不匹配的代理变量，并在此基础上提出了另外一种新的教育过度测量方法，该方法建立在劳动者实际达到的认识技能的客观水平的基础上，通过将教育过度者实际认知水平与具有同等程度劳动者的认知水平进行对比或与从事同样工作的劳动者的认知水平进行对比，区分实际的教育过度（real overeducation）和表面的教育过度（apparently overeducation）。[60]

　　整体而言，这两种思路对深入理解教育过度提供了新的思路。特别是以重新定义教育过度为目的，区分真实教育过度和表面教育过度的做法，更值得借鉴。当然，有学者指出，Chelivar（2003）这种方法存在三个主要问题，一是因为过于关注高校毕业生群体，限制了对教育的关注；二是对无法排除专业不对口造成的对匹配状况的不满意的影响；三是劳动者在回答该问题时需要考虑的是综合能力，而不单单是从学校获得的技能[64]。Chelivar（2003）指出使用询问劳动者"对工作和资质匹配满意度评价"（问卷中的问题是，How dis/satisfied are you with the match between your work and your qualification）的主要优点是，它不仅仅只考量教育学历这一单维的任职资格，且不需要劳动者评估工作对具体教育等级水平的要求。本研究认为这也正是 Chevalier（2003）测量方法的真正高明之处，按照就业匹配过程的实际发生状况和 Koristof（1996）等人提出的员工 - 组织匹配理论，劳动力市场的搜寻匹配过程是一个多维的动态匹配过程，能力匹配仅仅是匹配的维度之一，除此之外，还存在企业提供待遇、发展空间等与劳动者自身需求的匹配、价值观的匹配等多个维度，以使"匹配状况是否满意"更能真实地反映匹配的实际状况。因此，Chevalier（2003）以"对工作与个人资质匹配的满意度"作为区分表面教育过度和真实教育过度的标准，与 Green 和 Zhu（2010）以及 Pecoraro（2014）单纯询问劳动者是否同时处于技能过度状态，作为区分实际教育过度和名义教育过度标准的做法存在明显的区别，Chevalier（2003）的做法更能反映工作匹配的真实状况。但需要指出的是，Chevalier（2003）强调的该方法"不需要劳动者评估工作具体教育水平要求"的优点，本文认为并不一定合适。诚然，其对匹配的满意度模糊具体维度指标的具体要求，有一定的可取性，但学历的匹配情况依然是需要重点关注的问题。因此，本文借鉴了 Chevalier（2003）的做法，提出一种教育过度的新测量方法。让劳动者在评估工作的学历要求的基础上，汇报个人对当前工作和自身学历匹配情况的满意度，即纳入劳动者与工作实际多维匹配过程中，这不仅仅考虑了教育匹配这一满意度能力指标的现实，又不失针对性地抓住了教育与工作的实际匹配状况这一核心，其在原有文献提出方法的基础上，有一定的突破，也有较好的合理性。具体测量方法如下：

（1）劳动者自我评估工作学历要求。在中国人民大学雇主 - 雇员匹配数据中，我们设置了两个问题来确认工作的学历要求。

第一个问题：当您就职目前这个岗位时，公司对这个岗位的学历要求是？

第二个问题：您个人认为做好您现在这份工作需要的学历要求？

（2）劳动者拥有学历的确认。在中国人民大学雇主 - 雇员匹配数据中，我们设置了一个问题来确认劳动者的学历。

问卷中的问题：您的最高教育程度是什么？（已获得的最高学历，有毕业证书）

（3）工作学历要求与劳动者拥有学历对比确定教育过度、适度匹配和教育不足。若劳动者拥有学历高于工作要求，则认为是教育过度；若刚好是同一等级类型，则认为是适度匹配；若是低于工作要求学历，则认为是教育不足。

（4）区分名义教育过度和真实教育过度。在工作要求学历与劳动者拥有学历对比，得出教育过度的基础上，以"您对您现在工作的学历要求与您学历的匹配状态满意吗？"通过对匹配状况的满意度来区分名义教育过度和真实教育过度。若劳动者处于学历对比的教育过度状况，且对匹配状况没有不满意，则认为是名义教育过度；若劳动者处于学历对比的教育过度状态，且对匹配状况不满意，则认为是真实教育过度。

这种测量方法有几个优点：

一是自我评估法是国外文献中普遍采用的经典方法。Groot（2000）通过元分析发现不同的测量方法并没有明显的优差之别，现有文献中使用的四类方法，除了基于职业内平均受教育水平为工作学历要求定义教育过度方法外，其他三类测量方法并没有统计性差异。Hartog（2000）认为岗位分析法虽然是理论上的最优方法，但从实际操作角度来说，自评法更具魅力[226]，表3-1中罗列了国外教育过度问题研究文献中各种测量方法的使用情况。

表3-1　教育过度测量方法在已有研究中的使用概况

测量方法	作者及发表年份	国家 / 地区	调查年份
自我评价法	Duncan and Hoffman（1981）	美国	1976
	Hartog and Oosterbeek（1988）	荷兰	1982
	Sicherman（1991）	美国	1976
	Alba–Ramircz（1993）	西班牙	1985
	McGoldrick and Robst（1996）	美国	1985
	Sloanc et al.（1999）	英国	1986—1987
	Battu et al.（2000）	英国	1996
	Daly et al.（2000）	德国	1984
	Daly et al.（2000）	美国	1976，1985
	Dolton et al.（2000）	英国	1986
	Vahey（2000）	加拿大	1982
	Buchcl et al.（2002）	德国	1988

续表

测量方法	作者及发表年份	国家 / 地区	调查年份
自我评价法	Chevalier（2003）	英国	1996
	Dolton and Siles（2003）	英国	1998
	McGuinness（2003）	北爱尔兰	2000
	Linsley（2005）	澳大利亚	1997
	Wire and Atukerern（2005）	瑞士	1999
	Chevalier Lindley（2007）	英国	2002
	Hung（2008）	中国台湾	1997，2002
	Romanov et al.（2008）	以色列	2000—2005
	Boudarbat and Chernoff（2009）	加拿大	2000
	Kucel et al.（2012）	日本	2005
	Zakariya（2014）	马来西亚	2007
	Boll et al.（2014）	德国	1984—2011
工作分析法	Rumberger（1987）	美国	1973
	Tsang et al.（1991）	美国	1973
	McGoldrick and Robst（1996）	美国	1985
	Kiker et al.（1997）	葡萄牙	1991
	Alpin（1998）	英国	1995
	Battu et al.（2000）	英国	1996
	Dolton and Vignoles（2000）	英国	1986
	Groot and van den Brink（2000）	荷兰	1994
	Decker et al.（2002）	荷兰	1992
	Chevalier（2003）	英国	1996
	Kler（2006）	澳大利亚	1993—1995
	Hung（2008）	中国台湾	1997，2002

续表

测量方法	作者及发表年份	国家/地区	调查年份
工作分析法	Romanov et al.（2008）	以色列	2000—2005
	Tarvid（2013）	23 个欧洲国家	2010—2011
均值标准差法	Verdugo Verdugo（1989）	美国	1980
	Groot（1993）	荷兰	1983
	Cohn and Kahn（1995）	美国	1985
	Groot（1996）	英国	1991
	McGoldrick Robst（1996）	美国	1985
	Kiker et al（1997）	葡萄牙	1991
	Patrinos（1997）	希腊	1977
	Alpin（1998）	英国	1995
	Hannan et al.（1998）	爱尔兰	1992
	Groot and van den Brink（2000）	荷兰	1994
	Bauer（2002）	德国	1984—1998
	Jauhiainen（2006）	芬兰	2001
	Quinn and Rubb（2006）	墨西哥	1987—1997
	Hung（2008）	中国台湾	1997—2002
	Alcksynska Tritah（2013）	22 个欧洲国家	2002—2009
	Boll et al.（2014）	德国	1984—2011
	Lin（2015）	中国台湾	2002
众数标准差法	Sanios（1995）	葡萄牙	1985
	Kiker et al（1997）	葡萄牙	1991
	Cohn and Ng（2000）	中国香港	1986，1991
	Mendes de Oliveira et al.（2000）	葡萄牙	1991
	Rubb and Quinn（2002）	墨西哥	1978—1997

续表

测量方法	作者及发表年份	国家/地区	调查年份
众数标准差法	Battu and – Sloane（2004）	英国	1994
	Badillo–Amador et al.（2005）	西班牙	1998
	Chiswick Miller（2005）	美国	2000
	Vcrhac5t Omcy（2006）	比利时	2001，2003
	Hung（2008）	中国台湾	1997，2002
	Lin（2015）	中国台湾	2002

资料来源：郝明松. 教育匹配问题研究新进展 [J]. 经济学动态，2016(6)：120–131.

二是该方法可以有针对性地确定工作的真实学历要求，Sicherman（1991）提出基于自我评估工作的教育需求的方法不输于其他的评估方法，可以规避以特定职业教育平均需求代替个性的工作教育程度要求的弊端。Verhaest（2006）系统梳理了已有文献提到的五种教育过度的测量方法，并比较其优缺点，指出：在系统测量误差风险存在的情况下，简单地认为工作分析法（JA）优于其他方法是不太妥当的。比较现实可行的方法是以 JA 方法作为自我评估的工具。[54]

三是该方法可以及时有效地反映新技术变化提出的新要求，克服基于 DOT 专家分析的测量方法所存在严重的时滞问题。Hartog（2000）已经强调过 DOT 虽然理论上是最好的方法，但无法及时反映技术变化及企业发展对特定岗位提出的独特要求。

四是该方法以对匹配状况的满意度区分名义教育过度和真实教育过度，既可以涵盖强调技能异质性带来的差异，又可以包含劳动者职业生涯特定阶段为更高职位流动所做主动选择或因为家庭分工等原因所做的特殊安排的因素的影响，还不失学历匹配问题的针对性。

五是该方法，特别是以做好工作要求的学历作为基准的测量方法，可以在一定程度上规避某些文献所指出的"以新进入者申请受教育程度要求作为工作要求学历对比标准定义教育过度时，受访者会有为凸显自己工作重要性，提高工作标准的学历要求"的问题，并规避基于"您当时申请该工作职位申请时学历要求"所潜在的现实存在与调查时间不一致而存在的时滞问题。

因此，以自我评估学历要求，特别是将基于自我报告的做好工作的学历要求与劳动者拥有学历进行对比，结合"对匹配状况是否满意"区分名义教育过度和真实教育过度的教育过度测量方法，是一种可取的测量方法。本次调查的结果也证明这是一种有效的测量方法，测量的结果与已有研究成果中教育过度的发生率基本保持一致。

3.3　教育过度现状：中国劳动力市场运行中的发生率测量

3.3.1　数据来源与样本描述性统计

本书使用的数据来自"中国企业雇主 – 雇员匹配数据追踪调查"项目2013 年所获取的数据。作者参加了问卷设计，并承担其 2013 年广州地区调查。后文称"中国企业雇主 – 雇员匹配调查数据（2013）"。

"中国企业雇主 – 雇员匹配调查"是中国人民大学设立的长期跟踪调查的基础性科研数据库建设项目，由中国人民大学劳动人事学院主持设计和实施，是一项全国性的企业追踪调查工作。调查旨在同时搜集样本企业的雇主和雇员双向的有关企业人力资源管理、劳动关系、劳动保障等方面的访问信息数据，建立相关数据库，以便长期深入地研究中国体制转变过程中企业劳动关系发展、人力资源管理变革，以及社会保障制度发展完善对企业的深层次影响等。2013 年中国企业雇主 – 雇员匹配数据追踪调查是本调查项目的第三次试点。调查在全国 12 个大中城市展开，共完成调查企业样本 444 家，员工样本4 532 人。样本企业的地域分布是首先按中国经济版图的东、中、西和东北四个部分进行划分的，然后在每个区域各抽选一个省会城市和一个一般地级市，北京市作为直辖市代表，另外增加了一个南方省会城市，共计 12 个城市。444家企业在城市间的分布如下：北京市 50 家企业，福州、济南、成都、长春、郑州等 5 个省会市各 40 家企业，齐齐哈尔、咸阳、苏州、襄阳等 4 个地级市各 25 家企业和新增的太原 44 家企业，广州 50 家企业。

各城市样本企业的抽选是以 2008 年全国经济普查数据建立的各城市企业名录为抽样框（去除用工 20 人以下的小微企业），采用按企业人数规模分层的二阶段抽样。第一阶段按企业人数规模排序后每市等距抽取 3 000 家企业，第二阶段是按各市调查样本规模（50、40 或 25 家企业）依随机数码排序，将

3 000家企业划分为若干随机样本组，然后从任意一组开始接触访问，在访问中遇有样本企业失联、丢失、延误和拒访的情况，则用下一组随机样本中的同类（依规模和行业标准）企业替换，依次类推至完成该市调查样本要求的企业数目。

员工样本的抽选则是在进入调查企业后，在控制一线员工、技术人员和管理人员（不包括高层管理人员）三类员工6∶2∶2的基本比例和老、中、青兼顾的前提下，由企业方指定员工接受访问。员工样本容量为，平均每个企业访问10名员工，调查中根据企业人员规模进行增减调整，最多不超过20人，最少不低于5人。

调查方式是，由调查访问员电话预约样本企业，预约成功后再登门访问，由雇主、雇员分别现场填答问卷。

本次调查入访企业填答问卷的工作是于2013年8月至12月期间实施完成的，共计完成了444家样本企业的问卷填答和样本企业内4 532名员工的问卷填答。经后期计算机录入和数据清理工作，444份企业问卷和4 532份员工问卷全部有效，部分敏感性调查项目存在少数回答缺失情况（如在企业营业收入、利润和总资产等调查项目上），总数据缺失率未超过1%。

经数据整理和分析比对发现，本次调查的企业样本，在行业分布、企业规模构成、企业登记类型等几个维度上都获得了与2008年全国经济普查数据结构比较相近的结果，表明本次调查的企业样本在全国范围内具有一定的代表性。

基于获得的原始数据，本研究选取样本中具有大专以上学历的被访者作为研究对象，因此仅保留了具有大专以上学历的被调查对象作为研究样本，并删除了教育过度测量所需关键变量的缺失值的样本，经过数据清理，共获取有效样本2 435个（因为其他变量依然存在部分缺失值，具体到某一变量，样本数量可能稍有调整）。因为笔者参与了该项目问卷的设计和调查实施，所以在问卷设计阶段，已经设置了本研究需要的核心变量和相关的控制变量，如设置了询问"当您就职目前这个岗位时，公司对这个岗位的学历要求是什么？"和"您个人认为做好您现在这份工作需要的学历要求？"两个问题后，又询问了被访者"您对您现在工作的学历要求与您学历的匹配状态满意吗？"这几个问题的设置不仅可以让我们较好地定义经典文献中的教育过度、适度教育和教育不足，更可以让我们有效地区分名义教育过度和真实教育过度，这样的问题设置，在国内微观数据调查中还比较少见。另外，"中国企业雇主－雇员匹配调查数据（2013）"中包含了院校类型、学业成绩、工作转换经历、职业类型、行业等很多的相关数据，为我们在研究中有效控制其他变量的影响提供了便利。所以是国内少数适合进行教育过度问题研究的具有一定代表性的全国性微观调查数据。

首先，我们分析样本的城市分布结构。按照"中国企业雇主－雇员匹配数据追踪调查（2013）"的设计，本次调查的地区为国内十二个城市，若按照经济发达程度，又可区分为北京、广州等一线城市，居于东部沿海的其他较发达的苏州等二线城市，以及居于中西部的郑州、成都等其他城市。另外，根据发改委的划分方式区分为东部、中部和西部①。按照城市和城市类型的划分，考察样本的分布结构，如表 3-2 所示。从表 3-2 中可以看到，样本的城市分布相对均匀，与项目设计的结构基本保持一致，具有较好的代表性。

表3-2　样本地区和城市分布结构

城　市	频　数	百分比（%）	累积百分比（%）
北京	337	13.84	13.84
齐齐哈尔	60	2.46	16.3
长春	234	9.61	25.91
济南	299	12.28	38.19
郑州	211	8.67	46.86
成都	193	7.93	54.78
福州	210	8.62	63.41
苏州	146	6	69.4
襄阳	118	4.85	74.25

① 根据国家发改委的解释，中国东、中、西部的划分，是政策上的划分，而不是行政区划，也不是地理概念上的划分。因此，东部是指最早实行沿海开放政策并且经济发展水平较高的省市，东部地区包括 11 个省级行政区，分别是北京、天津、河北、辽宁、上海、江苏、浙江、福建、山东、广东、海南；中部是指经济次发达地区，其包括 8 个省级行政区，分别是黑龙江、吉林、山西、安徽、江西、河南、湖北、湖南；而西部是指经济欠发达的西部地区，其包括 12 个省级行政区，分别是四川、重庆、贵州、云南、西藏、陕西、甘肃、青海、宁夏、新疆、广西、内蒙古。另外，国家还把湖南的湘西地区、湖北的鄂西地区、吉林的延边地区也划为西部地区，享受西部大开发中的优惠政策。

续表

城　市	频　数	百分比（%）	累积百分比（%）
咸阳	57	2.34	76.59
太原	293	12.03	88.62
广州	277	11.38	100
合计	2 435	100	
一线城市	614	25.22	25.22
二线城市	655	26.9	52.11
三线城市	1 166	47.88	100
合计	2 435	100	
东部	1 269	52.11	52.11
中部	916	37.62	89.73
西部	250	10.27	100
合计	2 435	100	

　　学历结构是我们需要关注的重要结构性问题，从表3-3可以看到。我们主要考察了已经参加工作的三类大学毕业生，分别是研究生以上毕业生[①]、本科毕业生和专科生。最终我们获得的样本学历结构如下：本科生大学毕业生1 032人，占总样本的42.38%，研究生以上97人，占总样本的3.98%，而专科生1 306人，占总样本的53.63%。

表3-3　样本学历分布结构

学　历	频　数	百分比（%）	累积百分比（%）
大专	1 306	53.63	53.63
本科	1 032	42.38	96.01

---

① 因调查进行的场所是企业，博士研究生的高学历人才相对较少，所以本书中将其与硕士研究生合并，统称为研究生以上。

续表

学　历	频　数	百分比（%）	累积百分比（%）
研究生及以上	97	3.99	100
合计	2 435	100	

表 3-4 呈现了样本的性别和年龄结构（按照 10 岁为一个年龄阶段），从表 3-4 中可以看到，本次调查的样本，其性别结构和年龄结构都相对合理。其中，性别结构上，男性样本占 40.07%，略低于女性样本的 59.93%。另外，年龄结构上，样本的平均年龄为 30.14 岁，各年龄段中，25 岁以下者占 20.82%，25～34 岁最多，占样本总量的 57.39%，35～44 岁的占 16%，45～54 岁的占 4.87%，55 岁以上者占 0.92%。样本也较好地反映了不同年龄阶段的情况。

表3-4　样本性别和年龄分布结构

	项　目	频　数	百分比（%）	累积百分比（%）
性别	女	1 455	59.93	59.93
	男	973	40.07	100
	合计	2 428	100	
年龄	25 岁以下	496	20.82	20.82
	25～34 岁	1 367	57.39	78.21
	35～44 岁	381	16	94.21
	45～54 岁	116	4.87	99.08
	55 岁以上	22	0.92	100
	合计	2 382	100	

再看调查样本的院校类型分布和专业分布。我们把院校类型分为了 5 类。985/211 高校、一般公立本科院校、民办本科院校/独立学院、大专、成人教育。从样本的具体分布情况看，调查样本中一般公立本科院校的毕业生占 24.37%，985/211 高校的占 8.43%，大专毕业生占 53.68%。国内大学毕业生的结构比例和我们日常的观察基本相当。如表 3-5 所示。

从专业结构上看,理工科的毕业生样本占 24.24%,社科类毕业生占 75.76%。细分专业上,经济类毕业生占 20.65%,管理类占 22.67%,是占比最大的专业。

表3-5 样本毕业院校类型及专业分布结构

	类 型	频 数	百分比	累积百分比
院校类型	大专	1 306	53.68	53.68
	成人教育	234	9.62	63.3
	民办本科院校 / 独立学院	95	3.9	67.2
	一般公立本科院校	593	24.37	91.57
	985/211 高校	205	8.43	100
	合计	2 433	100	
专业	经济学	501	20.65	20.65
	法学	72	2.97	23.62
	教育学	71	2.93	26.55
	文、史学	120	4.95	31.5
	理学	131	5.4	36.9
	工学	344	14.18	51.08
	农学	53	2.18	53.26
	医学	60	2.47	55.73
	管理学	550	22.67	78.4
	哲学、军事学等其他	524	21.6	100
	合计	2 426	100	
专业类别	社科类	1 838	75.76	75.76
	理工类	588	24.24	100
	合计	2 426	100	

3.3.2　中国劳动力市场运行中教育过度的总体状况

按照上边确定的教育过度测量的新方法，基于"中国企业雇主－雇员匹配调查数据（2013）"的数据对中国劳动力市场中的教育过度问题进行整体性测量结果如表3-6所示。

表3-6　中国劳动力市场中教育－工作匹配整体概况

项　目		频　次	百分比（%）	累计百分比（%）
与公司对学历要求对比	教育不足	63	2.59	2.59
	适度匹配	1 347	55.32	57.91
	教育过度	1 025	42.09	100
	合计	2 435	100	
与个人认为做好工作要求学历对比	教育不足	117	4.8	4.8
	适度匹配	1 251	51.38	56.18
	教育过度	1 067	43.82	100
	合计	2 435	100	

表 3-6 中的数据表明，在不区分真实和表面教育过度的情况下，以公司对工作的学历要求作为基准，教育过度发生率为 42.09%；以个人认为做好工作的学历要求作为基准，教育过度的发生率为 43.82%。两者基本相当。与国内已有研究成果中测量的教育过度发生率相比，也基本一致。该结果略高于刘璐宁（2016）通过 ISCO 和 ISCED 的对接法计算得出的 27.6% 教育过度发生率 [140]，杨娟与岳昌君（2005）以教育部有关调查数据为研究基础，运用自我评估法估算测得的 21% 的本科教育过度发生率，以及范皑皑（2013）利用北京大学调研数据得到的 30%[22]；但略低于罗润东、彭明明基于 CGSS（2006）数据计算得到的 60.1% 的教育过度发生率 [143] 和王子成、杨伟国（2014）基于大学毕业生的电子调查问卷数据，以自我评估法得到的 50.24%[220]；与石丹淅、刘青桃（2013）基于北京市党政机关调研数据计算得到的 47.61%[174]，武向荣、赖德胜（2010）利用以用人单位为标准来评价工作所需教育水平和以个人为标准评价工作所需教育水平两种自我评估法，估算北京市教育过度发生

率结果 43.64% 和 52.31%[137]，刘扬（2011）基于大学毕业生调查数据，测得的四成学生处于教育过度状态[138]，以及任苗苗（2016）基于中国综合社会数据调查（2008 年）测得的 2008 年的教育过度率为 42.3% 非常接近[141]。

另外，以公司学历要求为标准，测算的教育不足发生率为 2.59%，适度教育比例为 55.32%；以个人认为做好工作要求为标准，测算的教育不足发生率为 4.8%，适度教育比例为 51.38%。适度教育和教育不足所占比例也基本与国内已有研究成果一致。例如，武向荣、赖德胜（2010）利用以用人单位为标准来评价工作所需教育水平，估算出教育不足发生率为 5.05%，适度教育发生率为 51.31%；以个人为标准评价工作所需教育水平估算得到，教育不足发生率为 6.04%，适度教育发生率为 41.65%。[137] 王子成、杨伟国（2014）基于大学毕业生的电子问卷调查数据，以自我评估法测得的适度教育和教育不足的比例为 50.24% 和 1.30%[220]；任苗苗（2016）基于中国综合社会数据调查（2008 年），估算出适度教育率为 56.13%，教育不足率为 1.53%。[141] 因此，该结果具有一定的可信度。

为进一步确认中国教育过度与教育不足发生率相对国外其他国家和地区的情况，我们将上述测量结果与已有研究成果中呈现的相关数据进行对比。表 3-7 中罗列了部分已有研究成果使用各种测量方法所得到的教育过度和教育不足发生率的结果。从表 3-7 中可以看到，中国当前超过 40% 的教育过度发生率高于大部分国家和地区在不同时间点上的测量结果，与 Verhaest 和 Omey（2006）测得的比利时的教育过度发生率以及 Huag（2008）测得的中国台湾的教育过度发生率基本相同，只有 Alba-Ramirez 和 Blazqucz（2004）测得的西班牙的教育过度发生率高于中国目前的教育过度发生率。因此，相对而言，中国当前教育过度的发生率较高。同时，我们发现，教育不足的发生率低于大部分国家和地区的测量结果，与 Verhncst 和 Omey（2006，2012）测量得到的比利时的教育不足发生率相当。

表3-7 不同国家/地区的教育过度/教育不足发生率 （单位：%）

国家 / 地区	调查年份	作者及发表年份	教育过度	教育适度	教育不足
澳大利亚	1997	Linsley（2006）	27.1	53.7	19.2
	2007	Huang（2009）	—	78	—

国家 / 地区	调查年份	作者及发表年份	教育过度	教育适度	教育不足
美洲					
加拿大	1982	Vahey（2000）	31	48.5	20.5
	1987	Frenette（2004）	35	65	—
	1992		30	70	—
	2000	Wald（2005）	22.4	77.6	—
	2005	Boudarbat and Chemoff（2009）	—	约64.9	—
美国	1972,1973	Tsang et al.（1991）	27	73	—
	1976	Duncan and Hoffman（1981）	42.0	46.1	11.9
	1976,1978	Robst（1995）	35.8	44.2	20.0
	1976,1978	Sicherman（1991）	40.746	43.2	16.054
	1986	Hersh（1991）	30.8	51.7	17.5
	1993	Robst（2007）	—	54.8	—
欧洲					
比利时	1976,1978	Verhaest and Omey（2012）	26.4	69.2	4.4
	1995	Denolf and Denys（1996）	32	—	—
	2001,2003	Verhaest and Omey（2006）	44.2	51.1	4.7
德国	1984	Daly et al.（2000）	17.5	75.4	7.1
	1995	Büchel and Battu（2003）	16.4	83.6	—
	1998	Büchel and van Ham（2003）	15.8	84.2	—

续表

国家/地区	调查年份	作者及发表年份	教育过度	教育适度	教育不足
荷兰	1994	van der Velden and van Smoorenburg（1997）	23.0	70.0	7.0
	1996	van Smoorenburg and van der Velden（2000）	33.0	61.0	6.0
瑞典	1968	Böhlmark（2003）	10.5	—	—
	1974		17.0	—	—
	1981		29.5	—	—
	2000		36.5	—	—
西班牙	1985	Alba-Ramirez（1993）	17.0	60.0	23.0
	1991	Garcia-Serrano and Malo-Ocana（1996）	26.9	—	—
	1995	Alba-Ramirez and Blazqucz（2004）	53.8	46.2	—
	1998	Badillo-Amador et al.（2005）	35.0	39.4	25.6
意大利	2001	Cutillo and DiPietro（2006）	32.2	67.8	—
英国	1980	Dolton & Vignoles（2000）	38	47	15
	1986		30	59	11
	1986	Sloane et al.（1996）	30.6	52.3	17.1
亚洲					
韩国	1999	Ahn and Lee（2001）	19.5	—	—
马来西亚	2007	Zakariya（2014）	18.0	54.0	26.0
日本	1998	Allen and De Weert（2007）	34.8	54.8	10.4
	2005	Kucel et al.（2012）	27.1	72.9	—

国家/地区	调查年份	作者及发表年份	教育过度	教育适度	教育不足
中国大陆	1999	Bian and Huang（2009）	—	69.1	—
	2003	Yue and Yang（2006）	21	79	—
中国台湾	1997，2002	Hung（2008）	45.8	42.3	11.9

资料来源：郝明松. 教育匹配问题研究新进展[J]. 经济学动态，2016(6): 120-131.

更进一步，按照本文提出的新教育过度测量方法，进一步区分真实教育过度和名义教育过度。从表3-8中可以看出，若以公司学历要求作为基准，名义教育过度发生率为36.84%，真实教育过度发生率为5.22%；若以个人认为做好工作的学历要求为基准，名义教育过度发生率为37.86%，真实教育过度发生率为5.87%。这与杨娟与岳昌君（2005）以教育部有关调查数据为研究基础，并区分"表面教育过度者"和"真实教育过度者"之后，总样本的教育过度比例低于10%的研究结论也基本一致。对比Chelivar（2003）的研究，区分真实教育过度和表面教育过度后，真实教育过度发生率为6.3%，也有较高的一致性。同时，符合Mateos-Romero和Salinas-Jiménez（2011）关于区分表面教育过度和真实教育过度后，有1/4到1/2的教育过度者被划为表面教育过度的结论。[60]

表3-8　区别名义、真实教育过度后教育过度发生率整体概况

项　目		频　次	百分比（%）	累计百分比（%）
与公司学历要求对比	名义教育过度 否	1 538	63.16	63.16
	名义教育过度 是	897	36.84	100
	名义教育过度 合计	2 435	100	
	真实教育过度 否	2 308	94.78	94.78
	真实教育过度 是	127	5.22	100
	真实教育过度 合计	2 435	100	

续表

项 目		频 次	百分比（%）	累计百分比（%）
与个人认为做好工作要求学历对比	名义教育过度 否	1 513	62.14	62.14
	名义教育过度 是	922	37.86	100
	名义教育过度 合计	2 435	100	
	真实教育过度 否	2 292	94.13	94.13
	真实教育过度 是	143	5.87	100
	真实教育过度 合计	2 435	100	

表3-9中给出了专业匹配和技能匹配的状况。从专业匹配情况看，全体样本中，认为专业非常匹配的为6.82%，匹配的占35.14%，而认为不匹配或非常不匹配的分别占到全体样本的18.08%和4.6%。即认为专业不匹配的所占比例为22.68%。从技能匹配情况看，可以被认定为技能过度者占样本比例36.85%；而可以被划入技能不足一组者占全体样本的21.6%。出现这样的结果可能与中国特殊制度下，问卷的问题设置有关。在问卷的设置中，我们参考Allen和van der Velden（2001）与Green和McIntosh（2002）的做法，询问劳动者对"在当前岗位上，我的工作能力与技能远超过岗位的实际要求"和"如果有机会接受专业知识和技能培训，我可以把工作做得更好"的评价，并设置从"非常同意到非常不同意"的五点计分回答，最后以回答同意和非常同意的比例认定为技能过度或技能不足[①]。在中国特定的制度文化背景下，劳动者面临的压力均较大，希望能接受更多的专业知识和技能培训，以提升能力获得更高的报酬或更快的晋升。因此，对"如果有机会接受专业知识和技能培训，我可以把工作做得更好"的回答，在一定程度上包含了当前中国劳动力市场中劳动者在职培训的内在需求，并不完全代表能力不足的状态。

---

① 在Allen和van der Velden（2001）以及Green和McIntosh（2002）的研究中，其获得技能过度变量是基于被访者对"My Current jof offer me sufficient scope to use my knowledge and skill"是否同意的回答，我们的问卷中也设置了该问题，但Pietro和Urwin（2006）认为该问题更能说明技能不匹配是否与教育不匹配同时存在，且考虑到本次数据调查中的被访者大部分已经毕业多年，因此通过对"在当前岗位上，我的工作能力与技能远超过岗位的实际要求"的回答，更能直观地得到是否存在技能过度的指标。

表3-9　中国劳动力市场中专业匹配状况及专业不匹配发生率

	项　目	频　次	百分比（%）	累计百分比（%）
专业匹配状况	非常匹配	166	6.82	6.82
	匹配	855	35.14	41.96
	一般	860	35.35	77.31
	不匹配	440	18.08	95.39
	非常不匹配	112	4.6	100
	合计	2 433	100	
专业不匹配	否	1 885	77.35	77.35
	是	552	22.65	100
	合计	2 437	100	
技能过度	否	1 354	63.15	63.15
	是	790	36.85	100
	合计	2 144	100	
技能不足	否	1 905	78.4	78.4
	是	525	21.6	100
	合计	2 430	100	

3.3.3　分群组特征的教育过度状况及差异

1. 群组划分依据选择

学术界基于已经认同教育过度的出现是国家、高校、企业、个人等各种因素相互作用的结果，认为个人特征、家庭特征、工作特征等因素都可能对教育过度产生影响。

首先，个人所接受的教育特征在教育－工作匹配中发挥着重要作用。职业教育相对于一般的大学教育，显然具有较强职业针对性，课程的设置也更多地考虑特定职业特征的需求，完成相应学业的毕业生则具备了胜任特定岗位的技能，因此职业教育毕业生的就业匹配程度要高于一般教育中的毕业生[228]。在目前的学历层次中，高等职业教育也主要集中于大专层次。Verhaest和 van der Velden（2013）进一步指出，与职业教育毕业生相比，一般教育的毕业生在第一份工作上的教育过度可能性更高，但是持续时间更短。这也与Sicherman 等人提出的职业流动的预测一致。教育过度是劳动者切入劳动力市场的一种测量，是为向更高职业等级流动的准备状态。还有部分学者注意到了学校质量或者声望，以及专业对教育过度的影响。例如，Pietro 和 Cutillo（2006）通过就业绩效指标（employing performance indicators）来测量高校质量，发现研究型大学毕业生的就业匹配情况更好。[229]Carroll and Tani（2013）发现教育过度发生率在不同的专业之间有明显的差异，且与该专业毕业生的相对需求量有关。[84]

其次，除了教育之外，其他个人特质也会对教育过度产生影响。关于这一方面的文献，第二章的文献综述部分已经做了比较系统的梳理和介绍。通过研究已有文献发现，不同性别、年龄的劳动者的教育过度发生率也存在明显区别。例如，Voon 和 Miller（2005）基于 1996 年的 Census of Population and Housing Household Sample File（HSF）数据，研究发现，约 15.8% 的男性和 13.6% 的女性处于教育过度状态，大约 18.5% 的女性和 13.7% 的男性处于教育不足状态。[83]Carroll 和 Tani（2013）发现 24% ~ 37% 的毕业生在毕业后的短期内处于教育过度状况，其中年轻女性的教育过度发生率最高，年长女性的教育过度发生率最低。[84]Sicherman（1991）发现教育过度者大部分是年轻人，且在职培训的数量少于适度匹配者。[8]Alba-Ramirez（1993）发现教育过度者与适度匹配者相比，有较少的工作经验，而且工作匹配状况随年龄和职业流动得到改善。[45]Frei 和 Sousa-Poza（2012）研究发现，工作经验的增长并不意味着教育过度风险的降低。[93]Green 等（2007）还发现，与本土居民相比，外来移民更容易遭受教育过度现象的困扰，即使是有移民签证的移民者也是如此。非英语国家的外来移民教育过度现象最多，教育回报率最低。更加严格的福利支持限制提升了就业水平但也加剧了教育过度。[100]

第三，家庭特征对教育过度的影响。家庭经济社会地位、父母亲教育程度和工作单位都可能成为影响教育过度的重要因素。特别是按照差异化过度胜任理论，婚姻中，男女的家庭责任分工不同，在限定市场内工作搜寻的结果很可能是女性接受比自身能力低的工作。因此，婚姻状态可能是需要关注的变量。此外，是否有孩子也可能会影响家庭事务的多寡及角色分工，从而对教育过度产生影响。

第四，工作特征对教育过度的影响也不能忽视。Mora（2008）研究发现教育过度主要受到区域流动性、工作经验、性别、公司规模和教育程度的影响。[79] Paola 和 Moullet（2009）指出人们在公共部门工作的意愿较强，特别是想在公共部门工作一生的女性更容易认为存在教育过度，即使客观指标表明她们已经处于教育过度中[91]。Quintini（2011）还发现就业不匹配受到员工之前岗位类型的影响[230]。此外，国内学者也发现了工作特征对教育过度的影响。例如，袁玥（2016）采用中国劳动力动态调查（CLDS）2012 年的个体调查数据，发现工作特征等因素会对教育职业纵向匹配状态产生影响[162]。周鹏、朱小军（2016）基于全国 28 所高校的抽样调查数据发现，公共部门容易出现教育过度的现象，而私立部门容易出现教育不足问题；东部地区更容易发生教育过度。[163]

　　另外，扩招是高等教育发展史上的大事，可能对教育过度产生影响。例如，许紫岳、胡淑静、黄一岚（2010）通过 2008 年对中国高校扩招前后已就业大学毕业生的就业数据进行对比分析，认为 1999 年开始的高等教育扩招政策在提高了高等教育普及率的同时，也导致了大学生就业市场需求结构的失衡，教育过度的现象明显增多[155]，但陈洁（2017）通过使用 CHNS 调研数据测算 1989—2011 年中国的教育 - 职业匹配率及教育过度的收益率，发现中国的教育过度率在扩招后不升反降[151]。按照职业流动理论，工作转换经历对教育过度有直接影响，而工会也会影响企业的用人标准与用人决策从而对教育过度发生率产生影响。

　　因此，本书选取学历、专业、院校类型等教育特征变量，性别、户口（包括城镇与农村的划分和外地与本地的划分）等人口统计学变量，婚姻、孩子等家庭特征变量，职业、工作转换经历、企业规模、所有制类型、控股形式、行业 / 产业、地区、是否有企业工会等工作特征变量，以及扩招作为教育过度分组分析的依据。

　　2. 分群组的教育过度发生率

　　按照上述分组依据和教育过度的测量方法（方法 1：以公司要求学历为基准；方法 2：以个人认为做好工作要求学历为基准），基于中国企业匹配数据（2008）测量中国劳动力市场上分群组的教育 - 工作的匹配状况，并区分名义教育过度和真实教育过度，如表 3-10 和表 3-11。

表3-10 分群组的中国劳动力市场中教育-工作匹配现状 （单位：%）

分类项		方法1：以公司要求学历为基准				方法2：以个人认为做好工作要求学历为基准			
		教育不足	适度匹配	教育过度	合计	教育不足	适度匹配	教育过度	合计
学历	大专	4.52	64.7	30.78	100	8.12	60.11	31.77	100
	本科	0.38	47	52.62	100	1.07	43.6	55.33	100
	研究生及以上	0	17.53	82.47	100	0	16.49	83.51	100
	Total	2.59	55.32	42.09	100	4.8	51.38	43.82	100
性别	女	2.54	57.12	40.34	100	4.95	51.82	43.23	100
	男	2.67	52.73	44.6	100	4.62	50.67	44.71	100
	Total	2.59	55.36	42.05	100	4.82	51.36	43.82	100
年龄	25岁以下	2.02	57.25	40.73	100	4.03	53.43	42.54	100
	25～34岁	2.71	56.47	40.82	100	4.46	52.23	43.31	100
	35岁～44岁	2.36	49.61	48.03	100	4.2	47.51	48.29	100
	45岁～54岁	2.59	55.17	42.24	100	10.34	46.56	43.1	100
	55岁以上	4.55	50	45.45	100	13.64	50	36.36	100
	Total	2.52	55.41	42.07	100	4.7	51.43	43.87	100
户口	农业户口	2.6	57.58	39.82	100	4.75	54.97	40.28	100
	非农户口	2.53	54.51	42.96	100	4.84	49.95	45.21	100
	Total	2.55	55.33	42.12	100	4.82	51.29	43.89	100
	外地户口	3.49	58	38.51	100	4.93	53.67	41.4	100
	本地户口	2.14	53.7	44.16	100	4.81	50.09	45.1	100
	Total	2.61	55.18	42.21	100	4.85	51.32	43.83	100
婚姻	未婚	2.18	57.37	40.45	100	4.55	51.9	43.55	100
	已婚	2.92	53.6	43.48	100	5.02	50.9	44.08	100
	Total	2.59	55.3	42.11	100	4.81	51.35	43.84	100

续表

分类项		方法1：以公司要求学历为基准				方法2：以个人认为做好工作要求学历为基准			
		教育不足	适度匹配	教育过度	合计	教育不足	适度匹配	教育过度	合计
孩子	无	2.43	57.53	40.04	100	4.45	52.4	43.15	100
	有	2.83	51.89	45.28	100	5.35	49.79	44.86	100
	Total	2.59	55.32	42.09	100	4.8	51.38	43.82	100
扩招前后	1999年扩招前毕业	4.01	50.84	45.15	100	8.03	49.5	42.47	100
	1999年到2003年之间毕业	3.76	53.52	42.72	100	5.16	53.06	41.78	100
	2003年后毕业	2.24	56.18	41.58	100	4.28	51.59	44.13	100
	Total	2.59	55.29	42.12	100	4.82	51.46	43.72	100
专业	社科类	2.72	55.66	41.62	100	5.01	51.95	43.04	100
	理工类	2.04	54.08	43.88	100	4.25	49.66	46.09	100
	Total	2.56	55.27	42.17	100	4.82	51.4	43.78	100
	经济学	3.59	54.09	42.32	100	6.38	52.5	41.12	100
	法学	1.39	45.83	52.78	100	1.39	38.89	59.72	100
	教育学	1.41	59.15	39.44	100	7.04	47.89	45.07	100
	文、史学	3.33	60.84	35.83	100	5.83	51.67	42.5	100
	理学	3.05	54.2	42.75	100	4.58	51.15	44.27	100
	工学	0.87	57.56	41.57	100	3.78	51.45	44.77	100
	农学	5.66	39.62	54.72	100	1.89	39.62	58.49	100
	医学	3.33	46.67	50	100	8.33	45	46.67	100
	管理学	2.36	55.82	41.82	100	4	52.36	43.64	100

续表

分类项		方法1：以公司要求学历为基准				方法2：以个人认为做好工作要求学历为基准			
		教育不足	适度匹配	教育过度	合计	教育不足	适度匹配	教育过度	合计
专业	哲学、军事学等其他	2.48	56.68	40.84	100	4.77	53.44	41.79	100
	Total	2.56	55.27	42.17	100	4.82	51.4	43.78	100
院校类型	大专	4.52	64.7	30.78	100	8.12	60.1	31.78	100
	成人教育	0.43	34.19	65.38	100	1.28	34.19	64.53	100
	民办本科院校/独立学院	1.05	43.16	55.79	100	0	42.11	57.89	100
	一般公立本科院校	0.34	47.05	52.61	100	1.01	43.68	55.31	100
	985/211高校	0	49.27	50.73	100	0.98	41.95	57.07	100
	Total	2.59	55.32	42.09	100	4.81	51.38	43.81	100
职业	管理人员	3.18	56.66	40.16	100	5.96	55.87	38.17	100
	专业技术人员	3.29	56.58	40.13	100	5.92	52.41	41.67	100
	行政办事人员	3.48	62.18	34.34	100	4.87	56.85	38.28	100
	技术工人	3	44	53	100	4	42	54	100
	普通员工	1.48	52.02	46.5	100	3.71	46.93	49.36	100
	Total	2.59	55.3	42.11	100	4.81	51.35	43.84	100
工作转换经历	否	2.58	53.78	43.64	100	4.69	49.26	46.05	100
	是	2.64	58.97	38.39	100	5.15	56.32	38.53	100
	Total	2.6	55.31	42.09	100	4.82	51.36	43.82	100

续表

分类项		方法1：以公司要求学历为基准				方法2：以个人认为做好工作要求学历为基准			
		教育不足	适度匹配	教育过度	合计	教育不足	适度匹配	教育过度	合计
企业规模	小型规模	1.49	51.39	47.12	100	4.05	47.76	48.19	100
	中型规模	2.91	53.42	43.67	100	4.8	51.53	43.67	100
	大型规模	2.92	53.75	43.33	100	4.17	55.83	40	100
	Total	2.2	52.44	45.36	100	4.34	50.19	45.47	100
所有制类型	国有企业	2.04	51.02	46.94	100	3.79	49.56	46.65	100
	集体及股份联合联营企业	2.56	48.72	48.72	100	2.56	46.16	51.28	100
	私营企业	2.73	55.22	42.05	100	5.06	50.89	44.05	100
	港澳台和外资企业	2.54	63.96	33.5	100	5.08	59.89	35.03	100
	Total	2.61	55.13	42.26	100	4.8	51.28	43.92	100
控股形式	国有控股	2.26	54.62	43.12	100	4.11	52.36	43.53	100
	集体控股	2.49	43.78	53.73	100	2.99	46.76	50.25	100
	私人控股	2.76	55.36	41.88	100	5.33	50.09	44.58	100
	港澳台控股	0.94	67.93	31.13	100	2.83	63.21	33.96	100
	外商控股	4.6	62.07	33.33	100	4.6	59.77	35.63	100
	Total	2.62	55.04	42.34	100	4.75	51.2	44.05	100
行业/产业	农、林、牧、渔业	2.17	52.18	45.65	100	2.17	54.35	43.48	100
	采矿业	12.5	50	37.5	100	0	25	75	100
	制造业	1.89	57.54	40.57	100	5.66	50.94	43.4	100

续表

分类项		方法1：以公司要求学历为基准				方法2：以个人认为做好工作要求学历为基准			
		教育不足	适度匹配	教育过度	合计	教育不足	适度匹配	教育过度	合计
行业/产业	电力、热力、燃气及水	3.85	46.15	50	100	11.54	61.54	26.92	100
	建筑业	3.66	62.31	34.03	100	4.71	58.64	36.65	100
	批发和零售业	1.38	56.55	42.07	100	0.69	53.1	46.21	100
	交通运输、仓储和邮政	4.67	56	39.33	100	5.33	52	42.67	100
	住宿和餐饮业	1.71	46.9	51.39	100	3.84	44.56	51.6	100
	信息传输、软件和信息	1.28	44.87	53.85	100	3.85	47.43	48.72	100
	金融业	4.3	63.44	32.26	100	4.3	64.52	31.18	100
	房地产业	3.85	53.84	42.31	100	7.69	57.69	34.62	100
	租赁和商务服务业	1.89	62.89	35.22	100	4.4	52.83	42.77	100
	科学研究和技术服务业	3.33	60.84	35.83	100	3.33	55	41.67	100
	水利环境和公共设施管理	0	33.33	66.67	100	4.76	42.86	52.38	100
	居民服务、修理和其他	4.76	56.19	39.05	100	7.62	54.28	38.1	100
	教育	3.45	62.07	34.48	100	8.62	50	41.38	100
	卫生和社会工作	0	40.91	59.09	100	9.09	40.91	50	100

续表

分类项		方法 1：以公司要求学历为基准				方法 2：以个人认为做好工作要求学历为基准			
		教育不足	适度匹配	教育过度	合计	教育不足	适度匹配	教育过度	合计
行业/产业	文化、体育和娱乐业	5.36	53.57	41.07	100	5.36	48.21	46.43	100
	Total	2.59	55.32	42.09	100	4.8	51.38	43.82	100
	第一产业	2.17	52.18	45.65	100	2.17	54.35	43.48	100
	第二产业	2.44	58.19	39.37	100	5.57	52.73	41.7	100
	第三产业	2.68	53.8	43.52	100	4.45	50.52	45.03	100
	Total	2.59	55.32	42.09	100	4.8	51.38	43.82	100
城市/地区	北京	3.26	59.65	37.09	100	5.93	56.98	37.09	100
	齐齐哈尔	1.67	43.33	55	100	1.67	40	58.33	100
	长春	2.14	50.42	47.44	100	3.85	47.43	48.72	100
	济南	0.67	49.83	49.5	100	4.35	46.15	49.5	100
	郑州	1.9	56.87	41.23	100	4.74	54.03	41.23	100
	成都	2.59	53.37	44.04	100	3.63	50.26	46.11	100
	福州	1.9	56.2	41.9	100	2.38	51.43	46.19	100
	苏州	4.11	56.16	39.73	100	6.16	59.59	34.25	100
	襄阳	2.54	35.6	61.86	100	3.39	40.68	55.93	100
	咸阳	0	33.33	66.67	100	5.26	29.83	64.91	100
	太原	4.1	65.18	30.72	100	7.17	52.9	39.93	100
	广州	3.61	64.26	32.13	100	5.42	57.76	36.82	100
	Total	2.59	55.32	42.09	100	4.8	51.38	43.82	100
	一线城市	3.42	61.73	34.85	100	5.7	57.33	36.97	100
	二线城市	1.83	53.28	44.89	100	4.12	50.84	45.04	100

续表

分类项		方法1：以公司要求学历为基准				方法2：以个人认为做好工作要求学历为基准			
		教育不足	适度匹配	教育过度	合计	教育不足	适度匹配	教育过度	合计
城市/地区	三线城市	2.57	53.09	44.34	100	4.72	48.54	46.74	100
	Total	2.59	55.32	42.09	100	4.8	51.38	43.82	100
	东部	2.6	57.37	40.03	100	4.89	53.98	41.13	100
	中部	2.73	54.26	43.01	100	4.91	49.35	45.74	100
	西部	2	48.8	49.2	100	4	45.6	50.4	100
	Total	2.59	55.32	42.09	100	4.8	51.38	43.82	100
工会	有工会	2.93	55.46	41.61	100	5.78	51.96	42.26	100
	无工会	2.15	54.88	42.97	100	3.42	50.39	46.19	100
	Total	2.6	55.21	42.19	100	4.78	51.3	43.92	100

注：因各分组的样本数略有差异，所以不同类型的教育－工作匹配状况的总体分布情况略有区别。

表3-11　分群组的名义教育过度、真实教育过度的发生率　（单位：%）

分类项		方法1：工作申请学历要求为基准			方法2：以胜任工作要求为基准		
		名义过度	真实过度	教育过度	名义过度	真实过度	教育过度
学历	大专	26.49	4.21	30.78	27.11	4.52	31.78
	本科	46.22	6.4	52.62	47.77	7.56	55.33
	研究生及以上	76.29	6.19	82.47	77.32	6.19	83.51
	合计	36.84	5.22	42.09	37.86	5.87	43.82
性别	女	35.81	4.54	40.34	37.59	5.57	43.23
	男	38.23	6.27	44.6	38.23	6.37	44.71
	合计	36.78	5.23	42.05	37.85	5.89	43.82

续表

分类项		方法 1：工作申请学历要求为基准			方法 2：以胜任工作要求为基准		
		名义过度	真实过度	教育过度	名义过度	真实过度	教育过度
年龄	25 岁以下	34.27	6.45	40.73	34.88	7.46	42.54
	25～34 岁	35.55	5.19	40.82	37.31	5.93	43.31
	35～44 岁	42.52	5.51	48.03	42.78	5.51	48.29
	45～54 岁	39.66	2.59	42.24	40.52	2.59	43.1
	55 岁以上	45.45	0	45.45	36.36	0	36.36
	合计	36.69	5.33	42.07	37.83	5.96	43.87
户口	农业户口	32.16	7.66	39.82	32.01	8.12	40.28
	非农户口	38.57	4.34	42.96	40.09	5.07	45.21
	合计	36.85	5.23	42.12	37.92	5.89	43.89
	外地户口	32.01	6.5	38.51	33.94	7.46	41.4
	本地户口	39.48	4.61	44.16	39.92	5.12	45.1
	合计	36.91	5.26	42.21	37.86	5.92	43.83
婚姻	未婚	34.36	6.09	40.45	36.45	7	43.55
	已婚	38.91	4.5	43.48	39.06	4.95	44.08
	合计	36.85	5.22	42.11	37.88	5.88	43.84
孩子	无	34.44	5.54	40.04	36.39	6.62	43.15
	有	40.57	4.72	45.28	40.15	4.72	44.86
	合计	36.84	5.22	42.09	37.86	5.87	43.82
扩招	1999 年之前毕业	40.47	4.68	45.15	37.46	5.02	42.47
	1999 年到 2003 年之间毕业	37.56	5.16	42.72	37.09	4.69	41.78

续表

分类项		方法1：工作申请学历要求为基准			方法2：以胜任工作要求为基准		
		名义过度	真实过度	教育过度	名义过度	真实过度	教育过度
扩招	2003年后毕业	36.2	5.32	41.58	37.87	6.16	44.13
	合计	36.85	5.23	42.12	37.75	5.89	43.72
专业	社科类	36.4	5.22	41.62	37.21	5.77	43.04
	理工类	38.44	5.27	43.88	39.63	6.29	46.09
	合计	36.89	5.23	42.17	37.8	5.89	43.78
	经济学	37.92	4.39	42.32	36.13	4.99	41.12
	法学	43.06	9.72	52.78	48.61	11.11	59.72
	教育学	30.99	8.45	39.44	36.62	8.45	45.07
	文、史学	29.17	6.67	35.83	33.33	9.17	42.5
	理学	35.88	6.87	42.75	36.64	7.63	44.27
	工学	36.92	4.36	41.57	38.37	6.1	44.77
	农学	49.06	5.66	54.72	52.83	5.66	58.49
	医学	43.33	6.67	50	41.67	5	46.67
	管理学	37.09	4.73	41.82	38.73	4.91	43.64
	哲学、军事学等其他	35.69	5.15	40.84	36.07	5.53	41.79
	合计	36.89	5.23	42.17	37.80	5.89	43.78
院校类型	大专	26.49	4.21	30.78	27.11	4.52	31.78
	成人教育	59.4	5.98	65.38	58.12	6.41	64.53
	民办本科院校/独立学院	48.42	7.37	55.79	47.37	10.53	57.89
	一般公立本科院校	46.04	6.58	52.61	47.89	7.42	55.31

	分类项	方法 1：工作申请学历要求为基准			方法 2：以胜任工作要求为基准		
		名义过度	真实过度	教育过度	名义过度	真实过度	教育过度
院校类型	985/211 高校	44.88	5.85	50.73	49.76	7.32	57.07
	合计	36.83	5.22	42.09	37.85	5.88	43.81
职业	管理人员	35.59	4.57	40.16	33.8	4.37	38.17
	专业技术人员	37.94	1.97	40.13	39.04	2.41	41.67
	行政办事人员	30.86	3.48	34.34	33.87	4.41	38.28
	技术工人	46	7	53	46	8	54
	普通员工	38.77	7.73	46.5	40.47	8.79	49.36
	合计	36.85	5.22	42.11	37.88	5.88	43.84
工作转换经历	否	37.9	5.74	43.64	39.43	6.56	46.05
	是	34.21	4.03	38.39	34.08	4.31	38.53
	合计	36.81	5.23	42.09	37.84	5.89	43.82
企业规模	小型规模	40.72	6.4	47.12	41.26	6.93	48.19
	中型规模	38.57	5.09	43.67	38.14	5.53	43.67
	大型规模	37.08	6.25	43.33	34.58	5.42	40
	合计	39.46	5.9	45.36	39.25	6.22	45.47
所有制类型	国有企业	40.52	6.12	46.94	39.94	6.41	46.65
	集体及股份联合联营企业	41.03	7.69	48.72	42.31	8.97	51.28
	有限责任公司/股份有限	36.99	5.06	42.05	38.1	5.9	44.05

续表

分类项		方法 1：工作申请学历要求为基准			方法 2：以胜任工作要求为基准		
		名义过度	真实过度	教育过度	名义过度	真实过度	教育过度
所有制类型	港澳台和外资企业	28.93	4.57	33.5	30.96	4.06	35.03
	合计	36.96	5.26	42.26	37.91	5.92	43.92
控股形式	国有控股	36.96	5.95	43.12	36.96	6.37	43.53
	集体控股	48.76	4.98	53.73	44.28	5.97	50.25
	私人控股	36.62	5.26	41.88	38.59	5.92	44.58
	港澳台控股	27.36	3.77	31.13	30.19	3.77	33.96
	外商控股	29.89	3.45	33.33	29.89	5.75	35.63
	合计	37.05	5.25	42.34	38.05	5.91	44.05
行业/产业	农、林、牧、渔业	34.78	10.87	45.65	34.78	8.7	43.48
	采矿业	37.5	0	37.5	62.5	12.5	75
	制造业	36.01	4.4	40.57	38.21	4.87	43.4
	电力、热力、燃气及水	50	0	50	26.92	0	26.92
	建筑业	30.37	3.66	34.03	32.46	4.19	36.65
	批发和零售业	36.55	5.52	42.07	40	6.21	46.21
	交通运输、仓储和邮政	34.67	4.67	39.33	36.67	6	42.67
	住宿和餐饮业	44.56	6.82	51.39	44.56	7.04	51.6

分类项		方法 1：工作申请学历要求为基准			方法 2：以胜任工作要求为基准		
		名义过度	真实过度	教育过度	名义过度	真实过度	教育过度
行业／产业	信息传输、软件和信息	42.31	11.54	53.85	38.46	10.26	48.72
	金融业	26.88	5.38	32.26	24.73	6.45	31.18
	房地产业	38.46	3.85	42.31	30.77	3.85	34.62
	租赁和商务服务业	30.82	4.4	35.22	38.36	4.4	42.77
	科学研究和技术服务业	32.5	3.33	35.83	33.33	8.33	41.67
	水利环境和公共设施管理	57.14	9.52	66.67	42.86	9.52	52.38
	居民服务、修理和其他	35.24	3.81	39.05	33.33	4.76	38.1
	教育	29.31	5.17	34.48	34.48	6.9	41.38
	卫生和社会工作	54.55	4.55	59.09	50	0	50
	文化、体育和娱乐业	35.71	5.36	41.07	39.29	7.14	46.43
	合计	36.84	5.22	42.09	37.86	5.87	43.82
	第一产业	34.78	10.87	45.65	34.78	8.7	43.48
	第二产业	35.19	4.07	39.37	36.82	4.65	41.7
	第三产业	37.83	5.69	43.52	38.55	6.48	45.03
	合计	36.84	5.22	42.09	37.86	5.87	43.82

续表

分类项		方法1：工作申请学历要求为基准			方法2：以胜任工作要求为基准		
		名义过度	真实过度	教育过度	名义过度	真实过度	教育过度
城市/地区	北京	33.53	3.56	37.09	33.83	3.26	37.09
	齐齐哈尔	51.67	3.33	55	55	3.33	58.33
	长春	41.88	5.56	47.44	41.88	6.84	48.72
	济南	42.14	7.36	49.5	41.14	8.36	49.5
	郑州	36.49	4.74	41.23	37.44	3.79	41.23
	成都	38.34	5.7	44.04	39.9	6.22	46.11
	福州	36.19	5.71	41.9	39.05	7.14	46.19
	苏州	34.25	5.48	39.73	29.45	4.79	34.25
	襄阳	46.61	15.25	61.86	40.68	15.25	55.93
	咸阳	63.16	3.51	66.67	61.4	3.51	64.91
	太原	27.3	3.07	30.72	34.47	4.78	39.93
	广州	29.24	2.89	32.13	32.13	4.69	36.82
	合计	36.84	5.22	42.09	37.86	5.87	43.82
	一线城市	31.6	3.26	34.85	33.06	3.91	36.97
	二线城市	38.47	6.41	44.89	37.86	7.18	45.04
	三线城市	38.68	5.57	44.34	40.39	6.17	46.74
	合计	36.84	5.22	42.09	37.86	5.87	43.82
	东部	35.15	4.89	40.03	35.54	5.59	41.13
	中部	37.23	5.68	43.01	39.19	6.33	45.74
	西部	44	5.2	49.2	44.8	5.6	50.4
	合计	36.84	5.22	42.09	37.86	5.87	43.82

续表

分类项		方法 1：工作申请学历要求为基准			方法 2：以胜任工作要求为基准		
		名义过度	真实过度	教育过度	名义过度	真实过度	教育过度
工会	有工会	36.97	4.57	41.61	37.12	5	42.26
	无工会	36.82	6.15	42.97	39.06	7.13	46.19
	合计	36.91	5.24	42.19	37.94	5.9	43.92

注：理论上，表面教育过度和真实教育过度两者比例之和应等于未区分时教育过度发生率。实际上各组内变量因为有缺失值的存在，所以表中的两者之和可能与未区分时的教育过度发生率略有差异，但非常小，几乎可以忽略不计。

（1）基于学历、专业和院校类型等教育特征的比较。从学历层次上看，方法 1 和方法 2 得到的大专生的教育过度发生率为 30.78% 和 31.78%，本科生的教育过度发生率为 52.62% 和 55.33%，硕士以上劳动者的教育过度发生率为 82.47% 和 83.51%，表明教育过度发生率随着学历等级的提升而提高。这与杨娟与岳昌君（2005）以教育部有关调查数据为研究基础，运用自我评估法估算不同等级的教育过度发生率发现的规律基本一致。杨娟和岳昌君（2005）发现，总样本中，约有 21% 的本科毕业生属于教育过度，硕士和博士毕业生达到 36% 和 42%。至于硕士以上的劳动者较高的教育过度发生率，一方面可能与研究生入学的动机有关，如卿石松（2008）认为教育收益率不断上升、对城市就业和婚姻市场的青睐，以及就业歧视等造成的女大学生就业难是高校女研究生比例不断上升的主要原因，劳动者为了释放更强的信号，而选择追求更高的学历也是一种客观事实，却无意间形成了"职位挤压"，造成教育过度[203]。另一方面，越高学历就越容易形成人力资本的专用性，从而缩小求职的范围，如研究生以上学历的毕业生，特别是博士研究生，面对的主要是高校、科研单位等专业技术人才密集的岗位，若实际上他们获取的岗位是原来由本科，甚至专科就可以胜任的工作，就会形成教育过度。近年来，国内高校的招聘已经大多以研究生为学历起点，而教务秘书、辅导员等工作岗位原来很多都是由本科生担任的工作岗位。教育不足的发生率，方法 1 和方法 2 得到的大专生的教育不足发生率为 4.52% 和 8.12%，本科生的教育不足发生率为 0.39% 和 1.07%，硕士以上劳动者的教育不足发生率均为 0，表明教育不足随着学历层次的提升而降低。在区分名义教育过度和真实教育过度后，发现本科的真实教育过度发生率最高，方法1和方法2得到的本科的真实教育过度发生率为6.4%和7.56%，大专真实教育过度率分别为4.21%和4.52%，硕士以上真实教育过度发生率均为6.19%。与上述教育过度随学历升高而增加的结论略有不同。

从专业上看，理工科类的教育过度发生率（方法1：43.88%；方法2：46.09%）高于社科类专业劳动者的教育过度发生率（方法1：41.62%；方法2：43.04%）。细分专业中，按照方法1的计算，教育过度率最高的专业为农学和法学，教育过度率分别为54.72%和52.78%；教育过度发生率最低的专业为文、史学，其教育过度发生率为35.83%；若按照方法2计算，教育过度率最高的专业依然是农学和法学，教育过度率分别为58.49%和59.72%，教育过度发生率最低的专业是经济学专业，其教育过度发生率为41.12%。教育不足的发生率方面，社科类专业的教育不足发生率（方法1：2.72%；方法2：5.01%）高于理工科类的教育不足发生率（方法1：2.04%；方法2：4.25%）。细分专业上，按照方法1计算，教育不足发生率最高的专业为农学（5.66%），最低的专业为工学（0.87%）；按方法2计算，教育不足发生率最高的为医学（8.33%），最低的为法学（1.39%）。

在区分名义教育过度和真实教育过度后，方法1得到的真实教育过度发生率理工科与社科类基本相等，细分专业上，所有专业的真实教育过度发生率也都在10%以下，其中最高的法学专业为9.72%，最低的工学专业为4.36%；方法2得到的结果中理工科专业的真实教育过度发生率（6.29%）高于社科类专业（5.77%），细分专业中也发现法学（11.11%）和文、史学（9.17%）最高，经济学（4.99%）、管理学（4.91%）专业最低。教育过度发生率较高的农学专业其真实教育过度发生率并不高，为5.66%，而教育过度发生率较低的文史学专业其真实教育过度发生率较高。

从院校类型看，无论按方法1还是按方法2计算，成人教育和民办高校/独立院校的教育过度发生率均为最高，大专的教育过度发生率最低。按方法1，成人教育的教育过度发生率为65.38%，民办高校/独立学院的教育过度发生率为55.79%；按方法2，成人教育和独立学院的教育过度发生率分别为64.53%和57.89%，都远高于平均水平。大专的教育过度发生率按照方法1和方法2计算，分别为30.78%和31.78%，远低于平均水平和其他类型院校的毕业生。这可能与成人教育、独立学院的办学质量和教育水平较低，而大专职业教育的职业针对性较高有密切的关系。另外，需要注意的是，985/211高校的毕业生按照以个人评估做过工作学历要求为基准的方法2测得的教育过度发生率高于一般公立本科院校，可能与 985/211 高校进入的是国有企业等入门门槛较高，但实际工作学历要求相对较低的单位人数较多有关。

在区分名义教育过度和真实教育过度后，民办本科 / 独立学院毕业生的真实教育过度发生率最高（方法 1：7.37%；方法 2：10.53%），大专的真实教育过度发生率依然最低，但教育过度发生率最高的成人教育其真实教育过度发生率并不高（方法 1：5.98%；方法 2：6.41%）。

（2）基于性别、户口、婚姻等人口统计学变量和家庭特征变量的比较。从性别上看，方法 1 和方法 2 得到的女性教育过度发生率分别为 40.34% 和 43.23%；男性的教育过度发生率分别为 44.6% 和 44.71%。男性的教育过度发生率高于女性，这与刘璐宁（2015）得到的结论一致，他基于 CGSS 2008 的数据，发现男性的教育过度发生率比女性高 3 个百分点[29]；也与 Voon 和 Miller（2005）基于 1996 年 Census of Population and Housing Household Sample File（HSF）数据的结论一致，他发现约 15.8% 的男性和 13.6% 的女性处于教育过度状态[83]。但是，与西方教育过度关于女性更容易处于教育过度的结论相反。进一步分析不同婚姻状况下，发现方法 1 和方法 2 测得的已婚劳动者的教育过度发生率分别为 43.48% 和 44.08%，均高于未婚劳动者的教育过度发生率 40.45% 和 43.55%。若再进一步细分不同婚姻状态下，男女两性的教育过度发生率，按照方法 2 测算得到的已婚女性教育过度发生率（44.32%）高于已婚男性教育过度发生率（43.60%）；而未婚女性的教育过度发生率为 41.93%，未婚男性的教育过度发生率为 46.08%。本研究中出现女性教育过度低于男性，可能是受调查样本未婚女性者较多的影响。女性教育不足的发生率分别为 2.54% 和 4.95%，男性教育不足的发生率为 2.67% 和 4.62%。在区分名义教育过度和真实教育过度后，无论是方法 1 还是方法 2 计算的结果女性的真实教育过度发生率（方法 1：4.54%；方法 2：5.57%）均低于男性（方法 1：6.27%；方法 2：6.37%）。

从年龄上看，除了个别年龄段外，其他各年龄段的教育过度发生率差距并不明显。无论是方法 1 还是方法 2 的测量结果，均发现 35～44 岁年龄段的教育过度发生率最高；已有研究成果如 Sicherman（1991）关于教育过度者大部分是年轻人的结论[8]并没有在本研究中得到验证。在区分名义教育过度和真实教育过度后，发现真实教育过度发生率上年轻人最高，随着年龄的增长，真实教育过度发生率有明显的下降趋势。特别是超过 45 岁以后，方法 1 和方法 2 得到的结果均很低，55 岁以上的真实教育过度发生率甚至为 0。

从户口上看，方法 1 和方法 2 得到的农业户口教育过度发生率分别为

39.82 % 和 40.28%；非农业户口的教育过度发生率分别为 42.96% 和 45.21%。方法 1 和方法 2 得到的外地户口教育过度发生率分别为 38.51 % 和 41.4%；本地户口的教育过度发生率分别为 44.16% 和 45.1%。即非农业户口和本地户口的劳动者更容易处于教育过度状态，这一结论看似与 Green 等（2007）以及 Dell'Aringa 和 Pagani（2011）关于"与本土居民相比，外来移民更容易遭受教育过度现象的困扰，即使是通过移民签证移民者也是如此"[100, 104] 的结论相矛盾。对此，本书给出的解释是，在劳动力市场分割条件下，本地户口更容易进入国有企业等高端劳动力市场，国有企业等比较受青睐的单位提供的福利待遇以及职业声望均高于其他类型的企业，但公司的招聘要求可能会依据学历之外的标准，而不会过分看重学历，特别是从劳动者的角度看，做好工作的学历要求会相对更低，因此会出现本地户口的劳动者教育过度发生率更高的现象。在区分名义教育过度和真实教育过度后，非农户口（方法 1：4.34%，方法 2：5.07%）和本地户口（方法 1：4.61%，方法 2：5.12%）的真实教育过度发生率均低于农业（方法 1：7.66%，方法 2：8.12%）和外地户口（方法 1：6.5%，方法 2：7.46%）的劳动者。

从婚姻状态和是否有孩子情况看，方法 1 和方法 2 测得的已婚劳动者的教育过度发生率分别为 43.48% 和 44.08%，均高于未婚劳动者的教育过度发生率 40.45% 和 43.55%；而已婚劳动者的教育不足发生率分别为 2.92% 和 5.02%，也高于未婚劳动者的 2.18% 和 4.55%。有孩子的劳动者的教育过度发生率（方法 1：45.28%，方法 2：44.86%）也高于无孩子的劳动者的教育过度发生率（方法 1：40.04%，方法 2：43.15%），教育不足发生率也有同样的特点。在区分名义教育过度和真实教育过度后，已婚者（方法 1：4.5%，方法 2：4.95%）的真实教育过度发生率低于未婚者（方法 1：6.09%，方法 2：7%），有孩子（方法 1：4.72%，方法 2：4.72%）的真实教育过度发生率低于无孩子的劳动者（方法 1：5.54%，方法 2：6.62%），与整体教育过度发生率的特点恰好相反。这在一定程度上说明，教育过度的发生一部分是劳动者为平衡家庭和工作所做出的主动选择的结果。

（3）基于职业、企业规模等工作特征变量的比较。从职业类型看，不同职业类型之间的教育过度发生率和教育不足发生率存在明显差异。其中，技术工人的教育过度发生率最高，按照方法 1 和方法 2 分别为 53% 和 54%；行政办事人员的教育过度发生率最低，分别为 34.34% 和 38.28%。在区分名义教育过度和真实教育过度后，普通员工的真实教育过度发生率最高（方法 1：7.73%；方法 2：8.79%），而专业技术人员的真实教育过度发生率最低（方法

1 : 1.97%；方法 2 : 2.41%），与整体教育过度发生率的特点相反。

从工作转换经历看，有工作转换经历的劳动者教育过度发生率（方法 1 : 38.39%；方法 2 : 38.53%）远低于无工作转换经历的劳动者的教育过度发生率（方法 1 : 43.64%；方法 2 : 46.05%）。这与 Sierchman 等（1990）提出的职业流动理论的预测一致，即劳动者可通过职业流动改善工作的匹配状况。教育不足方面，有工作转换经历的劳动者发生教育不足的概率也略高于无工作转换经历的劳动者。在区分名义教育过度和真实教育过度后，有转换工作经历劳动者的真实教育过度发生率（方法 1 : 4.03%；方法 2 : 4.31%）也低于无工作转换经历的劳动者（方法 1 : 5.74%；方法 2 : 6.56%），与上述结论保持一致。

从企业规模上说，大、中、小规模企业的教育过度发生率依次提高，按照方法 1 计算依次为 43.33%、43.67% 和 47.12%，按照方法 2 计算依次为 40%、43.67% 和 48.19%。在区分名义教育过度和真实教育过度后，情况却发生了变化，小型企业员工的真实教育过度发生率较高，而中型企业的教育过度发生率最低。另外需要注意的是，若以做好工作的学历要求为基准，大型企业规模的真实教育过度发生率最低，即真实教育过度发生率随企业规模增大而降低，依次为 6.93%、5.53% 和 5.42%；而按照方法 1 的以企业要求学历为标准，大型企业的真实教育过度发生率为 6.25%。说明大型企业在人才选聘中存在把学历作为门槛标准的现象。

从企业所有制类型上看，不同所有制类型的企业中劳动者的教育过度发生率也存在显著不同。其中，国有企业和集体及股份联合联营企业的教育过度率最高，按照方法 1 计算，分别为 46.94% 和 48.72%；按照方法 2 计算，分别为 46.65% 和 51.28%。港澳台投资企业及外商投资企业的教育过度发生率最低。这与罗润东、彭明明（2010a，2010b）和王芳芳（2017）利用中国综合社会调查（CGSS）数据计算得到的结论基本一致 [142-143][146]，也与赖德胜等（2012）等关于"地方国有企业和中央、省国有企业的教育过度发生率较高"的结论相符 [144]。这可能与两类企业的用人理念和管理水平有关。在区分名义教育过度和真实教育过度后，也发现类似的规律。即国有企业和集体及股份联合联营企业的真实教育过度率最高，港澳台和外资企业的真实教育过度发生率最低。

从企业控股形式上看，也有类似的规律，国有 / 集体控股的企业教育过度发生率较高，而港澳台控股和外商控股的企业教育过度发生率较低。在区分名义教育过度和真实教育过度后，也发现相同的规律。即国有 / 集体控股企业的真实教育过度率最高，港澳台控股及外商投资企业的真实教育过度发生率最低。

从行业 / 产业看，不同行业的教育过度发生率存在明显差异。其中教育过度发生率较高的行业为水利环境与公共设施管理（方法 1：66.67%；方法 2：52.38%）、卫生与社会工作（方法 1：59.09%；方法 2：50%）、信息传输 / 软件（方法 1：53.85%；方法 2：48.72%）、住宿和餐饮业（方法 1：51.39%；方法 2：51.6%）[①]。教育过度发生率较低的行业主要是建筑业（方法 1：34.03%；方法 2：36.65%）、金融业（方法 1：32.26%；方法 2：31.18%）、房地产业（方法 1：42.31%；方法 2：34.62%）和教育业（方法 1：34.48%；方法 2：41.38%）。在区分名义教育过度和真实教育过度后，也发现不同行业的真实教育过度发生率存在明显差异。按照方法 1 计算，真实教育过度发生率最高的行业是信息传输与软件行业（11.54%），最低的为采矿业和电力、燃气及供水业，两个行业的真实教育过度发生率均为 0；而按照方法 2 计算，信息传输与软件行业的真实教育过度发生率也较高，为 10.26%。同时发现，总体教育过度发生率较低的金融业和房地产业其真实教育过度发生率也不高。

从城市和地区看，被调查的十二个城市中教育过度发生率也存在明显差异。其中，教育过度发生率排名前三的城市是咸阳、襄阳和齐齐哈尔。按方法 1 计算，教育过度发生率依次为 66.67%、61.86% 和 55%；按方法 2 计算，教育过度发生率依次为 64.91%、55.93% 和 58.33%。教育过度发生率最低的三个城市为广州、北京、太原。按方法 1 计算，教育过度发生率依次为 32.13%、37.09% 和 30.72%；按方法 2 计算，教育过度发生率依次为 36.82%、37.09% 和 39.93%。若按一线、二线和三线城市划分，一线城市的教育过度发生率最低（方法 1：34.85%；方法 2：36.97%），远低于二、三线城市。而二、三线城市的教育过度发生率基本相当。若按东部、中部、西部划分，教育过度发生率也存在明显差异，其中东部地区教育过度发生率最低，按照方法 1 计算，教育过度发生率为 40.03%，而按照方法 2 计算，教育过度发生率为 41.13%。相对而言，西部城市的教育过度发生率更高，在 50% 左右（方法 1：49.2%；方法 2：50.4%）。这与赖德胜等（2012）关于"东部的教育过度发生率明显高于中部和西部"[144]，以及王芳芳（2017）利用中国综合社会调查（CGSS）2003 年至 2013 年的数据计算发现的"与中部地区和西部地区相比，东部地区的教育过度比重最高"[146] 的结论相反。

---

① 以个人评价做好工作学历要求为基准的方法 2，测量计算发现采矿业教育过度发生率为 75%，为最高，但检查样本发现，该行业样本数量较少，所以为谨慎起见，不将采矿业作为教育过度高的行业。

在区分名义教育过度和真实教育过度后，按方法 1 计算，真实教育过度发生率最高的城市为襄阳（15.25%），最低的为广州（2.89%）；按方法 2 计算，真实教育过度发生率最高的城市为襄阳（15.25%），最低的为北京（3.26%）；从城市等级划分上看，一线城市的真实教育过度发生率最低（方法 1：3.26%；方法 2：3.91%），二线城市的真实教育过度发生率最高（方法 1：6.41%；方法 2：7.18%），与整体教育过度发生率的特征略有区别。从地区分布上看，呈现出与城市等级上类似的特征，东部地区真实教育过度发生率最低（方法 1：4.89%；方法 2：5.59%），中部地区的真实教育过度发生率最高（方法 1：5.68%；方法 2：6.63%）

（4）基于扩招前后的比较 [①]。扩招是中国高等教育发展史上的大事，对比分析 1999 年扩招前毕业生、1999—2003 年毕业生和 2003 年后高校毕业生的教育过度发生率，发现按照方法 1 计算得到的教育过度发生率分别为 45.15%、42.72% 和 41.58%，不仅没有上升，反而有下降的特点。这与陈洁（2017）通过使用 CHNS 调研数据测算 1989—2011 年中国教育过度发生率发现的规律一致 [151]。但与刘金菊（2014）考察中国近 20 年来教育过度现象的趋势和差异的发现 "中国教育过度的迅速增长，一个主要的原因是高校扩招政策的实施" [41] 相矛盾。但按照方法 2 计算，三个阶段的大学毕业生的教育过度发生率分别为 42.47%、41.78% 和 44.13%。表明扩招后，中国教育过度发生率有了明显的提高。之所以会出现这种差异，本书认为是测量方法本身存在的误差，方法 1 的参照基准是就职该岗位时，公司对学历的要求，虽然也很合理，但可能存在时间差异的问题，而通过劳动者个人评价做好工作学历要求为基准的方法 2，更有参考的价值。因此，扩招可能带来教育过度发生率的提高。

在区分名义教育过度和真实教育过度后，按照方法 1 计算，扩招前后的各个时间段，真实教育过度发生率依次为 4.68%、5.16% 和 5.32%，呈现升高的趋势；按方法 2 计算真实教育过度发生率在 2003 年后毕业的劳动者之间为 6.16%，高于扩招前的真实教育过度发生率，即扩招后教育过度发生率有所上升。

---

① 这里是基于微观调查群体的汇总数据分析结果，与后文从微观视角分析扩招对个体教育投资决策影响分析是不同层面的分析。

3.4 本章小结

本章在审视教育过度内涵、评述已有测量方法优缺点的基础上，改进 Chevalier（2003）的教育过度测量方法，提出了一种更符合中国劳动市场现实的新的教育过度测量方法。该方法首先以"当您就职目前这个岗位时，公司对这个岗位的学历要求是？"和"您个人认为做好您现在这份工作需要的学历要求？"两个问题确认工作的学历要求，进而与劳动者的实际教育水平对比区分教育过度、适度匹配和教育不足三个基本概念；根据劳动者对"您对您现在工作的学历要求与您学历的匹配状态满意吗？"的回答，区分真实教育过度和名义教育过度，从而有效测量劳动力市场上教育过度的实际状况。

使用该方法，基于"中国企业雇主－雇员匹配调查数据"测量中国劳动力市场上教育过度的现状，发现如下特点。

第一，在不区分真实和表面教育过度的情况下，以公司对工作的学历要求作为基准，教育过度发生率为 42.09%；以个人认为做好工作的学历要求作为基准，教育过度的发生率为 43.82%，两者基本相当。与国内已有研究成果中测量的教育过度发生率相比，也基本一致。以公司学历要求为标准，测算的教育不足发生率为 2.59%，适度教育比例为 55.32%；以个人认为做好工作要求为标准，测算的教育不足发生率为 4.8%，适度教育比例为 51.38%。适度教育和教育不足所占比例也基本与国内已有研究成果一致。与国外已有研究成果测量的结果相比，中国当前教育过度发生率较高，而教育不足的水平较低。

第二，区分真实教育过度和名义教育过度后，若以公司学历要求作为基准，名义教育过度发生率为 36.84%，真实教育过度发生率为 5.22%；若以个人认为做好工作的学历要求为基准，名义教育过度发生率为 37.86%，真实教育过度发生率为 5.87%。

第三，分群组的测量结果发现，不同群组间的教育过度发生率存在明显差异。在不区分名义教育过度和真实教育过度的条件下中国教育过度发生率存在以下几个特征：一是教育过度发生率随着学历等级的提升而升高；二是理工类的教育过度发生率高于社科类专业劳动者的教育过度发生率；三是成人教育和民办高校/独立院校的教育过度发生率均为最高，大专的教育过度发生率最低；四是男性的教育过度发生率高于女性；五是除了个别年龄段外，其他各年龄段的教育过度发生率差距并不明显；六是非农业户口和本地户口的劳动者更容易处于教育过度状态；七是已婚的或有孩子的劳动者均高于未婚劳动者的教育过度发生率；八是从职业类型上看，技术工人的教育过度发生率最高；九是有工作转换经历的劳动者教育过度发生率远低于无工作转换经历的劳动者的教育过度发生率；十是大中小规模企业的教育过度发生率依次提高；十一是不同所有制类型的企业中劳动者的教育过度发生率也存在显著不同，其中国有企业和集体及股份联合联营企业的教育过度率最高，港澳台投资企业及外商投资企业的真实教育过度发生率最低，从企业控股形式上看，也有类似的规律；十二是从行业 / 产业看，不同行业的教育过度发生率存在明显差异，其中教育过度发生率较高的行业为水利环境与公共设施管理；十三是从城市和地区看，被调查的十个城市中教育过度发生率也存在明显差异，一线城市和东部地区城市的教育过度发生率最低；十四是以公司招聘的学历要求为基准，发现扩招后教育过度发生率不仅没有上升，反而有下降的趋势，而以劳动者自我评估做好工作要求为基准，中国教育过度发生率有了明显的提高。

第四，在区分名义教育过度和真实教育过度后，除了"女性的真实教育过度发生率低于男性""有工作转换经历劳动者真实教育过度发生率高于无工作转换经历者""国有企业和集体及股份联合联营企业的真实教育过度率最高，港澳台投资企业及外商投资企业的真实教育过度发生率最低"和"一线城市和东部地区城市的教育过度发生率最低"外，很多特征和规律发生了变化。具体而言，从学历层次上看，本科的真实教育过度发生率最高；从专业上看，理工科与社科类的真实教育过度发生率基本相等，且教育过度最高的专业也有所变化；从院校类型上看，大专的真实教育过度发生率依然最低，但教育过度发生率最高的成人教育其真实教育过度发生率并不高；从年龄上看，年轻人真实教育过度发生率最高，随着年龄的增长，真实教育过度发生率呈明显的下降趋势。特别是超过 45 岁以后，方法 1 和方法 2 得到的结果均很低，55 岁以上的真实教育过度发生率甚至为 0；从户口上看，非农户口和本地户口的真实教育过度发生率均低于农业和外地户口的劳动者；从婚姻和孩子状况看，已婚者和有孩子的真实教育过度发生率低于未婚者和无孩子劳动者的真实教育过度发生率，这在一定程度上说明，教育过度的发生一部分是劳动者为平衡家庭和工作所作出的主动选择的结果；从企业规模上看，以做好工作的学历要求为基准，大型企业规模的真实教育过度发生率最低，即真实教育过度发生率随企业规模增大而降低；同时，扩招后，真实教育过度发生率有所上升。

第4章 教育过度的成因分析：理论与实证

4.1 教育过度的成因：一个新的理论框架

现有关于教育过度的理论解释均暗含了以下基本前提假设：一是教育、就业等相关决策主体是个人，且具有自利偏好；二是教育的唯一功能是提高人力资本积累，改善劳动生产率[1]，进而在劳动力市场上获得经济性回报，如雇佣机会的改善和工资水平的提高，劳动力市场上的经济性回报是教育的唯一回报。但诸多研究表明，就业决策—劳动供给并不是一个简单的个人决策过程，通常情况下，人们不得不考虑家庭其他成员的诉求和影响，家庭决策模式似乎更符合现实[231]。早在 20 世纪 20 年代，苏联经济学家恰亚诺夫就提出了一个家庭农场模型，并指出农户的资源配置决策通常是以家庭为单位进行的，而不是基于个人理性。[232]Becker（1965）的家庭时间配置模型更加系统地阐述了这一思想，其核心在于家庭具有消费和生产的双重属性，家庭效用的最大化才是决定个体劳动供给行为的基础，家庭决策成为问题的核心。[233] 同时，诸多研究表明，教育的回报不仅仅来自劳动力市场。Weisbrod（1964）指出目前经济学界关注的经济型回报只是教育影响效应的一部分，而非全部[234]。Chiappori（2009，2016）强调教育投资可预期在劳动力市场与婚姻市场上得到回报，并发现劳动者会基于未来不同的市场工资水平和家庭角色进行教育投资。[235, 236]Haveman 和 Wolfe（1984）通过调查列出了 24 种投资学校教育的产出结果。[237]Schultz（1960）也强调，要视教育为对人的投资并将其结果作为一种资本，并未否认教育的道德教化等其他作用。[238]

因此，突破上述两点假设的局限，以家庭为决策分析单元，考虑教育的

---

① 信号筛选模型除外，信号筛选模型认为教育不改变生产效率。

劳动力市场之外的价值回报可能为理解教育过度问题提供一个全新的视角。部分学者已经开始相关尝试，如陈纪平（2012）从教育的非经济功能角度尝试解释教育过度现象 [239]，Frank（1978）也从工作搜寻的角度解释家庭承诺责任对女性教育过度进而影响工资水平的机制 [71]。但是，陈纪平的分析还是从个体角度进行的分析；Frank 的研究没有考虑教育的非经济价值，以及婚前教育投资对后续家庭角色分工及搜寻模型的影响，因此还有很大的拓展空间。另外，熊婕（2014）强调，解决当前中国劳动力市场的问题，首先应当尊重劳动力异质性的客观现实。在劳动力异质性的前提下，揭示劳动力市场非均衡背后的影响因素，提高劳动力与岗位匹配的效率和分配方式的效率。[240]

鉴于此，在本章中，我们尝试基于教育目的的多维性和教育预期收益的多元性，以家庭为决策单元，构建双边异质性条件下教育 – 工作匹配三阶段的动态决策过程模型，分析教育过度的形成机制。

4.1.1　现实与理论基础

1. 工作与劳动者的异质性和报酬的多维性

世界上没有完全相同的两片树叶，也没有完全相同的工作岗位和个人。因此，在古典经济学中被视为"黑箱"的厂商决策中劳动者和资金技术可完全相互替代，以最大化生产曲线和约束切点来决定资金和劳动力使用数量的决策模型，这在现实生活中遭遇了严峻的挑战。企业实践中，公司因所处行业不同、生命周期不同、企业战略不同、技术条件不同以及组织结构、业务流程和管理风格不同，即使在同一个岗位名称下，具体的工作内容和要求也存在巨大差异。以秘书职位为例，在大型集团公司，秘书分为董事会秘书、总经理秘书、副总秘书、文字秘书、生活秘书等多种不同的类型，即使都是总经理秘书，又有可能是只负责总经理相关行程确认、提醒，资料整理的工作，一般相对机灵的本科毕业生就可胜任；又可能是，要帮总经理进行战略思考、专题项目研究或协助公司内部部门和业务管理的相当于副总级管理人员，需要综合知识和管理能力，以及丰富工作经验才能胜任的高级管理职位。因此，岗位异质性已经成为深入理解劳动力市场现象的重要前提假设。另外，劳动者因为出身不同、个人成长经历各异，在社会、家庭及个人先天因素与后天努力等多种因素的综合作用下，能力、价值观等存在巨大差异。因此，岗位与劳动者的双边异质性是深入理解劳动力市场现象的重要前提。熊婕（2014）强调，大国经济的发展过程中，客观存在的市场异质性和劳动力异质性特征日益突出。要解决当前中国劳动力市场的问题，就应当尊重劳动力异质性的客观现实，在劳动力异质的前提下，揭示劳动力市场非均衡背后的影响因素，提高劳动力与岗位匹配的效率和分配方式的效率。[240]Stigler（1961,1962）的工作搜寻理论，就突破了岗位同质性假设和信息完全假设，为理解劳动力市场的实际搜寻匹配过程提供了一个独特的视角。Holland（1959）的职业兴趣理论，也强调了异质性岗位和异质性劳动者双向匹配问题的重要性。[241]

另外，自20世纪70年代起，人力资源专家开始关注薪酬管理制度的变化，关注完善晋级空间、培训机会、尊重和认可等非货币报酬要素。埃德·劳勒于1971年提出全面薪酬的概念，将员工薪酬与组织发展密切联系起来，明确组织所有的资金与奖励计划作为一种激励手段的目的是让员工变得更有朝气、更有干劲。美国的薪酬协会也十分重视，强调"全面薪酬"这个概念，甚至将其名称改为"全面薪酬学会"。它将全面薪酬定义为，所有能够吸引、保留、激励员工的可行方案，它包括使员工从雇佣关系中感知到价值的所有东西。2006年，其又将全面薪酬进一步归纳为五个部分：货币报酬、福利、工作—生活、绩效管理及认可奖励、职业发展与职业机会。

2.人力资本理论、信号筛选理论与教育预期收益的多元性

人力资本理论视教育为对人的投资，并将其结果作为一种资本。人力资本理论的基本观点是，通过教育等人力资本投资行为可以实现人力资本的累积，提高劳动者的边际生产率，从而在劳动力市场上获得雇佣机会的改善和工资收入的提高，进而促进宏观经济的增长。这种简洁有效的处理教育投资问题的方法，为很多问题的分析，如宏观的经济增长问题、微观的工资收入问题等提供了很好的分析框架，被广泛应用于相关问题的分析之中。但也有学者认为这种处理方式太过"简单化""功利化"。实际上，Schultz（1960）指出："教育可以被视为纯消费或纯投资，或两者兼有。但无论是出于何种原因，教育的投入急剧增长是不争的事实。将教育视为人力资本累积的重要方式并未否认教育的教化作用。我的研究方式并非要证明教育的教化目的不存在或不应该存在。这里想要表达的意思是，教育除了可以服务于教化目标，还可以切实提升人的工作或处理其他事物的能力并最终促进国民收入增长。教化和经济效应可能都是教育的结果。我处理教育的方式并未丝毫否定或降低教育的教化贡献。"[238]因此，人力资本理论并未否认教育的其他功能的存在。

信号筛选理论就是另外一种阐述教育价值的成熟理论。Spence（1973）提出了信号筛选理论[68]。信号筛选理论的基本观点是，在不确定的劳动力市场上，雇主在做出雇佣决策时并不清楚劳动者的能力情况，雇佣一个人就像买彩票，因此可以理解为雇主愿意像买彩票一样花一定的资金用于支付劳动者的工

资。若雇主面临的风险是中性的，则支付的工资水平等于劳动者对组织的边际贡献。但雇主在雇佣决策时不可直接观测到劳动者的边际贡献，而只能通过劳动者的某些特征进行推测，如受教育程度、以前的工作经历、民族、性别、犯罪记录和服务记录等。因此，雇主需要能够反映劳动者潜在能力的信息以做出雇佣决策，而劳动者面临的是一个依据年龄、性别等指数和教育等信号分布的工资出价分布。

教育作为需要劳动者投入相应的时间和费用的活动，可被视为"信号成本"。劳动者的选择是通过选择信号最大化工资回报与信号成本之间的差异。这里"教育"能作为"信号"的关键假设是教育成本与个人能力成反比，能力不同的人付出的教育成本不同，因此能力越强的人，会接受更多的教育，教育在这里的主要作用是向雇主释放相应的信号。

实际上，教育具有多重属性和多种功能。边星灿（1998）指出教育既是一种福利、权利，又是一种投资；教育既具有政治功能，又具有经济功能[242]。李悦（2008）强调高等学历代表一个人的受教育程度，既是一种能力的体现，也是一种身份的象征。[243] 黄芝华（2009）研究发现，教育存在正向幸福效应，并通过身心健康、工作与收入、家庭与社会关系和社会发展等提升幸福效应[244]。Weisbrod（1964）指出目前经济学界关注的经济型回报只是教育影响效应的一部分，而非全部[234]。Chiappori（2009，2016）强调教育投资可预期在劳动力市场与婚姻市场上得到回报，并发现劳动者会基于未来不同的市场工资水平和家庭角色进行教育投资。[235-236]Haveman and Wolfe（1984）通过调查列出了 24 种投资学校教育的产出结果。[237]Vila（2005）在 "The Outcomes of Investment in Education and People's Well-being" 一文中系统总结了教育投资个人和社会回报，指出："对个人而言，在教育上投资的时间和金钱的回报包括经济型回报和非经济型回报。"[245] Hartog 和 Oosterbeek（1998）基于 20 世纪 40 年代初出生的荷兰人的跟踪调查数据，研究控制 IQ 和家庭背景变量的影响，实证发现，教育可以提升健康水平、增加财富，使人获得更高的幸福感。[44]Cu 等（2012）基于欧洲社会调查数据发现，在西班牙，教育对幸福感有直接的正向影响，并通过收入和劳动力市场状态间接产生影响。[246]

3. 教育供给的不可分割性与教育投资目的的多重性

尽管教育的多重功能在理论上可以分开来提供，然而现实中，实现教育各种功能的教育环节并不是分割开来的，而是采取了"整体性方式"进行供给。教育供给的这种不可分割性出现的内在原因是教育的范围经济属性，外在原因是政府教育管理体制的影响。

与此同时，教育需求动机具有多重性（无论决策主体是家庭还是个人），其动机可能包括多个方面。第一，可能主要体现为人力资本积累的个体素质的提高进而在未来劳动力市场上得到较高的回报；第二，可能是为了在婚姻市场上具有相对的优势，从而获得婚姻匹配的溢价；第三，也可能是为了提升对世界的认知程度、改善身心健康、陶冶情操、扩大交际圈子，以及提升社会交往能力等；第四，还可能是通过教育获得后天获得性身份（如学历证书），这些身份是现行社会结构对民众进行分层的基本依据；第五，还可能纯粹是为了消费性质的个体享受，即将教育作为一种消费活动直接获得效用。[239]梁艺灏（2009）发现影响高等教育个人投资的因素除了个人投资高等教育的成本、个人投资高等教育的收益和个人投资高等教育的风险外，还包括家庭社会对个人投资高等教育的要求、自我定位等。[247]

因此，教育的需求动机是多重性、多元化的，人力资本积累仅是其中的一个方面。若仅以人力资本积累动机及在劳动力市场上的回报考察教育是否过度，可能会得出错误的结论。

4. 马斯洛需求层次理论与个人需求的多维性和效用的多因性

需求层次理论是美国心理学家亚伯拉罕·马斯洛在1943年在《人类激励理论》论文中所提出的。书中将人类需求像阶梯一样从低到高按层次分为五种，分别是生理需求、安全需求、社交需求、尊重需求和自我实现需求[248]。按照马斯洛的观点，个体成长发展的内在力量是动机，而动机是由多种不同性质的需要所组成的，各种需要之间，有先后顺序与高低层次之分；每一层次的需要与满足，将决定个体人格发展的境界或程度。

尽管没有得到实证研究的直接确认，但马斯洛需求层次理论广泛应用于理论和实践领域，用于阐述人的需求特征。实际上人都潜藏着这五种不同层次的需要，但在不同的时期表现出来的各种需要的迫切程度是不同的。人的最迫切的需要才是激励人行动的主要原因和动力。人的需要是从外部得来的满足逐渐向内在得到的满足转化的。奥尔德弗在马斯洛需求层次理论的基础上，又提出了ERG理论。ERG理论强调，人在同一时间可能有不止一种需要起作用；如果较高层次需要的满足受到抑制的，那么人们对较低层次的需要的渴望会变得更加强烈。

因此，个人的需求是多方面、多层次的，也是随时间和环境动态变化的。需要满足带来的效用，也是多因的和动态变化的。

5. 新家庭经济学的理论与现代家庭关系转型

Becker（1965）指出，"大多数经济学家已经清楚地意识到在接受教育过程中，或者更普遍意义上，在人力资本投资过程中放弃的收入的重要性，但奇怪的是经济学家并没有公平地对待其他非工作时间的价值。例如，我们会简单地认为一场歌剧、一顿美食的成本等于它们的市场价格，但同时每个人都会承认看歌剧或用餐都需要花费时间，就像接受教育一样，而这些时间可以用于市场工作。若是如此，这些服务的总成本就是它们的市场价格加上因做这些事花费的时间而放弃的价值。换句话说，当讨论所有非工作时间问题时，必须像在讨论教育问题时一样考虑间接成本"[233]，进而在引入非工作时间经济价值的基础上，提出了一个"时间"合理配置的统一分析框架。自此，这个引入了时间机会成本，可用于分析在不同活动之间分配时间的理论框架，成为一种新的研究范式，被广泛应用于分析家庭行为，如生育行为、婚姻市场以及家庭劳务分工问题等。后人称这种以家庭为分析单元，创造性地运用微观经济学方法成功地分析了大量的社会学问题的范式为新家庭经济学。

新家庭经济学的基本原理是，家庭具有消费单元和生产单元的双重属性。家庭通过综合运用商品和时间像公司一样在成本最小化规则下进行生产，产品生产的数量取决于在有限资源约束下最大化效用函数的商品需要。资源以总体收入来表示，包括家庭金钱收入和因追求效用最大化而放弃的收入或损失，产品价格以投入产品的成本和时间表示。

在经典的开篇之作中，Becker（1965）指出"近年来，越来越多的经济学者意识到家庭是一个'小型工厂'，它综合运用资本产品、原材料和劳动力来生产清洁、饮食、子女和其他有用的商品"[233]。其分析逻辑可阐述如下：

Becker（1965）在传统的马歇尔效用最大化选择模型的基础上，引入非工作时间的价值，提出家庭作为决策单位会基于市场产品和时间生产直接进入家庭效用函数中的基础商品，如观看一场表演，它取决于演员、剧本、剧场和演员的时间投入；再如睡眠，它取决于床、房子、枕头和时间，这些商品被称为 Z_i。

$$Z_i = f_i(x_i, T_i) \qquad (4-1)$$

其中，x_i 是市场产品向量，T_i 是生产第 i 种产品时投入的时间向量。需要注意的是，当冰箱或其他自动化设备被使用时，x 表示由这些产品产生的服务。另外需要注意的是，T_i 是一个向量，因为白天或工作日的一小时是显著区别于晚上或周末的一小时的，所以 T_i 的每一个维度都表示时间的不同方面。更一般地说，某些 Z_i 的衍生品在 x_i 和 T_i 均是非负的。

这种情况下，家庭追求数量和效用的最大化。他将组合时间和市场产品

通过生产函数 f_i 生产基本商品 Z_i，并依照传统的最大化效用函数的方式选择这些商品的组合。

$$U = U(Z_i, \cdots Z_m) \equiv U(f_1, \cdots f_m) \equiv U(x_1, \cdots x_m; T_1, \cdots T_m) \quad (4-2)$$

其面临的预算约束是：

$$g(Z_i, \cdots Z_m) = Z \quad (4-3)$$

其中，g 是 Z_i 的消费函数，Z 是资源约束。

家庭生产的市场产品约束可以写成：

$$\sum_1^m p_i{}' y_i = I = V + T_w \bar{\omega} \quad (4-4)$$

其中，p_i 表示给定的商品向量中 x_i 的单位价格，T_w 表示给定的工作时间向量，$\bar{\omega}$ 表示单位工资率。

时间约束可以写成：

$$\sum_1^m T_i = T_e = T - T_w \quad (4-5)$$

其中，T_e 表示消费上的时间向量，T 表示总体可支配的时间向量。这样家庭基本产品向量可以重新定义为

$$\left.\begin{array}{l} T_i \equiv t_i Z_i \\ x_i \equiv b_i Z_i \end{array}\right\} \quad (4-6)$$

其中，t_i 表示每单位的 Z_i 中的时间投入向量，b_i 表示每单位的 Z_i 中的市场产品投入向量。

因为考虑到时间可以在消费和工作之间自由转换，所以时间约束条件和产品约束并非独立。因此，对工作时间而言，可以重新写为

$$\sum p_i x_i + \sum T_i \varpi = V + T \varpi \quad (4-7)$$

这时约束条件可以写成：

$$\sum (p_i b_i + t_i \varpi) Z_i = V + T \varpi$$

$$\left.\begin{array}{l} \pi_i \equiv b_i + t_i \varpi \\ S' \equiv V + T \varpi \end{array}\right\} \quad (4-8)$$

诚如 Becker（1965）所指出的那样，"本文提出了一个在不同活动之间分配时间的理论框架。核心是假设家庭既是生产单元，也是消费单元。家庭通过综合运用商品和时间像公司一样在成本最小化规则下进行生产"。有学者将这

种分析范式称为家庭决策的单一决策模型（unitary model）。

有研究指出上述模型存在重大缺陷：它将家庭视为一个整体，要求每个成员的偏好都完全一致，而且做出一致的判断和选择，不允许有任何异议；对于家庭内部的决策过程则视为"黑箱"，没有具体讨论[231]。但家庭是一个复杂的决策主体，其成员可能在消费、工作以及生育等问题上具有不同的目标与偏好[249]。

Chiappori（1988）就家庭决策方式提出了另外一种模式。他认为，家庭成员并非都是利他的，也有利己的可能性，成员之间存在偏好的异质性。在此基础上，他提出了所谓的集体决策模式（collective model）。[250]

在集体决策模型中，家庭的劳动供给决策分为两个步骤：首先，源于利己的本能，家庭成员也要做到"亲兄弟明账目"，非工资收入特别是财富要在不同成员之间按一定的规则进行分割，具体的分割比例取决于不同成员之间的讨价还价实力，因此这是一个博弈的过程；其次，个人分割的财富构成了个人的预算约束条件，以它为基础，个人再以个人效用最大化为原则做出相应的劳动供给决策。

实践中，家庭决策究竟如何？抑或，人们该从哪些角度来证明家庭劳动供给决策是遵循集体决策模式而不是单一决策模式？家庭决策已经形成了新家庭经济学的一个研究分支，至今没有最后的结论。[231]

需要注意的是，家庭关系的转型可能对家庭的决策模型产生重要的影响。而实际上，家庭作为社会的一种基本组织形式，其性质和特点归根到底是由社会物质生产方式和生活方式所决定的。随着个性解放和自我独立等意识的增强，自主婚姻已经成为婚姻关系的主流，夫妻平等的婚姻意识已经深入现代婚姻生活中，民主、平等的新型婚姻关系正在不断形成[251]；牛建林（2017）利用 2000 年和 2010 年中国妇女社会地位调查数据，考察了 21 世纪最初十年间中国婚姻家庭的家务分工特征及变化，着重检验了夫妻教育匹配对家务分工平等化的影响。研究发现，夫妻平等分担家务的现象近年来呈缓慢上升趋势，2010 年全国接近两成的已婚夫妇相对平等地分担家务。在夫高妻低的教育匹配模式下"男主外，女主内"依然是主要的分工模式；与之相对，夫妻教育相同和夫低妻高的教育匹配模式在不同程度上推动着男性平等分担家务。在实现这一转变的过程中，女性自身教育水平的相对提高以及教育匹配现象的演化扮演着极为重要的角色。[252] 而李煜（2008）利用 2000 年人口普查资料，研究 1949—2000 年婚姻教育配对程度变迁和模式的变化，发现 20 世纪 80 年代以后教育匹配的同质性上升迅速；易翠枝和赵小仕（2007）也通过对湖南岳阳市城镇社区婚姻市场的调查分析，发现随着时间的推移，婚姻中表现出的教育匹配现象越来越明显。这些变化，都可能会对家庭的内部分工模式和决策模式产生深远的影响。

6.有限理性说与真实环境中的决策过程

传统经济理论假定了一种"经济人"，这种人在行动过程中既具有"经济"特征，也具有"理性"特征。这种人具备关于其所处环境有关各方面的知识，而且这些知识即使不是绝对完备的，至少也相当丰富、相当透彻。此外，这种人还被设想为具备一个很有条理的、稳定的偏好体系，并拥有很强的计算技能；他靠这类技能就能计算出，在他的备选行动方案中，哪个方案可以达到其偏好尺度上的最高点。传统劳动经济学理论主要建立在这种劳动力同质性和完全理性假设基础上。但事实上，这种假设在现实中面临着严峻的挑战。

包括 Simon 在内的许多学者都指出，"经济人"假设的上述几个基本特征是不符合现实情况的 [253]：

（1）决策者的目标不是单一的、明确的和绝对的。首先决策者的目标往往是多元的，以企业经济决策为例，企业的目标并不是仅仅追求利润最大化。其次，决策目标大多在客观上是模糊的，并非完全明确的。从决策目标的性质来看，实际决策中很难找到作为绝对最优解的目标，因而现实中极少存在绝对最优解。

（2）决策者并不是绝对的理性人，他掌握的信息和处理信息的能力都是有限的。第一，决策者不能找到全部备选方案。现代认知心理学对产生各种被选方案过程的研究，很快就显示了在大多数情况下，要想找到全部备选方案是不合理的（需大量时间，要付出高昂的代价）。实践表明，人们只能找到满意的解决方案。第二，决策者并不能完全了解备选方案的所有后果。人们所做的，无非是基于以已知的经验关系和有关的现实状况预测未来，但是一个人从来都只能是零碎地了解对自己的行动条件，所以这种预料结果，他也是所知甚微的。另外，社会系统的不确定性也会影响预测的准确性。第三，决策者并没有一套明确的、一贯的偏好体系。而且心理实验已证实，在人的生活中，固然偏好会决定行为的取向与选择，但偏好并不都是先验的，它本身的变化与明确程度又是行动的结果。

（3）决策制定总是要受到时间、空间、精力或其他成本的制约。古典决策理论从抽象的"经济人"假设出发而推导出的一套规范性决策理论是无法准确解释现实生活中决策者的实际行为的，因为它不符合实际决策行为所追求的目标与主客观约束条件。

　　Simon 等基于上述分析，修正"超理性经济人"提出了有限理性说，有限理性说认为生物本身是受到心理限度的制约的（尤以计算、预见能力的限度为甚），因此真实的人对理性的追求，至多只能是对策论之类模型那种完美理性的、极其粗略的、简化的近似而已。

　　按照 Simon 的理解，有限理性的人的知识、信息、经验和能力都是有限的，他不可能也不企望达到绝对的最优解，而只以找到满意解为目的 [254]。莱茵哈特等（2011）将有限理性的经济主体做出选择的方式解释如下：有限理性的人不是基于精确的计算，而往往最开始是基于一些模糊的偏好，做很肤浅的分析。一般人都知道什么东西是他非常不想要的，他也会知道什么东西非常好，但是他真正想要什么，最开始是不太清楚的。有限理性的经济主体做选择的方式通常主要有两种：一种是先构造他的目标，然后做出他的选择（参见图 4-1 的左边）；另一种是直接做出他的选择（参见图 4-1 的右边）[255]。

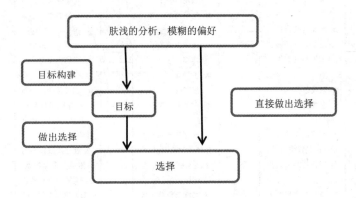

图 4-1　有限理性的决策过程图

4.1.2 双边异质性条件下教育－工作匹配三阶段动态决策过程模型：一个基于新家庭经济学的理论框架

双边异质性条件下教育－工作匹配三阶段动态决策过程模型，如图4-2所示。

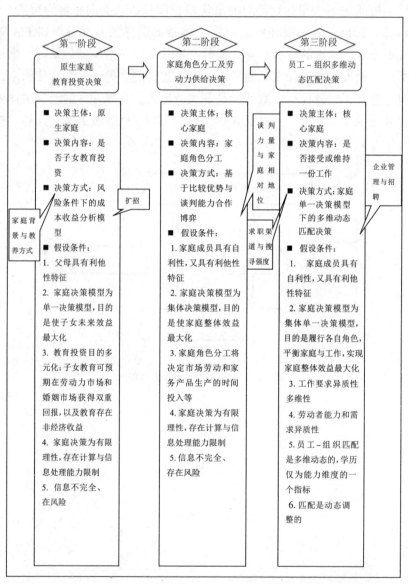

图 4-2 双边异质性条件下教育－工作匹配三阶段动态决策过程模型

1. 第一阶段——原生家庭的子女高等教育投资决策模型

在不确定性的风险存在的条件下，家庭教育投资行为受到国家的经济、教育政策、社会环境、家庭收入和社会文化资本等因素的影响，这些影响既有经济方面的，也有非经济方面的，在多种因素的综合作用下，微观上家庭的教育投资行为会出现明显的分化，表现为投资数量的区别和投资形式的多样化。众多家庭分散决策的结果，可能会导致农村与城市以及不同地区之间的家庭教育投资行为的差距拉大、劳动力市场供需不匹配，以及教育过度问题的产生。因此，家庭的子女高等教育投资决策是在信息不完全、风险存在条件下进行的利他性投资行为。其投资决策过程可描述如下：

（1）假设条件：

①高等教育投资的决策主体是原生家庭。父母具有利他的偏好，投资的目的是子女未来收益的最大化。

②高等教育的成本既包括直接成本也包括机会成本等间接成本。基于 Schultz（1960）关于"教育投入的资源包括两个部分：一是学生读书期间所放弃的收入，二是提供教育所需要耗费的资源"[238]的理解，并考虑家庭进行高等教育投资时的融资行为，假设高等教育的成本包括三个部分：一是高等教育学习期间需要支付的学费、住宿费、学习用品费、考试费等相关的直接费用；二是学习期间所放弃的工资收入等机会成本；三是资本市场上筹措直接费用等所需要支付的利息等资金成本。

③高等教育投资的回报是多元化的。投资高等教育不仅可获得来自劳动力市场上的雇佣机会改善和工资收入提高的经济性回报，还可通过婚姻市场获得经济性回报以及其他多种非经济性回报，如婚姻市场上相对优势的获得、健康状况的改善等。

④投资环境复杂，存在信息不完全等问题，面临多种风险。

⑤决策主体存在有限理性，存在计算能力和信息处理能力的限制。

（2）高等教育投资的收益 - 成本分析模型。

在上述基本假设下：家庭高等教育投资的收益 - 成本分析模型如下。

①高等教育投资的预期收益。第 i 个家庭预计子女在未来劳动力市场第 t 年现金流回报为 w_{it}，其他的回报为 w'_{it}[①]，回报期为 N 年，折现率为 r，风险等因素的影响为 p，在此条件下，高等教育预期收益的现值为

---

① 为方便分析，我们将其他非劳动力市场得到的回报以 w'_{it} 代替，其实教育的很多非经济价值，无法折算成同等的货币价值。

$$PV_i = \sum_{t=1}^{N} \frac{w_{it} + w_{it}^{'}}{(1+r)^t}(1-p) \qquad (4-9)$$

②高等教育投资的成本。第 i 个家庭第 t 年需要投入的直接成本为 C_{it}，所需要放弃的工资收入等机会成本导致的间接成本 $C_{it}^{'}$，投资年限为 T 年，折现率为 r，在此条件下，高等教育投资成本的现值为

$$PVC_i = \sum_{t=1}^{T} \frac{C_{it} + C_{it}^{'}}{(1+r)^t} \qquad (4-10)$$

③高等教育投资的成本 – 收益对比。

决策主体将上述成本和收益的现值在决策时点下进行对比，得到高等教育投资的净现值。

$$NPV_i = \sum_{t=T}^{N+T} \frac{w_{it} + w_{it}^{'}}{(1+r)^t}(1-p) - \sum_{t=1}^{T} \frac{C_{it} + C_{it}^{'}}{(1+r)^t} \qquad (4-11)$$

决策主体根据 NPV_i 的值决定是否进行教育投资决策，或决定投资的时间 T。

显然，原生家庭若基于上述成本收益分析模型进行子女的高等教育投资决策，在同样的风险条件下，收益仅包括劳动力市场回报 w_{it}，计算得到的 NPV_i 显然会小于包括了其他收益计算得到 NPV_i，这意味着家庭的投资动机更加强烈，更容易进行高等教育投资，若家庭以相对明确的 NPV_i 确定教育投资的年限，则进行教育投资的时间 T 会更长，这是非劳动力市场回报 $w_{it}^{'}$ 存在的结果。结合前面模型现实和理论基础部分介绍的教育不可分割性，我们认为市场上观察到的结果是包含了两种回报后劳动者受教育的结果。此时，若单纯以劳动力市场回报的效应评价当初投资的过度与否，很容易得出"教育过度"的结论。

实际上，家庭在特定时点上对子女未来劳动力市场和婚姻市场上的回报，以及教育的非经济价值进行评估，但由于信息不对称，及决策主体的有限理性，对收益和成本的计算都会存在相对的模糊性，特别是对未来收益计算的不确定性会更大。在家庭投资决策过程中，扩招和教育贷款等政策会对家庭的子女的教育投资决策产生影响，但影响效应会比较复杂，一方面，扩招会降低投资的成本，使上大学更容易；但另一方面，随着时间推移，将会有更多的劳动者进入高度教育的劳动力市场，必然引起劳动力市场工资率的下降，预计其在劳动力市场回报率较低，这会降低家庭教育投资的积极性。例如，蔡昉（2013）指出，扩招的初衷是延缓青少年进入劳动力市场的时间，以缓解当时

的就业压力；出乎意料的结果，则是中国高等教育由此进入大众化阶段，另外一个附带效应是拉动了高中入学率的提高，两者共同增加了新成长劳动力的受教育年限 [40]。

此外，不同的家庭在进行子女教育投资决策时，会存在明显的分化。原生家庭的背景差异会产生相应的影响。按照上述投资决策模型，家庭教育投资决策需要在风险存在的不确定条件下，在某个时点做出选择。原生家庭的父母受教育程度不同、所处社会地位不同，都会直接影响其对收益和成本进行评估的能力。Leigh（1998）、Grogger（1997）、Angrist 和 Lavy（1996）、Kaestner 和 Corman（1995）及 Wolfe 和 Behrman（1982）则发现父母的受教育程度会直接影响孩子健康水平、认知发展以及社会行为 [245]，从而会使家庭投资行为出现分化。家庭背景较弱，风险估计能力不足的家庭更容易盲目投资，从而使教育过度可能性提高。另外一种可能性是对某些家庭，子女教育投资承载着家庭提升经济社会地位的使命，在其他投资机会被挤压的情况下，为改变子女以及未来家庭命运，有部分家庭还依然会投资教育。但因为信息的不对称性和人的有限理性，有时会陷入明知投资风险很高，又不得投资的尴尬。

同时，家庭背景的差异，如家庭经济社会地位的差异使得原生家庭和子女在教育投资的可选择范围上存在明显差异，家庭经济社会地位较高的家庭，除了学校的教育投资外，还会在孩子综合素质的培养上花费巨资。因此，家庭背景优越的学生，在软技能上可能会明显优于农村或家庭条件比较差的学生，基于人力资本的可替代性，农村或家庭经济社会地位较低家庭的学生，更容易发生教育过度，女性在婚姻市场的预期高回报也会降低其全力参与劳动力市场技能的积极性，从而着眼于在未来婚姻市场上高回报的技能。另外，学校的等级、培养模式、学生在校期间的实习和社团经历也会影响学生的综合素质与能力，家庭也有条件给学生安排更多的实习机会。但知道自己能力有所欠缺的同学会主动提升自我的能力和素质，所以家庭背景对实习及社团参与的影响机制比较复杂。

2. 第二阶段，家庭角色分工联合决策模型

（1）假设条件：

①家庭成员既具有自利性，又具有利他性特征。

②家庭决策模型为集体决策模型，目的是家庭整体效益最大化。

③家庭角色分工将决定市场劳动和家务产品生产的时间投入等。

④家庭决策为有限理性，存在计算与信息处理能力限制。

⑤信息不完全、风险存在。

（2）家庭角色分工决策模型。Becker（1976年）指出，婚姻是男女双方为了最大化自己的利益而订立的长期契约，男女结合的目的在于从婚姻中得到最大化的收益。[256] 在新家庭经济学的开篇之作中，Becker（1965）也强调家庭综合运用资本品和时间进行家庭产品生产的目的是来实现家庭效用的最大化[233]。但需要注意的是，这里的"效用最大化"，按照边沁和穆勒的"原始解释"来理解会更加准确，按照边沁和穆勒的解释，效用就是"快乐""幸福"。行为劳动经济学在修正新古典经济偏好假设的基础上，也拓展了效用的范围，推动了效用本源回归[257]。因此，我们接受行为劳动经济学关于效用的解释，认为效用也是多方面的，既包括劳动报酬带给劳动者的满足，也包括工作本身带给劳动者的满足，如职业的社会声望、个人价值实现以及成就感等。前者主要指劳动的经济效用，后者则是劳动的非经济效用（也可以说是社会效用）。在新的假设条件下，劳动的效用函数表述方式为

$$U_L = U_E + U_{N-E} \tag{4-12}$$

式中，U_L 为劳动效用，U_E 为劳动的经济效用，U_{N-E} 为劳动的非经济效用。

在这种效用假设下，劳动供给行为分析，不仅要关注经济因素，更要注重心理因素和社会因素的影响。正如考夫曼（Kaufman）所言，已有事实证明，心理因素在劳动力市场决策方面发挥着非常关键的作用。基于行为劳动经济学对偏好与效用的研究假设，异质性个体劳动者在选择工作或职业时，工资率不再是供给决策的唯一标准。除了经济收益，劳动者还会考虑劳动的负效用以及其他一些非经济因素，如工作价值、工作成就感、职业发展和职业声望等，这与个人主观认知、传统文化等因素有很大关系。在某些群体中，非经济因素在更大程度上决定着他们的劳动供给行为。对非经济因素的重视成为个体劳动供给行为的一大新变化，并且直接影响着劳动力市场的供求关系。[258]

基于上述劳动者的劳动力供给行为逻辑，在一个家庭中，家庭成员会按照 Chiappori（1988）的集体决策模式决定家庭内部分工，然后再确定个人的劳动力供给行为。这里略有区别的是，家庭内部博弈不是决定对非工资收入的分享，而是决定家庭的内部分工模式。这时候，婚前的人力资本投资和个人先天的能力及劳动力市场上的工资水平、婚姻市场上的相对优势都是决定博弈力量的主要因素。家庭成员之间以合作博弈的方式，确定家庭内部分工，以实现家庭总体效用的最大化。实际上，家庭和工作是人们生活中的两个重要领域，当今社会的高速发展使这两个领域的平衡愈显重要。如何有效平衡家庭和工作，从而实现效用最大化是每个劳动者和每个家庭都必须面对的重要命题。从前边介绍马斯洛需求层次理论看，人的需求是多维、动态的，实现总体效用最

大化，需要多方面的因素，需要平衡生活的各个方面。另外，从效用的概念上看，效用是一个主观色彩比较强烈的概念。因此，家庭效用最大化和个人效用最低限度受损应该是家庭联合决策的基本准则。

根据博弈结果确定的家庭分工模式，决定谁主要负责外部劳动力市场活动，以获得经济收入，谁主要负责家庭劳动和家庭产品的时间投入。但值得注意的是：一方面，工作可以带来直接的效用，所以完全退出劳动力市场，损失会更大；且家庭内部的谈判博弈是动态的，主要负责家务产品生产的人，为保障未来的谈判地位，会拒绝完全退出劳动力市场。最终的结果是，他们为更好地平衡家庭和工作，会寻找那些看起来低于其学历要求的，不需要经常加班，不需要再努力学习就可以完成的工作，因此会形成所谓的教育过度现象。实际上这种教育过度，不过是家庭联合决策家庭分工和时间配置的结果。

3. 第三阶段，双边异质性条件下的多维动态匹配决策模型

（1）假设条件：

①家庭成员既具有自利性，又具有利他性特征。

②家庭决策模型为集体单一决策模型，目的是履行各自角色，平衡家庭与工作，实现家庭整体效益最大化。

③工作要求异质性多维性。

④劳动者能力和需求异质性。

⑤员工 - 组织匹配是多维动态的，学历仅为能力维度的一个指标。

⑥匹配是动态调整的。

（2）双边异质性条件下的多维动态匹配决策模型。新古典劳动经济学通常将劳动者偏好假定为只关心经济收益（即工资率高低），而不考虑其他非经济因素。劳动供给决策只需在劳动与闲暇之间进行，两者的价格均为市场工资率。因此，工作搜寻过程中，只要工资水平高于劳动者的保留工资，劳动者就会接受工作机会，实现就业。但前边介绍行为劳动经济学关于个体劳动力供给行为逻辑时已经说明，在拓展了新古典经济学的效用假设后，异质性个体劳动者在选择工作或职业时，工资率不再是供给决策的唯一标准。除了经济收益，劳动者还会考虑劳动的负效用以及其他一些非经济因素，如工作价值、工作成就感、职业发展和职业声望等因素。这也与我们看到的现实相符。同时，有研究表明，为适应快速变化环境的需要，企业也开始密切关注招聘那些能够在组织中灵活转移的雇员 [259]。另外，近年来，组织行为学领域的一个重要动向就是拓展原来"人 - 岗匹配"的内涵，提出"人 - 组织匹配"理论。Muchinsky 和 Monahan（1987）指出人与组织的匹配包括两种类型的匹配：一是一致性

匹配，即员工拥有和组织中其他人相似的特征；二是互补性匹配，即个体特征能够弥补组织的不足。研究所提的这些特征，对组织而言，通常包括文化、气候、价值观念、目标和规范；对个人而言，一般包括价值观念、目标、个性和态度[260]；Cable 和 Judge（1994）则强调人 – 组织匹配的概念包括"需要 – 供给匹配"和"要求 – 能力匹配"两个维度。"需要 – 供给匹配"考量个人需求与组织供给之间的一致性程度，当组织提供的工资、待遇、工作环境等满足了个体的需要、愿望或偏好时，匹配就发生了；"要求 – 能力匹配"与原来强调的"人 – 岗匹配"有更多的相似之处，强调员工个体拥有能力、资质与组织的要求相一致[261]。Koristof（1996）综合了上述两种观点，提出了一个综合的人 – 组织匹配模型，强调匹配包括三个层次的匹配：价值观的匹配（一致性匹配和互补性匹配）、需求 – 供给匹配和工作要求与个人能力匹配[262]，成为目前人 – 组织匹配研究领域的公认概念，并在研究和企业人力资源管理实践中得到广泛应用[259]。

所以，劳动力市场上异质性的岗位与异质性劳动者实际实现匹配的过程是一个多维度的匹配过程，而非单纯的能力与工作要求的匹配，学历仅是能力维度的一个指标，因此单纯从学历匹配与否无法判断真实的匹配是否合适。当然，由于市场供给和需求对比形成的市场压力，以及工作搜寻方式、求职预算、企业管理规范性、劳动力市场分割、空间分割等因素存在，匹配主题在有限理性下，迫于形势，或主动选择，接受不匹配的工作（可能是作为职场跳板，临时过渡），从而形成真实的教育过度。

4.2　教育过度的成因：来自中国劳动力市场运行中的证据

4.2.1　数据来源、变量选择与计量模型

1. 数据来源

本研究主要使用两个数据库：第一个是"中国企业雇主 – 雇员匹配数据追踪调查"项目 2013 年所获取的数据。作者参加问卷设计，并承担其 2013 年广州地区调查。后边称"中国企业雇主 – 雇员匹配调查数据（2013）"。

"中国企业雇主 – 雇员匹配数据追踪调查"是中国人民大学设立的长期跟踪调查的基础性科研数据库建设项目，由中国人民大学劳动人事学院主持设计

和实施，是一项全国性的企业追踪调查工作。调查旨在同时搜集样本企业的雇主和雇员双向的有关企业人力资源管理、劳动关系、劳动保障等方面的访问信息数据，建立相关数据库，以便长期深入研究中国体制转变过程中企业劳动关系发展、人力资源管理变革，以及社会保障制度发展完善对企业的深层次影响等。2013 年中国企业雇主 – 雇员匹配数据追踪调查是本调查项目的第三次试点。调查在全国 12 个大中城市展开，共完成调查企业样本 444 家，员工样本4 532 人。样本企业的地域分布是先按中国经济版图的东、中、西和东北四个部分，每个区域各抽选一个省会城市和一个一般地级市，北京市作为直辖市代表，另外增加了一个南方省会城市，共计 12 个城市。444 家企业在城市间的分布如下：北京市 50 家企业，福州、济南、成都、长春、郑州 5 个省会市各40 家企业，齐齐哈尔、咸阳、苏州、襄阳 4 个地级市各 25 家企业和新增的太原 44 家企业，广州 50 家企业。各城市样本企业的抽选是以 2008 年全国经济普查数据建立的各城市企业名录为抽样框（去除用工 20 人以下的小微企业），采用按企业人数规模分层的二阶段抽样，第一阶段按企业人数规模排序后每市等距抽取 3 000 家企业，第二阶段是按各市调查样本规模（50、40 或 25 家企业）依随机数码排序将 3 000 家企业划分为若干随机样本组，然后从任意一组开始接触访问，在访问中遇有样本企业失联、丢失、延误和拒访的情况，则以下一组随机样本中的同类（依规模和行业标准）企业替换，依次类推至完成该市调查样本要求的企业数目。

员工样本的抽选则是在进入调查企业后，在控制一线员工、技术人员和管理人员（不包括高层管理人员）三类员工 6 ：2 ：2 的基本比例和老、中、青兼顾的前提下，由企业方指定员工接受访问。员工样本容量为平均每个企业访问 10 名员工，调查中根据企业人员规模进行增减调整，最多不超过 20 人，最少不低于 5 人。调查方式是，先由调查访问员电话预约样本企业，预约成功后再登门访问，由雇主、雇员分别现场填答问卷。

本次调查入访企业填答问卷的工作是于 2013 年 8 月至 12 月期间实施完成。共计完成了 444 家样本企业的问卷填答和样本企业内 4 532 名员工的问卷填答。经后期计算机录入和数据清理工作，444 份企业问卷和 4 532 份员工问卷全部有效，部分敏感性调查项目存在少数回答缺失情况（如在企业营业收入、利润和总资产等调查项目上），总数据缺失率未超过 1%。经数据整理和分析比对，本次调查的企业样本，在行业分布、企业规模构成、企业登记类型等几个维度上都获得了与 2008 年全国经济普查数据结构比较相近的结果，表明本次调查的企业样本在全国范围内具有一定的代表性。

　　基于获得的原始数据，本研究选取样本中具有大专以上学历的被访者作为研究对象，因此仅保留具有大专以上学历的被调查对象作为研究样本，并删除教育过度测量所需关键变量的缺失值的样本，经过数据清理，共获取有效样本 2 435 个（因为其他变量依然存在部分缺失值，所以具体到某一变量，样本数量可能稍有调整）。因为笔者参与了该项目问卷的设计和调查实施，所以在问卷设计阶段，已经设置了本研究需要的核心变量和相关的控制变量，如设置了询问"当您就职目前这个岗位时，公司对这个岗位的学历要求是？"和"您个人认为做好您现在这份工作需要的学历要求？"两个问题后，又询问了被访者"您对您现在工作的学历要求与您学历的匹配状态满意吗？"这几个问题的设置不仅可以让我们较好地定义经典文献中的教育过度、适度教育和教育不足，更是可以让我们有效地区分名义教育过度和真实教育过度，这样的问题设置，在国内微观数据调查中还比较少见。

　　另外，"中国企业雇主－雇员匹配调查数据（2013）"中包含了受访员工个人特征、家庭特征、工作搜寻方式、工作转换经历及详细的工作特征和企业特征，为我们在研究中选择合理的自变量、考察其对教育过度的影响效应，同时有效控制其他变量的影响提供了便利。所以，其是国内少数适合进行教育过度问题研究的具有一定代表性的全国性微观调查数据。

　　第二个数据库是笔者主持的在广州地区进行的针对2011—2016年毕业的高校毕业生的一次"广州市大学生首份工作就业质量调查"得到的数据。本次数据调查是由作者主持，并带领本科生研究小组完成。调查方式为依托问卷星平台上的电子问卷，以滚雪球抽样调查的方式进行。本次调查共收集问卷1 250 份。其中，男生 516 份，占 42.28%；女生 734 份，占 58.72%。问卷设计中，我们设置了"针对您毕业后的第一份工作，与做好您毕业后的第一份工作的学历要求相比较，您自身学历的情况是？"的问题，请被访者在"学历要求高于自身学历""恰好匹配"和"学历要求低于自身学历"三个选项中做出选择，以得到教育过度等相关教育－工作匹配的变量。同时问卷中详细询问了大学生的个人、家庭以及第一份工作的相关信息，包含了受访大学生性别、户口等个人特征，毕业时"父母教育程度、职业、家庭经济条件"以及"家庭教养方式"等家庭特征，大学学习期间的"学业成绩、社团参与、学生干部"等相关经历信息以及关于第一份工作的"岗位类型、企业规模以及行业"等详细特征信息，为相关问题研究提供了便利。

　　2. 变量选择

　　（1）因变量。根据研究问题的需要，结合数据的可得性，本书在教育过度成因影响因素的实证分析中，基于"中国企业雇主 – 雇员匹配调查数据（2013）"的研究，选择"教育过度""真实教育过度"和"名义教育过度"作为因变量；基于"广州市大学生首份工作就业质量调查数据"的研究，选择以"教育过度""适度匹配"和"教育不足"三个相关关联的变量作为因变量。两个数据库中都提供了相关变量生成的主要信息，详细内容可见后面数据来源信息中的相关介绍。

（2）自变量。基于前文"双边异质性条件下的教育 – 工作匹配三阶段动态决策过程模型"的理论分析，可以发现，在第一阶段的原生家庭教育投资决策中，扩招可能是一个重要的影响因素，同时"扩招是否会带来更高的教育过度发生率"是理论界和实践界关注的核心问题，且目前研究结论上存在争议。例如，陈洁（2017）通过使用 CHNS 调研数据测算 1989—2011 年中国的教育 – 职业匹配率及教育过度的收益率，发现中国的教育过度率在扩招后不升反降[151]；而许紫岳、胡淑静、黄一岚（2010）和刘金菊（2014）都认为高等教育扩招政策在提高了高等教育普及率的同时，也使教育过度的现象有了明显的提高 [41][155]。因此，我们先以"是否是 2003 年后毕业"生成扩招自变量，在控制其他可能性影响因素的情况下，分析扩招对教育过度、真实教育过度和名义教育过度的影响。同时，"双边异质性条件下的教育 – 工作匹配三阶段动态决策过程模型"指出，家庭背景及家庭教养方式会对大学生的教育投资方式和投资质量产生影响，进而影响未来大学生是否会处于教育过度状态下的概率。因此，我们基于"广州市大学生首份工作就业质量调查"数据，分析家庭经济社会地位和家庭教育方式对大学生首份工作遭遇教育过度的概率进行考察。

需要注意的是，"双边异质性条件下的教育 – 工作匹配三阶段动态决策过程模型"的一个核心观点是，劳动力市场上劳动者和企业进行实际匹配，是家庭联合决策的结果。联合决策的方式是基于家庭成员相对比较优势和相对地位，进行博弈谈判，从而决定家庭角色分工的结果体现。这与 Frank（1978）等人的观点有相通之处。因此，我们也基于"中国企业雇主 – 雇员匹配调查数据（2013）"验证家庭相对地位对教育过度概率的影响。在具体变量选择上，以"受教育程度比——自己的学历是否高于配偶"和"工资收入比——收入水平是否高于配偶一个标准差"两个变量作为家庭相对地位的变量。

在动态匹配模型的第三个阶段，劳动者与企业在劳动力市场上进行双边搜寻，因此企业的规范程度与管理水平和劳动者的求职渠道与搜寻强度都是影响最后匹配结果的重要变量。这也符合经典工作搜寻匹配理论的解释。因此，我们也将考察企业管理规范意识与管理水平对教育过度的影响，以及劳动者求职渠道和搜寻强度对教育过度的影响。在具体变量选择上，企业管理规范意识与管理水平以"是否有正式的岗位说明书""是否有明确的任职标准""是否组建工会""人力资源管理系统评分""招聘中是否使用技能测试""招聘中是否进行性格测试"等变量为代表；劳动者的求职渠道和搜寻强度以"是否家人朋友等熟人推荐""投寄简历份数""参加面试次数""求职花费时间"等变量为代表[①]。

（3）控制变量。控制变量是控制与因变量有关的，可能干扰分析自变量和因变量关系分析的其他因素。Ordine 和 Rose（2009）指出教育过度现象主要取决于教育质量和代表个人经济社会背景的变量[90]。关于教育过度的已有文献也已证明，个人特征、家庭特征以及工作特征等都可能会对教育过度的发生率产生影响。例如，Voon 和 Miller（2005）基于 1996 年的 HSF 数据研究发现，约 15.8％的男性和 13.6％的女性处于教育过度状态，大约 18.5％的女性和 13.7％的男性处于教育不足状态，性格之间存在明显差异[83]；Mora（2008）也强调教育过度主要受区域流动性、工作经验、性别、公司规模和教育程度的影响[79]；Diaz 和 Machado（2008）、Jauhiainen（2011）和 Lenton（2012）则重点强调区域因素是教育过度的重要因素，教育过度呈现明显的区域差异。[78][81][86] 另外，Buchel 和 Pollmann-Schult（2004）基于德国生活史研究调查数据（GLHS）研究发现毕业证书类型对未来教育过度的风险有非常显著的影响。同时验证性指出，教育过度风险随人力资本如工作经验、任职时间和在职培训的增加而降低[89]；Verhaest 和 Omey（2010）发现最后一年的学习成绩是教育过度的重要解释因素。[92] 此外，还需要注意的是，Carroll 和 Tani（2013）发现教育过度发生率在不同的专业之间也存在明显差异[84]；Joubert 和 Maurel（2013）又基于全国青年纵向调查（NLSY79）数据，发现工作搜寻效率、不可观测的能力、工作岗位的非货币福利和职业流动预期显著教育过度[97]；Alba-Ramirez（1993）基于美国的数据验证了工作匹配状况随年龄和职业流动得到改善[45]；Green 等（2007）发现，与本土居民相比，外来移民更容易遭受教育过度现象的困扰，即使是通过移民签证移民者也是如此[100]。

因此，为分离我们关心的特定变量对教育过度的营销，本研究中，针对基于"中国企业雇主－雇员匹配数据（2013）"的分析，选择性别、户口、是否本地出生、是否党员、学历、专业、毕业院校类型、婚姻、孩子、工作经

---

① 问卷中也询问了劳动者求职成本，但存在较多的缺失值，且存在大量 0 值，因此本研究弃而不用。

验、工作经验平方、在职培训、工作转换经历、职业类型、企业规模、行业、企业所在地区等作为变量；而针对基于"广州市大学生首份工作就业质量调查数据"的研究，选择性别、户口、是否本地出生、是否党员、学历、专业、毕业院校类型、学业成绩、社团、学生干部、职业生涯规划、是否持有专业资格证书、职业类型、企业规模、行业、企业所有制形式等作为变量。如表 4-1a、表 4-1b 所示。

表4-1a　变量定义与描述性统计（匹配数据）

变量名	变量定义	观测值	均　值	标准差	最小值	最大值
教育过度	劳动者实际受教育年限以劳动者个人评估做好工作的学历要求为基准：是 =1，否 =0	2 435	0.438 2	0.496 3	0	1
真实教育过度	教育过度且对匹配状况不满意：是 =1，否 =0	2 435	0.058 73	0.235 2	0	1
名义教育过度	教育过度但对匹配状况满意，是 =1，否 =0	2 435	0.378 6	0.485 1	0	1
扩招	2003 年后毕业 =1，其他 =0	2 429	0.789 2	0.408 0	0	1
夫妻教育比	受教育程度高于配偶 =1，其他 =0	2 435	0.453 8	0.498 0	0	1
夫妻收入比	收入高于配偶一个标准差 =1，其他 =0	2 435	0.070 64	0.256 3	0	1
有正式岗位说明书	是 =1，否 =0	2 435	0.808 6	0.393 5	0	1
有明确任职标准	是 =1，否 =0	2 435	0.864 1	0.342 8	0	1
工会	有 =1，无 =0	2 435	0.575 4	0.494 4	0	1

续表

变量名	变量定义	观测值	均 值	标准差	最小值	最大值
培训与开发系统评分	连续变量	2 404	5.100e−10	1	−5.252 1	3.440 2
职位管理系统评分	连续变量	2 404	5.320e−10	1	−4.404 8	3.816 5
招聘甄选系统评分	连续变量	2 404	1.200e−10	1	−3.810 3	3.484 8
领导沟通系统评分	连续变量	2 404	−1.490e−10	1	−4.001 5	3.961 9
职业发展系统评分	连续变量	2 404	4.680e−10	1	−2.989 3	2.721 6
技能测试	有 =1，无 =0	2 428	0.322 1	0.467 4	0	1
性格测试	有 =1，无 =0	2 428	0.113 7	0.317 5	0	1
求职渠道	熟人推荐 =1，其他 =0	2 426	0.412 2	0.492 3	0	1
简历投寄数	连续变量	2 321	6.362 8	20.513	0	600
面试次数	连续变量	2 356	2.531 0	3.766 6	0	88
搜寻时间	连续变量	2 303	9.790 3	16.660	0	200
研究生	是 =1，否 =0	2 435	0.039 84	0.195 6	0	1
本科	是 =1，否 =0	2 435	0.423 8	0.494 3	0	1
性别	男 =1，女 =0	2 428	0.400 7	0.490 1	0	1
户口	城镇 =1，农村 =0	2 429	0.731 2	0.443 4	0	1
本地出生	是 =1，否 =0	2 435	0.456 3	0.498 2	0	1
专业	理工科 =1，社科类 =0	2 426	0.242 4	0.428 6	0	1

续表

变量名	变量定义	观测值	均　值	标准差	最小值	最大值
毕业院校等级	大专 =1，成人教育本科 =2，民办本科 / 独立学院 =3，一般公立本科 =4，985/211 高校 =5	2 433	2.242 5	1.500 4	1	5
党员	是 =1，否 =0	2 435	0.194 7	0.396 0	0	1
婚姻	已婚 =1，未婚 =0	2 434	0.548 1	0.497 8	0	1
孩子	有 =1，无 =0	2 435	0.391 8	0.488 2	0	1
工作经验	连续变量	2 011	7.671 8	7.450 9	0.500 0	47
工作经验平方 /100	连续变量	2 011	1.143 5	2.168 8	0.002 5	22.090
在职培训	有 =1，无 =0	2 435	0.660 0	0.473 8	0	1
工作转换经历	有 =1，无 =0	2 431	0.526 9	0.499 4	0	1
职业类型	管理人员 =1，专业技术人员 =2，行政办事人员 =3，技术工人 =4，普通工人 =5	2 434	3.216 1	1.600 2	1	5
中型企业	是 =1，否 =0	2 435	0.282 1	0.450 1	0	1
大型企业	是 =1，否 =0	2 435	0.098 56	0.298 1	0	1
产业	第一产业 =1，第二产业 =2，第三产业 =3	2 435	2.608 6	0.525 4	1	3
企业所在区域	东部 =1，中部 =2，西部 =3	2 435	1.581 5	0.670 0	1	3

表4-1b 变量定义与描述性统计（广州大学生数据）

变量名	变量定义	观测值	均　值	标准差	最小值	最大值
教育－工作匹配	以做好工作的学历要求为基准，与实际受教育水平相比，高于基准为教育过度 =3，低于基准为教育不足 =1，恰好相等为适度匹配 =2	1 250	2.102	0.565	1	3
中等经济社会地位	是 =1，否 =0	1 250	0.325	0.468	0	1
中高经济社会地位	是 =1，否 =0	1 250	0.277	0.448	0	1
高经济社会地位	是 =1，否 =0	1 250	0.031 2	0.174	0	1
专断型	是 =1，否 =0	1 250	0.235	0.424	0	1
放纵型	是 =1，否 =0	1 250	0.307	0.462	0	1
忽视型	是 =1，否 =0	1 250	0.091 2	0.288	0	1
城镇	是 =1，否 =0	1 250	0.402	0.490	0	1
地级市	是 =1，否 =0	1 250	0.106	0.307	0	1
发达大城市	是 =1，否 =0	1 250	0.053 6	0.225	0	1
性别	男 =1，女 =0	1 250	0.413	0.493	0	1
研究生	是 =1，否 =0	1 250	0.072 0	0.259	0	1
本科	是 =1，否 =0	1 250	0.645	0.479	0	1
户口	城镇 =1，农村 =0	1 250	0.546	0.498	0	1
专业	理工科 =1，社科类 =0	1 250	0.258	0.438	0	1
院校类型	大专 =1，成人教育本科 =2，独立学院 =3，民办本科 =4，一般公立本科 =5，211 高 校 =6，985 高校 =7	1 250	4.494	1.843	1	7

续表

变量名	变量定义	观测值	均　值	标准差	最小值	最大值
学习成绩	优秀 =1，良好 =2，中等 =3，其他 =4	1 250	2.189	0.735	1	4
社团	有 =1，无 =0	1 250	0.895	0.306	0	1
学生干部	是 =1，否 =0	1 250	0.668	0.471	0	1
职业生涯规划	是 =1，否 =0	1 250	0.103	0.304	0	1
专业资格证书	是 =1，否 =0	1 250	0.807	0.395	0	1
职业类型	生产 / 技术人员 =1，销售 / 市场 / 客服人员 =2，行政 / 人力 / 财务 / 文职 =3，管理 / 顾问 / 专业 / 教师 =4，其他 =5	1 250	2.614	1.019	1	5
企业规模	小微企业 =1，中型企业 =2，大型企业 =3	1 250	1.844	0.818	1	3
行业	IT 通信服务业 =1，生活服务业 =2，制造业及设备装备业 =3，生产服务业 =4，银行业 =5	1 250	2.894	1.294	1	5
所有制形式	机关事业单位 =1，国有企业 =2，外资企业 =3，民营企业及其他 =4	1 250	2.813	1.422	1	4

3. 计量模型

"中国企业雇主 – 雇员匹配调查数据（2013）"中"教育过度""真实教育过度"和"名义教育过度"均为二分变量①，而"广州市大学生首份工作就业

---

① 在中国企业雇主 – 雇员匹配调查数据（2013）中，教育过度以劳动者自我评估做好工作的学历要求为基准，将工作要求学历与劳动者实际学历水平对比得到，理论上是与适度匹配和教育不足相伴随的结果变量。但第 3 章的实证考察发现，教育不足的发生率很低。因此，为突出对教育过度，特别是"真实教育过度"和"名义教育过度"的讨论，将这些变量视为二分变量。

质量调查数据"中"教育过度""适度匹配"和"教育不足"三个相关关联的变量作为因变量是多分类变量。因此，在实证研究中使用两种不同的模型。

首先，针对扩招、家庭相对地位与角色分工、企业规范意识与管理能力、求职者搜寻渠道与搜寻强度的实证考察中，我们选用 Logit 模型来分析这些因素对"教育过度""真实教育过度"和"名义教育过度"的影响。具体计量方程设置如下：

$$Logit[pr(y_i = 1 \mid X, Z)] = \alpha_0 + X_i \gamma + Z_i \beta + \varepsilon_i \qquad (4\text{--}13)$$

$$OR = \frac{pr(y_i = 1 \mid X, Z) / [1 - pr(y_i = 1 \mid X, Z)]}{pr(y_i = 0 \mid X, Z) / [1 - pr(y_i = 0 \mid X, Z)]} \qquad (4\text{--}14)$$

其中，y_i 是因变量，这里代表"教育过度""真实教育过度"和"名义教育过度"。当没有处于教育过度状态时取 $y_i = 0$，处于教育过度状态时取 $y_i = 1$；X 代表准备考察的自变量向量，Z 代表其他控制变量，γ 和 β 代表相应的系数向量；ε_i 代表残差项目，在 Logit 模型中服从 Logitstic 分布。OR 为机会风险比（odd ratio）。

其次，针对家庭经济社会地位和教养方式的考察中，我们选用 mlogit 模型。具体的计量方程设置如下：

我们假定 $j = 1, 2, 3$，其中 1 代表教育不足，2 代表适度匹配，3 代表教育过度。大学毕业生出现三种教育–工作匹配结果的概率可以表示为

$$prob(Y_i = j \mid X, Z) = \frac{e^{\alpha_0 + X_i \gamma_j + Z_i \beta_j}}{\sum_{k=1}^{3} e^{\alpha_0 + X_i \gamma_j + Z_i \beta_j}} \quad j = 1, 2, 3 \qquad (4\text{--}15)$$

假定 $j = 2$ 为参照组，$\beta_2 = 0$，则基准组出现的概率为

$$prob(Y_i = 2 \mid X, Z) = \frac{1}{1 + \sum_{k=1}^{J} e^{\alpha_0 + X_i \gamma_j + Z_i \beta_j}} \qquad (4\text{--}16)$$

$$prob(Y_i = j \mid X, Z) = \frac{e^{\alpha_0 + X_i \gamma_j + Z_i \beta_j}}{1 + \sum_{k=1}^{J} e^{\alpha_0 + X_i \gamma_j + Z_i \beta_j}} \quad j = 1, 3 \qquad (4\text{--}17)$$

而对数比可以表示为

$$\ln\left[\frac{p_{ij}}{p_{ik}}\right] = X_i(\beta_j - \beta_k) = \alpha_0 + X_i \gamma_j + Z_i \beta_j \quad if \ k = 2 \qquad (4\text{--}18)$$

其中，X_i 为解释变量向量，Z_i 为控制的变量向量，γ_j 和 β_j 分别代表向量系数。需要注意的是，多项 Logit 估计系数的经济含义不好解释，为了进一步分

析各个变量对教育 – 工作匹配的影响，我们计算了边际效应 $\partial prob(y_i = j) / \partial X_i$ 来解释变量对教育 – 工作匹配类型的影响。

4.2.2　实证结果分析

1. 高校扩招对教育过度的影响

表 4-2 中呈现了在控制了性别、户口等人口特征及工作特征后，扩招对教育过度的影响效应。2003 年后毕业的大学生，相对于 2003 年毕业的大学生遭遇教育过度的风险有所降低，虽然不显著；在区分真实教育过度和名义教育过度后，影响效应的方向没有发生改变，但依然统计不显著。这说明扩招对教育过度没有明显的影响效应①。在一定程度上，与陈洁（2017）通过使用 CHNS 调研数据测算 1989—2011 年中国的教育 – 职业匹配率及教育过度的收益率，发现中国的教育过度率在扩招后不升反降，控制个体异质性后，与扩招并没有带来能力强的真实教育过度者收益下降的结论一致 [151]。

表4-2　扩招对教育过度的影响效应（Logit模型）

	教育过度 m（1）		真实教育过度 m（2）		名义教育过度 m（3）	
	系数 (β)	风险比 （Odd ratio）	系数 (β)	风险比 （Odd ratio）	系数 (β)	风险比 （Odd ratio）
扩招	−0.153	0.858	−0.486	0.615	−0.035	0.966
	[0.166]	[0.142]	[0.353]	[0.217]	[0.164]	[0.158]
性别	0.070	1.073	0.348*	1.416*	−0.010	0.990
	[0.104]	[0.111]	[0.201]	[0.285]	[0.104]	[0.103]
户口	−0.018	0.982	−0.478**	0.620**	0.129	1.138
	[0.119]	[0.117]	[0.233]	[0.145]	[0.121]	[0.137]
本地出生	0.171*	1.187*	−0.050	0.951	0.192*	1.212*
	[0.101]	[0.120]	[0.205]	[0.195]	[0.102]	[0.123]

---

① 单引入扩招为自变量，在不添加其他控制变量的模型中，无论因变量是教育过度、名义教育过度或者真实教育过度，扩招变量均不显著。

续表

	教育过度 m（1）		真实教育过度 m（2）		名义教育过度 m（3）	
	系数（β）	风险比（Odd ratio）	系数（β）	风险比（Odd ratio）	系数（β）	风险比（Odd ratio）
党员	−0.105	0.900	−0.220	0.802	−0.052	0.949
	[0.130]	[0.117]	[0.290]	[0.233]	[0.129]	[0.122]
专业	0.097	1.101	0.107	1.113	0.070	1.072
	[0.117]	[0.129]	[0.219]	[0.244]	[0.119]	[0.128]
毕业院校类型：以大专为参照						
成人教育本科	1.562***	4.770***	0.907***	2.477***	1.339***	3.815***
	[0.181]	[0.863]	[0.345]	[0.856]	[0.175]	[0.666]
民办本科/独立学院	1.300***	3.670***	1.145***	3.143***	0.997***	2.711***
	[0.235]	[0.862]	[0.391]	[1.230]	[0.234]	[0.634]
一般公立本科	1.350***	3.856***	0.887***	2.428***	1.140***	3.128***
	[0.127]	[0.489]	[0.239]	[0.580]	[0.126]	[0.394]
985/211高校	1.312***	3.713***	0.564	1.758	1.193***	3.299***
	[0.193]	[0.716]	[0.385]	[0.676]	[0.186]	[0.615]
婚姻	−0.077	0.926	−0.291	0.748	−0.009	0.991
	[0.151]	[0.140]	[0.318]	[0.238]	[0.153]	[0.151]
孩子	0.254	1.290	0.309	1.362	0.184	1.202
	[0.157]	[0.203]	[0.346]	[0.472]	[0.157]	[0.189]
工作经验	−0.009	0.991	−0.064	0.938	0.006	1.006
	[0.025]	[0.025]	[0.050]	[0.047]	[0.025]	[0.025]
工作经验平方/100	0.025	1.025	0.081	1.084	0.001	1.001
	[0.068]	[0.070]	[0.146]	[0.159]	[0.069]	[0.069]

续表

	教育过度 m（1）		真实教育过度 m（2）		名义教育过度 m（3）	
	系数 （β）	风险比 （Odd ratio）	系数 （β）	风险比 （Odd ratio）	系数 （β）	风险比 （Odd ratio）
在职培训	−0.110	0.896	−0.433**	0.648**	0.004	1.004
	[0.101]	[0.091]	[0.201]	[0.130]	[0.102]	[0.102]
工作转换	−0.067	0.935	0.220	1.246	−0.120	0.887
	[0.103]	[0.096]	[0.201]	[0.251]	[0.103]	[0.092]
职业：以管理人员为参照						
专业技术 人员	0.154	1.166	−0.836**	0.433**	0.290*	1.337*
	[0.160]	[0.186]	[0.418]	[0.181]	[0.159]	[0.213]
行政办事 人员	0.039	1.040	−0.348	0.706	0.108	1.115
	[0.170]	[0.177]	[0.415]	[0.293]	[0.171]	[0.191]
技术工人	0.851***	2.343***	0.553	1.739	0.698***	2.009***
	[0.253]	[0.593]	[0.451]	[0.785]	[0.258]	[0.519]
普通员工	0.649***	1.914***	0.637**	1.890**	0.475***	1.608***
	[0.142]	[0.271]	[0.295]	[0.558]	[0.143]	[0.230]
企业规模：以小型企业为参照						
中型企业	−0.288***	0.750***	−0.270	0.763	−0.231**	0.794**
	[0.109]	[0.082]	[0.218]	[0.166]	[0.109]	[0.087]
大型企业	−0.610***	0.543***	−0.257	0.773	−0.567***	0.567***
	[0.159]	[0.086]	[0.327]	[0.253]	[0.158]	[0.090]
行业：以农业/采矿业为参照						
第二产业	−0.352	0.703	−0.726	0.484	−0.135	0.874
	[0.401]	[0.282]	[0.612]	[0.296]	[0.401]	[0.350]

续表

	教育过度 m（1）		真实教育过度 m（2）		名义教育过度 m（3）	
	系数 （β）	风险比 （Odd ratio）	系数 （β）	风险比 （Odd ratio）	系数 （β）	风险比 （Odd ratio）
第三产业	−0.107	0.899	−0.325	0.723	0.019	1.019
	[0.395]	[0.355]	[0.581]	[0.420]	[0.394]	[0.401]
地区：以东部为参照						
中部	0.371***	1.449***	0.270	1.309	0.303***	1.355***
	[0.111]	[0.161]	[0.212]	[0.278]	[0.112]	[0.151]
西部	0.657***	1.929***	−0.018	0.982	0.655***	1.925***
	[0.153]	[0.295]	[0.328]	[0.322]	[0.153]	[0.294]
常数项	−0.919*	0.399*	−1.812**	0.163**	−1.532***	0.216***
	[0.473]	[0.189]	[0.801]	[0.131]	[0.478]	[0.103]
观测值（N）	2 005	2 005	2 005	2 005	2 005	2 005
准 R^2（r2_p）	0.090 8	0.090 8	0.083 4	0.083 4	0.070 0	0.070 0
似然比对数（ll）	−1 254	−1 254	−423.9	−423.9	−1 246	−1 246
卡方值（chi2）	220.3	220.3	94.79	94.79	172.7	172.7

注：括号中为稳健标准误（Robust standard errors in brackets），*** p<0.01，** p<0.05，* p<0.1

2. 家庭背景与教养方式对教育过度的影响

表 4-3a 和表 4-3b 中呈现的是家庭背景及教养方式对教育过度的影响结果及其边际效应。从表 4-3a 和 4-3b 中可以看出，从家庭经济社会地位看，相对于中低家庭经济社会地位而言，中等经济社会地位大学生教育过度和教育不足的概率与适度匹配的概率都明显降低，分别为 5.7% 和 3.6%，且统计显著；

中高经济社会地位家庭的大学生教育过度的概率有所提升，但并不统计显著，而处于教育不足状态的概率明显降低，概率降低幅度为 6.8%；对高经济社会地位家庭的大学生来说，教育过度的概率明显提高，为 27.7%，且在 1% 水平上显著，而处于教育不足的概率降低，但统计不显著。按照一般的逻辑，家庭经济社会地位高的家庭，人力资本投资的数量和质量应该相对较高，且在软技能方面的投资会明显增加，从而减低遭遇教育过度的风险，但上述结论似乎并不直接支持这一推论。可能的解释是，中低经济社会地位的大学生一方面可能在沟通能力等软技能方面投资不足，从而增加了遭遇教育过度的风险；另一方面可能迫于家庭经济压力，甚至还要承担家庭其他成员的资助义务或偿还学习期间的助学贷款，所以需要尽快找到一份可以接受的工作。这会产生两种影响，一是他们工作搜寻的时间和成本上会面临极大约束，二是会降低他们的工作要求。在大学生就业问题日益突出的背景下尤其可能如此。Dolton 和 Silles（2008）基于对纽卡斯尔大学毕业生 5 个特定时间间隔邮寄问卷获得的调查数据，发现劳动力市场流动性、特定家庭责任与承诺和学生助学贷款水平均显著与教育过度正向相关。这在一定程度上证明了家庭经济社会地位处于中低水平的大学生可能面临的约束，从而提升了遭遇教育过度的风险。中等经济社会地位家庭的大学生，刚好破除了上述约束，所以教育过度风险显著降低。至于高经济社会地位家庭的大学生遭遇教育过度风险概率提高，可能与中国特定的制度和社会文化环境有关，处于高经济社会地位家庭的大学生，首次就业过程中，家庭的社会资本和社会网络会发挥关键作用，从而进入国有企业和机关事业单位的概率明显上升。这些单位的招聘门槛虽然很高，一般都要求本科学历，甚至研究生学历，但实际工作的要求相对不高，所以提升了遭遇教育过度的风险。

从教养方式看，只有忽视型教养方式的统计结果显著。在忽视型教养方式下成长的大学生，其处于教育不足状态的概率明显降低，降低幅度为 12.6%，且在 5% 水平上统计显著；处于教育过度概率明显上升，边际效应为 12.3%。可能的解释是，在此教养方式下成长的大学生，其沟通能力等软技能较差，所以提升了其教育过度的风险。

从家庭所在地区看，只有家庭处于发达大城市对教育不足的影响效应显著，且在 5% 水平上显著，进一步分析，发现其边际效应为 9.2%。

表4-3a　家庭背景与教养方式对教育过度的影响效应（MLogit模型）

	教育不足		教育过度	
	系数（β）	相对风险比（RRR）	系数（β）	相对风险比（RRR）
家庭经济社会地位				
中等社会经济地位	−0.653***	0.520***	−0.318*	0.728*
	[0.240]	[0.125]	[0.187]	[0.136]
中高经济社会地位	−0.676**	0.509**	0.101	1.106
	[0.295]	[0.150]	[0.213]	[0.235]
高经济社会地位	−0.551	0.576	1.685***	5.391***
	[0.695]	[0.400]	[0.421]	[2.270]
教养方式				
专断型	−0.054	0.947	0.167	1.182
	[0.240]	[0.227]	[0.197]	[0.233]
放纵型	−0.170	0.844	−0.006	0.994
	[0.234]	[0.197]	[0.188]	[0.187]
忽视型	−1.155**	0.315**	0.620**	1.860**
	[0.487]	[0.153]	[0.257]	[0.479]
家庭所在地区				
城镇	0.236	1.266	−0.197	0.821
	[0.226]	[0.286]	[0.185]	[0.152]
地级市	−0.100	0.904	−0.124	0.884
	[0.403]	[0.365]	[0.265]	[0.234]
发达大城市	0.892**	2.439**	−0.253	0.776
	[0.411]	[1.002]	[0.402]	[0.312]
男性	0.175	1.191	0.090	1.095
	[0.205]	[0.245]	[0.159]	[0.174]

续表

	教育不足		教育过度	
	系数 (β)	相对风险比 (RRR)	系数 (β)	相对风险比 (RRR)
学历：以大专为参照				
研究生及以上	−0.280	0.756	0.765**	2.148**
	[0.508]	[0.384]	[0.324]	[0.696]
本科	−0.067	0.935	0.116	1.123
	[0.294]	[0.275]	[0.234]	[0.263]
非农户口	−0.240	0.787	0.018	1.018
	[0.202]	[0.159]	[0.166]	[0.169]
理工科	0.260	1.297	−0.044	0.957
	[0.224]	[0.290]	[0.180]	[0.173]
院校类型：以大专为参照				
民办本科	0.301	1.351	−0.101	0.904
	[0.365]	[0.492]	[0.297]	[0.269]
一般公立本科	−0.168	0.845	0.155	1.168
	[0.360]	[0.305]	[0.275]	[0.321]
211 高校	−0.238	0.788	0.224	1.251
	[0.446]	[0.352]	[0.313]	[0.391]
985 高校	0.252	1.287	−0.312	0.732
	[0.422]	[0.542]	[0.339]	[0.248]
学业成绩：以优秀为参照				
良好	−0.055	0.946	0.073	1.076
	[0.283]	[0.268]	[0.224]	[0.241]
中等	−0.184	0.832	−0.337	0.714
	[0.319]	[0.266]	[0.264]	[0.189]

续表

	教育不足		教育过度	
	系数 (β)	相对风险比 (RRR)	系数 (β)	相对风险比 (RRR)
及格	−0.000	1.000	0.166	1.181
	[0.507]	[0.506]	[0.397]	[0.468]
社团	0.505	1.657	−0.334	0.716
	[0.397]	[0.658]	[0.233]	[0.167]
学生干部	0.166	1.180	−0.093	0.911
	[0.219]	[0.259]	[0.165]	[0.150]
职业生涯规划	0.103	1.108	−0.259	0.772
	[0.316]	[0.351]	[0.273]	[0.211]
专业资格证书	−0.082	0.921	−0.023	0.978
	[0.243]	[0.224]	[0.204]	[0.200]
职业：以生产/技术人员为参照				
销售/市场/客服人员	0.435	1.545	0.563**	1.756**
	[0.324]	[0.501]	[0.266]	[0.467]
行政/人力/财务/文职	0.339	1.404	0.354	1.425
	[0.337]	[0.473]	[0.268]	[0.382]
管理/顾问/专业/教师	0.225	1.253	0.355	1.426
	[0.397]	[0.497]	[0.304]	[0.433]
其他	0.615	1.850	0.912**	2.490**
	[0.582]	[1.076]	[0.438]	[1.090]
企业规模：以小微型为参照				
中型企业	−0.118	0.889	0.057	1.059
	[0.225]	[0.200]	[0.178]	[0.189]

	教育不足		教育过度	
	系数（β）	相对风险比（RRR）	系数（β）	相对风险比（RRR）
大型企业	−0.098	0.906	0.011	1.011
	[0.255]	[0.231]	[0.218]	[0.220]
行业：以IT通信服务业为参照				
生活服务业	−0.198	0.820	−0.273	0.761
	[0.309]	[0.253]	[0.225]	[0.171]
制造业及设备装备业	−0.525	0.591	0.290	1.336
	[0.390]	[0.231]	[0.271]	[0.362]
生产服务业	−0.627*	0.534*	−0.473*	0.623*
	[0.351]	[0.187]	[0.248]	[0.155]
银行业	−0.169	0.844	−0.582*	0.559*
	[0.397]	[0.335]	[0.332]	[0.186]
企业性质：以机关事业单位/国有企业为参照				
私营企业	0.043	1.044	0.229	1.257
	[0.406]	[0.424]	[0.333]	[0.419]
外资企业	0.024	1.024	0.370**	1.448**
	[0.218]	[0.223]	[0.173]	[0.251]
常数项	−1.745***	0.175***	−1.330***	0.265***
	[0.641]	[0.112]	[0.491]	[0.130]
观测值（N）	1 250	1 250	1 250	1 250
准 R^2（r2_p）	0.055 8	0.055 8	0.055 8	0.055 8
似然比对数（ll）	−998.7	−998.7	−998.7	−998.7
卡方值（chi2）	117.0	117.0	117.0	117.0

注：括号中为稳健标准误（Robust standard errors in brackets），*** $p<0.01$，** $p<0.05$，* $p<0.1$

表4-3b 家庭背景与教养方式的边际效应

	教育不足			适度匹配			教育过度		
	dy/dx	Std. Err.	P>z	dy/dx	Std. Err.	P>z	dy/dx	Std.Err.	P>z
家庭经济社会地位：以中低经济社会地位为参照									
中等经济社会地位	-0.057	0.023	0.014	0.092	0.033	0.006	-0.036	0.029	0.213
中高经济社会地位	-0.068	0.028	0.017	0.037	0.039	0.342	0.031	0.033	0.350
高经济社会地位	-0.090	0.065	0.165	-0.187	0.087	0.032	0.277	0.062	0.000
教养方式：以权威型为参照									
专断型	-0.009	0.023	0.696	-0.019	0.035	0.595	0.028	0.030	0.365
放纵型	-0.016	0.022	0.465	0.014	0.033	0.683	0.003	0.029	0.924
忽视型	-0.126	0.047	0.008	0.003	0.054	0.956	0.123	0.040	0.002
家庭所在地区：以农村为参照									
城镇	0.027	0.022	0.207	0.009	0.033	0.784	-0.036	0.029	0.207
地级市	-0.007	0.039	0.856	0.024	0.050	0.628	-0.017	0.041	0.677
发达大城市	0.092	0.040	0.020	-0.033	0.066	0.621	-0.059	0.062	0.340

3. 家庭相对地位与角色分工对教育过度的影响效应

表 4-4 呈现了家庭相对地位对教育过度的影响效应，从表 4-4 中可以看出，当劳动者的受教育程度高于配偶的受教育程度时，其处于教育过度的风险明显提高，为对照组的 1.634 倍；因为本研究的样本使用的是大专以上学历的劳动者，所以从婚姻匹配的角度说，其在婚姻市场上占据一定优势，特别是对女性而言，有机会选择更优秀的人作为结婚对象，当然这种所谓的优秀可能是外貌上的，也可能是经济条件或家庭背景上的，因此婚后的生活压力相对较小，从而可以在劳动力市场上选择相对稳定，而不需要经常加班的工作，以更有利地平衡家庭和工作。所以，从表面上看女性似乎更容易遭受教育过度。但区分真实教育过度和表面教育过度后，发现教育程度比仅仅提升的是处于名义教育过度的概率，而对真实教育过度的影响统计不显著。但对男性而言，若只能选择学历程度低于自己的对象结婚，则表明其在婚姻市场上处于弱势地位，原因可能是以软技能为基础的综合能力较弱，所以在劳动力市场上遭遇教育过度的风险明显提升。这也与李锋亮、徐舜平、付新宇（2016）从个体的收入角度出发，实证分析婚姻中的教育匹配情况对个体收入的影响的研究发现"女性选择'向上婚配'和'同质婚配'，男性选择'向上婚配'都有显著的正向收入效应；而男性选择'向下婚配'则有显著的负向收入效应，女性'向下匹配'则面临很高机会成本"[263] 的结论相符合。表 4-5 分性别的分析也证实了这一点。

而家庭相对地位更直接的指标是收入比，从表 4-4 中可以看到，收入明显高于配偶一个标准差的劳动者，其遭遇教育过度的风险明显降低。表 4-5 中，通过分性别的分析发现，对男性而言，收入比的影响更加明显，会明显降低劳动者处于教育过度，特别是名义教育过度的概率。

以上分析表明，家庭相对地位会明显影响劳动者教育过度的概率。

表4-4　家庭相对地位与角色分工对教育过度的影响效应（Logit模型）

	教育过度 m（1）		真实教育过度 m（2）		名义教育过度 m（3）	
	系数（β）	风险比（Odd ratio）	系数（β）	风险比（Odd ratio）	系数（β）	风险比（Odd ratio）
家庭相对地位						
教育程度比	0.491**	1.634**	0.478	1.613	0.419**	1.521**
	[0.196]	[0.320]	[0.496]	[0.799]	[0.199]	[0.303]
工资收入比	−0.559**	0.572**	−0.413	0.662	−0.487*	0.614*
	[0.249]	[0.142]	[0.635]	[0.420]	[0.250]	[0.153]
孩子	0.259	1.296	0.352	1.422	0.191	1.211
	[0.165]	[0.214]	[0.375]	[0.533]	[0.167]	[0.202]
性别	0.012	1.012	0.522	1.685	−0.091	0.913
	[0.144]	[0.146]	[0.327]	[0.551]	[0.145]	[0.132]
户口	0.008	1.008	−0.457	0.633	0.129	1.138
	[0.190]	[0.192]	[0.374]	[0.237]	[0.195]	[0.222]
本地出生	0.248*	1.281*	−0.167	0.846	0.273*	1.314*
	[0.138]	[0.177]	[0.308]	[0.261]	[0.140]	[0.183]
党员	0.063	1.065	−0.138	0.871	0.080	1.084
	[0.171]	[0.182]	[0.416]	[0.362]	[0.169]	[0.183]
专业	0.056	1.058	0.042	1.043	0.039	1.040
	[0.165]	[0.175]	[0.394]	[0.411]	[0.169]	[0.176]
毕业院校类型：以大专为参照						
成人教育本科	1.309***	3.702***	0.295	1.343	1.206***	3.341***
	[0.224]	[0.830]	[0.460]	[0.618]	[0.218]	[0.728]

	教育过度 m（1）		真实教育过度 m（2）		名义教育过度 m（3）	
	系数 （β）	风险比 （Odd ratio）	系数 （β）	风险比 （Odd ratio）	系数 （β）	风险比 （Odd ratio）
民办本科 / 独立学院	1.400***	4.054***	1.182*	3.261*	1.088***	2.969***
	[0.423]	[1.715]	[0.699]	[2.281]	[0.404]	[1.198]
一般公立 本科	1.177***	3.245***	0.511	1.668	1.064***	2.897***
	[0.189]	[0.613]	[0.413]	[0.688]	[0.191]	[0.552]
985/211 高校	1.162***	3.196***	−0.684	0.505	1.233***	3.431***
	[0.256]	[0.819]	[0.756]	[0.382]	[0.251]	[0.860]
工作经验	0.013	1.013	0.031	1.031	0.011	1.011
	[0.030]	[0.030]	[0.064]	[0.066]	[0.031]	[0.031]
工作经验 平方 /100	−0.038	0.962	−0.167	0.846	−0.020	0.981
	[0.083]	[0.079]	[0.221]	[0.187]	[0.084]	[0.082]
在职培训	−0.014	0.986	−0.747**	0.474**	0.148	1.160
	[0.139]	[0.137]	[0.316]	[0.150]	[0.140]	[0.162]
工作转换	−0.200	0.819	0.131	1.140	−0.222	0.801
	[0.142]	[0.117]	[0.328]	[0.374]	[0.142]	[0.114]
职业：以管理人员为参照						
专业技术 人员	0.146	1.157	−2.179**	0.113**	0.313	1.368
	[0.200]	[0.231]	[1.078]	[0.122]	[0.199]	[0.273]
行政办事 人员	0.054	1.056	0.204	1.227	0.022	1.023
	[0.230]	[0.243]	[0.549]	[0.674]	[0.234]	[0.239]
技术工人	0.758**	2.134**	−0.096	0.909	0.771**	2.162**
	[0.316]	[0.673]	[0.772]	[0.701]	[0.327]	[0.706]

续表

	教育过度 m（1）		真实教育过度 m（2）		名义教育过度 m（3）	
	系数（β）	风险比（Odd ratio）	系数（β）	风险比（Odd ratio）	系数（β）	风险比（Odd ratio）
普通员工	0.749***	2.114***	0.891**	2.439**	0.540***	1.716***
	[0.182]	[0.385]	[0.399]	[0.972]	[0.184]	[0.315]
企业规模：以小型企业为参照						
中型企业	−0.332**	0.717**	−0.525	0.592	−0.242	0.785
	[0.146]	[0.105]	[0.330]	[0.195]	[0.148]	[0.116]
大型企业	−0.650***	0.522***	−0.596	0.551	−0.549**	0.577**
	[0.229]	[0.120]	[0.615]	[0.339]	[0.224]	[0.130]
行业：以农业/采矿业为参照						
第二产业	−0.576	0.562	−0.664	0.515	−0.371	0.690
	[0.662]	[0.372]	[1.225]	[0.631]	[0.630]	[0.435]
第三产业	−0.475	0.622	−0.005	0.995	−0.392	0.675
	[0.659]	[0.410]	[1.200]	[1.194]	[0.626]	[0.423]
地区：以东部为参照						
中部	0.345**	1.412**	0.528*	1.695*	0.234	1.264
	[0.148]	[0.209]	[0.315]	[0.534]	[0.149]	[0.188]
西部	0.555**	1.743**	0.129	1.138	0.509**	1.664**
	[0.225]	[0.391]	[0.549]	[0.625]	[0.222]	[0.370]
常数项	−1.233*	0.292*	−3.328**	0.036**	−1.565**	0.209**
	[0.731]	[0.213]	[1.421]	[0.051]	[0.706]	[0.148]
观测值（N）	1 065	1 065	1 065	1 065	1 065	1 065
准 R^2（r2_p）	0.096 9	0.096 9	0.133	0.133	0.081 3	0.081 3

续表

	教育过度 m（1）		真实教育过度 m（2）		名义教育过度 m（3）	
	系数 （β）	风险比 （Odd ratio）	系数 （β）	风险比 （Odd ratio）	系数 （β）	风险比 （Odd ratio）
似然比对数（ll）	−662.3	−662.3	−182.7	−182.7	−659.6	−659.6
卡方值（chi2）	125.1	125.1	58.53	58.53	107.1	107.1

注：括号中为稳健标准误（Robust standard errors in brackets），*** p<0.01， ** p<0.05， * p<0.1

表4-5 分性别的家庭相对地位与角色分工对教育过度的影响效应（Logit模型）

家庭相对地位	教育过度			真实教育过度			名义教育过度		
	全样本 m(1)	男性 m(2)	女性 m(3)	全样本 m(4)	男性 m(5)	女性 m(6)	全样本 m(7)	男性 m(8)	女性 m(9)
教育程度比	0.491**	0.732*	0.341	0.478	−0.020	0.770	0.419**	0.812**	0.247
	[0.196]	[0.381]	[0.238]	[0.496]	[0.831]	[0.688]	[0.199]	[0.406]	[0.243]
工资收入比	−0.559**	−0.694**	−0.252	−0.413	0.006		−0.487*	−0.724**	−0.013
	[0.249]	[0.325]	[0.421]	[0.635]	[0.685]		[0.250]	[0.340]	[0.407]
孩子	0.259	0.414	0.168	0.352	1.528*	−0.468	0.191	0.196	0.247
	[0.165]	[0.262]	[0.222]	[0.375]	[0.821]	[0.461]	[0.167]	[0.268]	[0.226]
性别	0.012			0.522			−0.091		
	[0.144]			[0.327]			[0.145]		
户口	0.008	−0.010	0.002	−0.457	−0.279	−0.468	0.129	0.121	0.110
	[0.190]	[0.293]	[0.260]	[0.374]	[0.512]	[0.600]	[0.195]	[0.304]	[0.264]
本地出生	0.248*	0.262	0.235	−0.167	−0.247	−0.038	0.273*	0.310	0.235
	[0.138]	[0.224]	[0.185]	[0.308]	[0.442]	[0.443]	[0.140]	[0.230]	[0.187]

续表

	教育过度			真实教育过度			名义教育过度		
	全样本 m(1)	男性 m(2)	女性 m(3)	全样本 m(4)	男性 m(5)	女性 m(6)	全样本 m(7)	男性 m(8)	女性 m(9)
党员	0.063	-0.119	0.224	-0.138	-0.119	-0.320	0.080	-0.090	0.317
	[0.171]	[0.253]	[0.253]	[0.416]	[0.524]	[0.713]	[0.169]	[0.253]	[0.250]
专业	0.056	0.067	-0.028	0.042	-0.616	0.573	0.039	0.148	-0.124
	[0.165]	[0.230]	[0.246]	[0.394]	[0.677]	[0.535]	[0.169]	[0.231]	[0.262]
毕业院校类型：以大专为参照									
成人教育本科	1.309***	1.331***	1.262***	0.295	0.853	-0.241	1.206***	1.043***	1.259***
	[0.224]	[0.397]	[0.281]	[0.460]	[0.638]	[0.713]	[0.218]	[0.384]	[0.273]
民办本科/独立学院	1.400***	0.767	1.786***	1.182*	0.583	1.898**	1.088***	0.877	1.198**
	[0.423]	[0.673]	[0.561]	[0.699]	[0.692]	[0.761]	[0.404]	[0.686]	[0.520]
一般公立本科	1.177***	0.930***	1.418***	0.511	0.750	0.542	1.064***	0.826***	1.304***
	[0.189]	[0.287]	[0.259]	[0.413]	[0.633]	[0.546]	[0.191]	[0.295]	[0.258]
985/211高校	1.162***	0.936***	1.294***	-0.684	-0.926	-0.505	1.233***	1.024***	1.342***
	[0.256]	[0.358]	[0.387]	[0.756]	[1.183]	[1.037]	[0.251]	[0.349]	[0.380]

续表

	教育过度			真实教育过度			名义教育过度		
	全样本 m(1)	男性 m(2)	女性 m(3)	全样本 m(4)	男性 m(5)	女性 m(6)	全样本 m(7)	男性 m(8)	女性 m(9)
工作经验	0.013 [0.030]	-0.079 [0.050]	0.095** [0.043]	0.031 [0.064]	0.139 [0.098]	-0.026 [0.104]	0.011 [0.031]	-0.104* [0.054]	0.110** [0.045]
工作经验平方/100	-0.038 [0.083]	0.234* [0.139]	-0.306** [0.128]	-0.167 [0.221]	-0.547* [0.332]	0.026 [0.399]	-0.020 [0.084]	0.322** [0.150]	-0.339** [0.133]
在职培训	-0.014 [0.139]	0.071 [0.223]	-0.110 [0.181]	-0.747** [0.316]	-1.284** [0.532]	-0.530 [0.419]	0.148 [0.140]	0.356 [0.227]	-0.023 [0.183]
工作转换	-0.200 [0.142]	-0.225 [0.222]	-0.198 [0.193]	0.131 [0.328]	1.042* [0.623]	-0.258 [0.437]	-0.222 [0.142]	-0.380* [0.223]	-0.134 [0.194]
职业：以管理人员为参照									
专业技术人员	0.146 [0.200]	0.319 [0.293]	-0.069 [0.283]	-2.179** [1.078]	-1.570 [1.101]		0.313 [0.199]	0.466 [0.298]	0.139 [0.281]
行政办事人员	0.054 [0.230]	-0.384 [0.477]	0.084 [0.286]	0.204 [0.549]	-0.297 [1.043]	0.272 [0.815]	0.022 [0.234]	-0.373 [0.486]	0.054 [0.287]

续表

	教育过度			真实教育过度			名义教育过度		
	全样本 m(1)	男性 m(2)	女性 m(3)	全样本 m(4)	男性 m(5)	女性 m(6)	全样本 m(7)	男性 m(8)	女性 m(9)
技术工人	0.758**	0.819**	0.692	-0.096	-0.408	0.224	0.771**	0.891**	0.581
	[0.316]	[0.408]	[0.487]	[0.772]	[0.960]	[0.935]	[0.327]	[0.425]	[0.499]
普通员工	0.749***	0.918***	0.565**	0.891**	1.371**	0.852	0.540***	0.624**	0.417
	[0.182]	[0.282]	[0.253]	[0.399]	[0.628]	[0.644]	[0.184]	[0.285]	[0.254]
企业规模：以小型企业为参照									
中型企业	-0.332**	-0.327	-0.322*	-0.525	0.059	-1.032**	-0.242	-0.342	-0.157
	[0.146]	[0.241]	[0.191]	[0.330]	[0.484]	[0.465]	[0.148]	[0.245]	[0.192]
大型企业	-0.650***	-0.671*	-0.674**	-0.596	-0.025	-1.487	-0.549**	-0.733**	-0.444
	[0.229]	[0.346]	[0.318]	[0.615]	[0.726]	[1.222]	[0.224]	[0.346]	[0.310]
行业：以农业/采矿业为参照									
第二产业	-0.576	-0.358	-0.703	-0.664	-1.322	13.186***	-0.371	0.127	-0.746
	[0.662]	[0.842]	[1.043]	[1.225]	[1.313]	[1.461]	[0.630]	[0.903]	[0.910]
第三产业	-0.475	-0.358	-0.525	-0.005	-1.265	14291***	-0.392	0.067	-0.759
	[0.659]	[0.836]	[1.043]	[1.200]	[1.292]	[1.363]	[0.626]	[0.894]	[0.909]

续表

地区：以东部为参照	教育过度			真实教育过度			名义教育过度		
	全样本 m(1)	男性 m(2)	女性 m(3)	全样本 m(4)	男性 m(5)	女性 m(6)	全样本 m(7)	男性 m(8)	女性 m(9)
中部	0.345**	0.326	0.387**	0.528*	0.325	0.635	0.234	0.287	0.247
	[0.148]	[0.239]	[0.193]	[0.315]	[0.509]	[0.462]	[0.149]	[0.242]	[0.194]
西部	0.555**	0.604*	0.475	0.129	1.320*	-1.177	0.509**	0.416	0.569*
	[0.225]	[0.342]	[0.318]	[0.549]	[0.693]	[1.272]	[0.222]	[0.349]	[0.310]
常数项	-1.233*	-1.126	-1.325	-3.328**	-3.678**	-1.660***	-1.565**	-1.778*	-1.626*
	[0.731]	[1.009]	[1.098]	[1.421]	[1.818]	[1.798]	[0.706]	[1.050]	[0.982]
观测值（N）	1 065	439	626	1 065	428	490	1 065	439	626
准 R^2（r 2_p）	0.096 9	0.111	0.108	0.133	0.214	0.165	0.081 3	0.108	0.092 6
似然比对数（ll）	-662.3	-268.8	-384.6	-182.7	-72.69	-91.92	-659.6	-262.8	-383.9
卡方值（chi2）	125.1	59.48	83.95	58.53	51.30	196.8	107.1	56.22	70.94

4. 企业规范化意识和 HR 管理能力对教育过度的影响效应

表 4-6 中展示了企业管理规范意识与 HR 管理水平对教育过度的影响结果。从表 4-6 中可以看出，企业有正式的岗位说明书和明确的任职标准，会降低劳动者遭遇教育过度的概率，特别是有正式岗位说明书对名义教育过度的影响在 10% 水平上统计显著。工会的存在也会明显降低劳动者处于教育过度的概率。这些都可以归结为企业管理规范化意识和规范化程度，或者说企业整体管理水平对教育过度的影响。

更直接的是企业 HR 的管理水平，特别是企业招聘甄选系统和职业发展系统会整体降低劳动者遭遇教育过度的概率，尤其是真实教育过度的概率。这些影响均在 1% 水平上统计显著。另外，对真实教育过度而言，企业人力资源管理系统的各个维度的完善程度都会直接降低劳动者发生真实教育过度的概率。

在招聘过程中，使用了技能测试的企业员工遭受教育过度的概率明显降低，比对照组低 29.2%，也会直接降低劳动者名义教育过度和真实教育过度的风险，特别是真实教育过度的风险，参加过技能测试的劳动者，其处于真实教育过度的风险比对照组低 53.4%。

但需要注意的是，在招聘中参加了性格测试的员工，虽然整体发生教育过度的概率会降低，但并不显著；同时，对名义教育过度和真实教育过度的影响存在明显区别，即会降低名义教育过度的风险，而提升真实教育过度的风险。其风险是对照组的 2.439 倍，且在 1% 水平上统计显著。

表4-6　企业管理规范意识与管理水平对教育过度的影响（Logit模型）

	教育过度 m（1）		真实教育过度 m（2）		名义教育过度 m（3）	
	系数（β）	风险比（Odd ratio）	系数（β）	风险比（Odd ratio）	系数（β）	风险比（Odd ratio）
企业管理意识与水平						
有正式岗位说明书	−0.244	0.784	0.344	1.411	−0.289*	0.749*
	[0.170]	[0.133]	[0.349]	[0.492]	[0.166]	[0.125]
有明确任职标准	−0.042	0.959	0.331	1.393	−0.149	0.862
	[0.187]	[0.179]	[0.397]	[0.552]	[0.183]	[0.157]

续表

	教育过度 m（1）		真实教育过度 m（2）		名义教育过度 m（3）	
	系数（β）	风险比（Odd ratio）	系数（β）	风险比（Odd ratio）	系数（β）	风险比（Odd ratio）
工会	−0.221**	0.802**	−0.146	0.864	−0.161	0.851
	[0.109]	[0.088]	[0.212]	[0.183]	[0.110]	[0.094]
培训与开发系统评分	−0.057	0.945	−0.391***	0.676***	0.040	1.041
	[0.051]	[0.048]	[0.106]	[0.072]	[0.052]	[0.054]
职位管理系统评分	0.024	1.024	−0.297***	0.743***	0.083*	1.087*
	[0.050]	[0.051]	[0.095]	[0.071]	[0.050]	[0.054]
招聘甄选系统评分	−0.190***	0.827***	−0.484***	0.616***	−0.060	0.942
	[0.050]	[0.041]	[0.102]	[0.063]	[0.049]	[0.046]
领导沟通系统评分	−0.060	0.942	−0.255**	0.775**	0.009	1.009
	[0.050]	[0.047]	[0.103]	[0.080]	[0.050]	[0.051]
职业发展系统评分	−0.085*	0.919*	−0.351***	0.704***	−0.009	0.991
	[0.050]	[0.046]	[0.109]	[0.077]	[0.050]	[0.049]
技能测试	−0.345***	0.708***	−0.763***	0.466***	−0.197*	0.821*
	[0.112]	[0.079]	[0.263]	[0.123]	[0.111]	[0.091]
性格测试	−0.115	0.892	0.892***	2.439***	−0.325*	0.722*
	[0.164]	[0.146]	[0.301]	[0.733]	[0.166]	[0.120]
性别	0.083	1.086	0.286	1.331	0.011	1.011
	[0.106]	[0.115]	[0.215]	[0.287]	[0.106]	[0.107]
户口	−0.013	0.987	−0.643**	0.526**	0.145	1.156
	[0.122]	[0.120]	[0.255]	[0.134]	[0.124]	[0.143]

续表

	教育过度 m（1）		真实教育过度 m（2）		名义教育过度 m（3）	
	系数（β）	风险比（Odd ratio）	系数（β）	风险比（Odd ratio）	系数（β）	风险比（Odd ratio）
本地出生	0.149	1.160	−0.042	0.958	0.179*	1.196*
	[0.103]	[0.120]	[0.214]	[0.205]	[0.103]	[0.123]
党员	−0.071	0.931	−0.144	0.866	−0.047	0.954
	[0.133]	[0.124]	[0.308]	[0.267]	[0.131]	[0.125]
专业	0.130	1.138	0.144	1.155	0.103	1.108
	[0.119]	[0.136]	[0.227]	[0.263]	[0.120]	[0.133]
毕业院校类型：以大专为参照						
成人教育本科	1.602***	4.965***	0.745**	2.106**	1.403***	4.067***
	[0.181]	[0.898]	[0.377]	[0.793]	[0.172]	[0.701]
民办本科/独立学院	1.390***	4.013***	1.143***	3.135***	1.063***	2.895***
	[0.242]	[0.972]	[0.426]	[1.336]	[0.240]	[0.693]
一般公立本科	1.399***	4.053***	0.864***	2.373***	1.188***	3.282***
	[0.130]	[0.527]	[0.255]	[0.604]	[0.129]	[0.422]
985/211 高校	1.380***	3.976***	0.524	1.689	1.273***	3.571***
	[0.197]	[0.782]	[0.388]	[0.655]	[0.191]	[0.682]
婚姻	−0.049	0.952	−0.220	0.802	0.004	1.004
	[0.153]	[0.146]	[0.332]	[0.267]	[0.155]	[0.155]
孩子	0.259	1.295	0.299	1.349	0.183	1.201
	[0.160]	[0.207]	[0.356]	[0.481]	[0.158]	[0.190]
工作经验	−0.001	0.999	−0.045	0.956	0.009	1.009
	[0.024]	[0.024]	[0.051]	[0.049]	[0.024]	[0.024]

续表

	教育过度 m（1）		真实教育过度 m（2）		名义教育过度 m（3）	
	系数 （β）	风险比 （Odd ratio）	系数 （β）	风险比 （Odd ratio）	系数 （β）	风险比 （Odd ratio）
工作经验 平方/100	0.013	1.013	0.061	1.063	−0.005	0.995
	[0.068]	[0.069]	[0.164]	[0.174]	[0.069]	[0.068]
在职培训	−0.038	0.963	−0.237	0.789	0.010	1.010
	[0.105]	[0.102]	[0.226]	[0.179]	[0.105]	[0.106]
工作转换	−0.018	0.982	0.398*	1.489*	−0.105	0.900
	[0.105]	[0.103]	[0.213]	[0.316]	[0.104]	[0.094]
职业：以管理人员为参照						
专业技术 人员	0.141	1.151	−1.197***	0.302***	0.312*	1.366*
	[0.164]	[0.188]	[0.453]	[0.137]	[0.162]	[0.221]
行政办事 人员	0.050	1.051	−0.554	0.575	0.143	1.153
	[0.171]	[0.180]	[0.425]	[0.244]	[0.172]	[0.199]
技术工人	0.798***	2.221***	0.077	1.080	0.709***	2.032***
	[0.254]	[0.565]	[0.478]	[0.516]	[0.258]	[0.525]
普通员工	0.614***	1.848***	0.415	1.514	0.479***	1.615***
	[0.144]	[0.267]	[0.309]	[0.468]	[0.145]	[0.235]
企业规模：以小型企业为参照						
中型企业	−0.201*	0.818*	−0.307	0.735	−0.152	0.859
	[0.112]	[0.092]	[0.233]	[0.171]	[0.112]	[0.096]
大型企业	−0.498***	0.608***	−0.351	0.704	−0.463***	0.630***
	[0.163]	[0.099]	[0.352]	[0.248]	[0.163]	[0.103]

续表

	教育过度 m（1）		真实教育过度 m（2）		名义教育过度 m（3）	
	系数（β）	风险比（Odd ratio）	系数（β）	风险比（Odd ratio）	系数（β）	风险比（Odd ratio）
行业：以农业／采矿业为参照						
第二产业	−0.312	0.732	−0.400	0.671	−0.169	0.844
	[0.390]	[0.286]	[0.613]	[0.411]	[0.396]	[0.334]
第三产业	−0.132	0.876	0.127	1.135	−0.084	0.919
	[0.384]	[0.336]	[0.586]	[0.665]	[0.389]	[0.358]
地区：以东部为参照						
中部	0.326***	1.386***	0.321	1.378	0.239**	1.271**
	[0.114]	[0.158]	[0.231]	[0.319]	[0.114]	[0.145]
西部	0.635***	1.887***	0.119	1.126	0.586***	1.796***
	[0.159]	[0.299]	[0.347]	[0.390]	[0.157]	[0.282]
常数项	−0.755*	0.470*	−3.343***	0.035***	−1.051**	0.350**
	[0.453]	[0.213]	[0.800]	[0.028]	[0.462]	[0.162]
观测值（N）	1 998	1 998	1 998	1 998	1 998	1 998
准 R^2（r2_p）	0.107	0.107	0.168	0.168	0.079 9	0.079 9
似然比对数（ll）	−1 228	−1 228	−382.0	−382.0	−1 228	−1 228
卡方值（chi2）	253.8	253.8	152.2	152.2	189.8	189.8

注：括号中为稳健标准误（Robust standard errors in brackets），*** p<0.01，** p<0.05，* p<0.1

5.求职策略、搜寻强度对教育过度的影响效应

劳动者的工作搜寻行为，会降低劳动力市场上的信息不对称性，从而降低教育过度的概率。从理论上看，通过家人和朋友等介绍进行求职，可以在消除信息不对称方面发挥作用，从这种意义上讲，可以有效降低教育过度的发生概率。但在中国特殊的社会文化背景下，请熟人介绍的劳动者存在两种可能，一是自身能力较差，在劳动力市场竞争中处于弱势地位，所以不得不求助于熟人，以避免陷入找不到工作的困境，这会导致教育过度发生率的提升；二是通过人情关系进入国有企业等有隐性福利的公司，或垄断性行业，这些行业的门槛较高，但实际工作要求不高，所以也提升了教育过度的概率。而我们观察到的结果可能是两种力量综合作用的结果，从表4-7中关于求职渠道的计量结果看，熟人介绍整体提升了教育过度的风险，但细分"真实教育过度"和"名义教育过度"后，我们发现名义教育过度的概率是降低的，表明熟人介绍可以有效消除信息不对称带来的不利影响。但对真实教育过度而言，则是明显提升的，且在10%水平上统计显著，为对照组的1.384倍。

从搜寻强度看，简历投寄数量、面试次数和搜寻时间等搜寻强度指标均对教育过度有正向影响，虽然并不统计显著；似乎与常规的逻辑不太一致。按照工作搜寻理论，搜寻强度越大，越能消除信息不对称等因素带来的不利影响，从而提升匹配效率，但这又与我们观察到的事实不相符。细分"真实教育过度"和"名义教育过度"后，我们发现搜寻强度对两种类型的教育过度存在明显不同的影响，降低了名义教育过度的概率，而提升了真实教育过度的风险。可能的合理解释是，对已经在劳动力市场上工作的劳动者而言，花费更多的时间和成本进行搜寻是综合能力比较弱的体现，因此会提升处于真实教育过度的概率。

表4-7　求职渠道与搜寻强度对教育过度的影响（Logit模型）

	教育过度 m（1）		真实教育过度 m（2）		名义教育过度 m（3）	
	系数 （β）	风险比 （Odd ratio）	系数 （β）	风险比 （Odd ratio）	系数 （β）	风险比 （Odd ratio）
搜寻渠道与搜寻强度						
求职渠道	0.017	1.017	0.325*	1.384*	−0.063	0.939
	[0.101]	[0.103]	[0.197]	[0.272]	[0.102]	[0.096]

续表

	教育过度 m（1）		真实教育过度 m（2）		名义教育过度 m（3）	
	系数 （β）	风险比 （Odd ratio）	系数 （β）	风险比 （Odd ratio）	系数 （β）	风险比 （Odd ratio）
简历数量	0.002	1.002	0.007	1.007	−0.002	0.998
	[0.004]	[0.004]	[0.005]	[0.006]	[0.004]	[0.004]
面试次数	0.002	1.002	0.008	1.008	−0.000	1.000
	[0.013]	[0.013]	[0.019]	[0.019]	[0.014]	[0.014]
搜寻时间	0.000	1.000	0.001	1.001	−0.000	1.000
	[0.004]	[0.004]	[0.006]	[0.006]	[0.004]	[0.004]
性别	0.086	1.090	0.312	1.366	0.011	1.011
	[0.105]	[0.115]	[0.203]	[0.278]	[0.106]	[0.107]
户口	−0.002	0.998	−0.486**	0.615**	0.145	1.156
	[0.121]	[0.120]	[0.236]	[0.145]	[0.122]	[0.142]
本地出生	0.170*	1.185*	−0.068	0.934	0.191*	1.211*
	[0.103]	[0.122]	[0.207]	[0.194]	[0.104]	[0.125]
党员	−0.128	0.880	−0.236	0.790	−0.065	0.937
	[0.134]	[0.118]	[0.299]	[0.236]	[0.133]	[0.124]
专业	0.091	1.095	0.116	1.124	0.063	1.065
	[0.119]	[0.130]	[0.220]	[0.248]	[0.121]	[0.129]
毕业院校类型：以大专为参照						
成人教育本科	1.531***	4.624***	0.857**	2.355**	1.326***	3.766***
	[0.180]	[0.831]	[0.343]	[0.809]	[0.174]	[0.654]
民办本科／独立学院	1.275***	3.580***	1.153***	3.168***	0.966***	2.626***
	[0.240]	[0.861]	[0.388]	[1.230]	[0.239]	[0.627]

续表

	教育过度 m（1）		真实教育过度 m（2）		名义教育过度 m（3）	
	系数（β）	风险比（Odd ratio）	系数（β）	风险比（Odd ratio）	系数（β）	风险比（Odd ratio）
一般公立本科	1.366***	3.920***	0.871***	2.389***	1.157***	3.180***
	[0.129]	[0.507]	[0.245]	[0.585]	[0.128]	[0.408]
985/211 高校	1.336***	3.805***	0.536	1.709	1.221***	3.390***
	[0.198]	[0.752]	[0.392]	[0.670]	[0.191]	[0.646]
婚姻	−0.094	0.910	−0.361	0.697	−0.012	0.988
	[0.153]	[0.140]	[0.325]	[0.227]	[0.155]	[0.153]
孩子	0.326**	1.385**	0.397	1.487	0.234	1.264
	[0.159]	[0.220]	[0.344]	[0.511]	[0.158]	[0.199]
工作经验	−0.006	0.994	−0.026	0.974	0.000	1.000
	[0.024]	[0.024]	[0.047]	[0.046]	[0.024]	[0.024]
工作经验平方 /100	0.021	1.022	0.022	1.022	0.012	1.012
	[0.068]	[0.070]	[0.145]	[0.148]	[0.069]	[0.069]
在职培训	−0.107	0.898	−0.433**	0.649**	0.009	1.009
	[0.102]	[0.092]	[0.201]	[0.130]	[0.103]	[0.104]
工作转换	−0.064	0.938	0.187	1.206	−0.106	0.899
	[0.104]	[0.098]	[0.202]	[0.243]	[0.105]	[0.094]
职业：以管理人员为参照						
专业技术人员	0.179	1.196	−0.788*	0.455*	0.314*	1.368*
	[0.162]	[0.194]	[0.420]	[0.191]	[0.161]	[0.221]
行政办事人员	0.037	1.038	−0.357	0.700	0.111	1.118
	[0.172]	[0.178]	[0.419]	[0.294]	[0.173]	[0.193]

续表

	教育过度 m（1）		真实教育过度 m（2）		名义教育过度 m（3）	
	系数（β）	风险比（Odd ratio）	系数（β）	风险比（Odd ratio）	系数（β）	风险比（Odd ratio）
技术工人	0.905***	2.473***	0.603	1.827	0.741***	2.098***
	[0.254]	[0.629]	[0.450]	[0.823]	[0.259]	[0.544]
普通员工	0.683***	1.981***	0.671**	1.957**	0.499***	1.646***
	[0.144]	[0.285]	[0.302]	[0.591]	[0.145]	[0.239]
企业规模：以小型企业为参照						
中型企业	−0.300***	0.741***	−0.285	0.752	−0.235**	0.791**
	[0.110]	[0.081]	[0.217]	[0.163]	[0.110]	[0.087]
大型企业	−0.635***	0.530***	−0.290	0.748	−0.580***	0.560***
	[0.162]	[0.086]	[0.333]	[0.249]	[0.161]	[0.090]
行业：以农业 / 采矿业为参照						
第二产业	−0.348	0.706	−0.726	0.484	−0.133	0.876
	[0.404]	[0.285]	[0.604]	[0.292]	[0.403]	[0.353]
第三产业	−0.101	0.904	−0.327	0.721	0.021	1.021
	[0.397]	[0.359]	[0.572]	[0.412]	[0.395]	[0.404]
地区：以东部为参照						
中部	0.385***	1.469***	0.267	1.305	0.313***	1.368***
	[0.113]	[0.166]	[0.216]	[0.282]	[0.113]	[0.155]
西部	0.666***	1.946***	0.024	1.024	0.648***	1.911***
	[0.155]	[0.302]	[0.330]	[0.338]	[0.155]	[0.296]
常数项	−1.134**	0.322**	−2.562***	0.077***	−1.552***	0.212***
	[0.448]	[0.144]	[0.737]	[0.057]	[0.452]	[0.096]

续表

	教育过度 m（1）		真实教育过度 m（2）		名义教育过度 m（3）	
	系数 （β）	风险比 （Odd ratio）	系数 （β）	风险比 （Odd ratio）	系数 （β）	风险比 （Odd ratio）
观测值（N）	1 960	1 960	1 960	1 960	1 960	1 960
准 R^2 （r 2_p）	0.093 6	0.093 6	0.087 7	0.087 7	0.071 9	0.071 9
似然比对数 （ll）	−1 223	−1 223	−419.3	−419.3	−1 216	−1 216
卡方值 （chi2）	219.8	219.8	90.36	90.36	172.9	172.9

注：括号中为稳健标准误（Robust standard errors in brackets），*** p<0.01，** p<0.05，* p<0.1

4.3　本章小结

本章首先基于教育目的的多维性和教育预期收益的多元性，以家庭为决策单元，分析教育过度的形成机制，构建双边异质性条件下的教育–工作匹配三阶段动态决策过程模型，提出了一个新的教育过度形成原因的解释模式。

然后，基于中国企业雇主–雇员匹配调查数据（2013）和广州市大学生首份工作就业质量调查数据，以"是否2003年后毕业"生成扩招自变量，在控制其他可能性影响因素的情况下，分析了扩招对教育过度、真实教育过度和名义教育过度的影响；以"家庭经济社会地位、家庭教育方式和家庭所在地区"为自变量考察了家庭背景和教养方式对大学生首份工作遭遇教育过度的概率的影响；以"受教育程度比——自己的学历是否高于配偶"和"工资收入比——收入水平是否高于配偶一个标准差"为自变量考察家庭相对地位与角色分工对教育过度、真实教育过度和名义教育过度的影响；以"是否有正式的岗位说明书""是否有明确的任职标准""是否组建工会""人力资源管理系统评分""招聘中是否使用技能测试""招聘中是否进行性格测试"等变量考察了企业管理规范意识与管理水平对教育过度的影响；以"是否家人、朋友等熟人推荐""投寄简历份数""参加面试次数""求职花费时间"为自变量考察了求职渠道和搜寻强度对教育过度、真实教育过度和名义教育过度的影响。

研究发现：

第一，扩招对教育过度没有显著影响，即使区分真实教育过度和名义教育过度后，扩招的影响依然不显著。即扩招并没有明显提升教育过度的发生率。

第二，家庭经济社会地位会提升教育过度发生的概率，忽视型的教养方式成长下的毕业生出现教育过度的概率是其他群体的 1.86 倍。

第三，教育高于配偶会对教育过度有正向影响，且在 5% 水平上显著，其教育过度发生率是对照组的 1.634 倍，但区分真实教育过度和名义教育过度后，其对真实教育过度的影响效应消失，不再统计显著；但对名义教育过度的影响依然显著，即遭遇名义教育过度的概率为对照组的 1.521 倍；可能是因为婚姻选择是综合能力的体现；而收入高于配偶一个标准差的劳动者，其遭遇教育过度和名义教育过度的概率降低。收入高的人在家庭里扮演的主要是外部市场角色，更不容易处于教育过度状态。

第四，企业管理规范化意识和规范化程度会显著降低教育过度的发生率，企业有正式的岗位说明书和明确的任职标准，会降低劳动者遭遇教育过度的概率，特别是有正式岗位说明书对名义教育过度的影响在 10% 水平上统计显著。工会的存在也会明显降低劳动者处于教育过度的概率。企业 HR 的管理水平，特别是企业招聘甄选系统和职业发展系统会整体降低劳动者遭遇教育过度的概率，尤其是真实教育过度的概率；企业人力资源管理系统的各个维度的完善程度都会直接降低劳动者发生真实教育过度的概率。

第五，通过熟人介绍寻找工作，整体提升了教育过度的风险，但细分"真实教育过度"和"名义教育过度"后，我们发现名义教育过度的概率是降低的，表明熟人介绍可以有效消除信息不对称带来的不利影响。但对真实教育过度而言，则是明显提升的，且在 10% 水平上统计显著，为对照组的 1.384 倍。而简历投寄数量、面试次数和搜寻时间等搜寻强度指标均对教育过度有正向影响，虽然并不统计显著。

第 5 章　教育过度的劳动力市场影响：工资、晋升与离职倾向

5.1　引言

　　教育过度自 1976 年 Freeman 在其具有广泛影响的《过度教育的美国人》（*The Overeducated American*）一书中提出后，教育过度的劳动力市场影响效应就成为了学术界关注的焦点问题。已有研究成果表明，教育过度影响劳动力职业流动 [3, 8, 9]、职业选择 [10]、工作满意度 [2-5] 和劳动生产率 [4, 6, 7]、培训参与率 [11-13] 等。① 此外，更多的研究关注教育过度的收入效应，检验是否存在收入惩罚效应。研究的方式主要有两种：一是 Duncan and Hoffman（1981）开创的将劳动者获得的教育分为工作要求教育、教育过度、教育不足三部分，拓展 Mincer 方程所创立的 ORU 方程法。此方法因其脱胎于 Mincer 方程，根植于经典的人力资本理论框架，且包含了工作要求的影响（通过工作要求教育年限），可以直接提供工作要求教育、超出部分教育和不足部分教育三个不同教育部分的教育回报率，提供了检验人力资本理论、工作竞争理论、配置理论等理论对教育过度成因的解释力度的思路，且便于不同时点和地区教育过度影响效应研究成果的比较，而在研究中频繁应用。Hartog（2000）、Groot and Maassen van den Brink（2000）、Sloane（2003）、McGuinness（2006）和 Leuven 和 Oosterbeek（2011）中在相关文献综述中，系统梳理使用 ORU 方程测量教育过度收入效应的相关文献，整理相关研究结果，发现尽管在教育过度的测量方法和数据来源上存在明显差异，但绝大多部分研究都得到了类似的结

---

① 代懋、杨伟国（2017）基于文献梳理对教育过度（就业不匹配）与工资、工作满意度、员工流动率及在职培训参与率等因素之间关系的考察，发现教育过度对劳动力市场产生了负面影响。

论[①]：超出部分的教育也会获得正向的收益，但其回报率低于工作要求教育的回报率。即与同一个工作岗位上的适度教育者相比，教育过度者会获得较高的工资，获得工资溢价，虽然超出部分教育的收益率会低于工作要求部分教育年限的收益率；而教育不足者会获得相对较低的工资。但与拥有同样教育年限且适度匹配者相比，教育过度者会获得较低的收入，承受一定的收入惩罚；教育不足者则获得相对较高的工资。其中，Leuven and Oosterbeek（2011）使用元分析（meta-analysis）文献中提出的加权方法计算得出：工作要求部分教育的平均教育回报率为 0.089（标准差为 0.003），教育过度部分的教育回报率为 0.043（标准差为 0.002），教育不足部分的教育回报率为 −0.036（标准差为 0.002）[106]。另外一个研究的范式是 Verdugo and Verdugo（1989）开创的将教育过度和教育不足作为虚拟变量的方式代入 Mincer 方程，进而评估教育过度的收入效应[47]，一般均发现教育过度的系数为负，即存在收入惩罚效应；教育不足的系数为正。McGuinness（2006）系统梳理相关研究成果，发现教育过度的系数在 −27% ～ −8% 之间，均值为 −15.6%[264]。Gill 和 Solberg（1992）证明使用该方法得到的研究结论与 ORU 方程获得的结论并不矛盾[265]。

值得注意的是：脱胎于 Mincer 方程的教育过度收入效应分析，不可避免地面临与经典 Mincer 方程类似的批评[②]：测量误差、遗漏能力变量、教育相关变量的内生性的问题存在导致 OLS 估计结果存在偏误[106, 226]。但实际上，忽视"同一教育水平下劳动者的能力异质性"问题，假设"同样教育学历水平下劳动者的能力不存在差异，可完全相互替代"[69]，从而忽略上述可能存在的估计偏误，既是客观事实，也是教育过度问题研究文献的无奈选择。[③] 其实 Sicherman（1991）已经注意到教育过度者和教育不足者可能是由于学校教育

---

① McGuinness（2006）在梳理中发现，Groot（1993）与 Groot 和 van den Brink(2000) 针对荷兰劳动力市场、Groot(1996) 针对英国劳动力市场的研究得出了相反的结论。

② 从 20 世纪 90 年代开始，识别问题就已经成为劳动经济学和教育经济学的中心问题。但教育过度的相关文献几乎完全忽略了这一问题。但并不是因为这一问题不重要，很明显 Mincer 方程中残差与教育程度是相关的，已经有很多的研究文献证明了这一点。详细可见 Card（1999）和 Ashenfelter 等（1999）的相关综述。Korpi and Tahlin (2009) 在研究中强调了合理处理内生性问题在估计教育过度工资收入效应中的重要性。

③ Leuven and Oosterbeek（2011）指出关于遗漏变量处理问题的讨论，并不能证明教育过度的研究者不明白教育过度回报的估计结果中混杂了个体其他不可观测的人力资本或动机的影响，而恰恰说明了寻找合理工作变量有效解决不可观测能力变量影响，从而进行有效因果推断的困难程度。

质量差或一般能力欠缺，并指出最直接的检验方式是寻找个体能力或学校质量的代理变量，如测量个体的 IQ 作为能力指标，或者测量学校的质量 [8]。但一般数据库中并未包含相关的能力测量变量，所以限制了遗漏变量等问题所导致测量偏差的纠正，McGuinness（2006）也强调，忽略教育过度的内生性问题，可能会导致低估其收入效应 [264]。

可喜的是，近年来，越来越多的学者注意到"同样学历劳动者之间能力异质性"的问题，发现教育过度者的实际能力可能低于同样教育水平的适度匹配者，因此教育过度并不意味着同时存在技能过度或技能闲置。他们尝试寻找更精准的教育过度测量方法，并控制不可观测能力变量的遗漏问题所带来的影响偏误。解决的思路主要有三种：

一是寻找不可观测能力的代理变量，并纳入工资方程，如 IQ、第一份工作工资方程残差项、16 岁时数学测试成绩等。Hartog（2001）在尝试纳入 IQ 测试分数这样的能力变量后，发现教育的系数将下降 1/3；Green、McIntosh and Vignoles（1999）使用国家儿童发展调查数据，发现 16 岁时数学测验得分较高者在后续工作中处于教育过度状态的概率明显降低。这也与数字性证书的回报率较高的研究结论相符合，控制劳动者能力利用程度的变量后，教育过度工作效应系数显著降低，教育不足系数则显著上升 [266]；Chevalier（2003）也尝试使用教育过度者第一份工作工资方程的残差项作为不可观测能力的代理变量，代入工资方程，发现控制不可观测能力后，真实教育过度者的收入惩罚效应下降了 19%，表面教育过度者不再承受工资惩罚效应 [5]。

二是基于面板数据使用固定效应模型技术控制不可观测能力变量的影响。Bauer（2002）、Dolton and Vignoles（2000）、Dolton and Silles（2008）、Korpi and Tahlin（2009）、Lindley and McIntosh（2008）和 Tsai（2010）在研究中都应用了这一方法控制不可观测能力变量影响，从而控制内生性。其中，Tsai（2010）基于 PSID 面板数据以固定效应模型估计变型后的 ORU 方程 ①，发现固定效应模型估计结果与混合 OLS 回归的结果存在明显差异。使用固定效果模型估计后，工作要求教育的回报从 0.11 下降为 0.02；教育过度的回报从 0.076 下降为 0.015；教育不足的回报从 –0.057 变为 –0.010。一种解释是这种下降是因为固定效应模型控制了测量误差。

---

① 在估计中 Tsai 使用的是劳动者实际拥有的教育程度，而不是像 Duncan 和 Hoffman（1981）等人在方程中控制的是工作要求的教育程度。

三是寻找教育的合理工具变量，使用工具变量 IV 法纠正相关变量的内生性问题。比如，Dolton and Silles（2008）基于对纽卡斯尔大学毕业生 5 个特定时间间隔邮寄问卷获得的调查数据，针对第一份工作遭遇教育过度的大学毕业生后续很难进入匹配的要求大学学历的工作的事实，提出教育过度是劳动力市场刚性导致的结果，而劳动力市场刚性又源于部分劳动者地理空间流动性限制、家庭责任与承诺、工会限制和信息的不完全设想。利用工具变量法允许工资和工作类型选择同时决定，处理效应模型控制能力异质性偏差，并用 Heckman 两步法处理教育过度者的样本选择型问题。研究发现：教育过度在工资决定过程中是内生变量；工具变量回归结果表明，劳动力市场流动性、特定家庭责任与承诺和学生助学贷款水平均显著与教育过度成正向相关，而与工资水平无关，且与教育过度关系上不存在性别差异；教育过度工资影响效应的估计结果表明，基于 OLS 估计，第一份工作中处于教育过度状态的大学毕业生与适度匹配者相比，工资低 16%（标准差为 0.05）；使用工具变量控制教育过度的内生性后，教育过度的收入惩罚效应上升为 41%（标准差为 0.10）。随着大学生职业发展，教育过度的收入惩罚效应也在增长：以 OLS 估计，当前工作岗位上教育过度的收入惩罚效应为 35%（标准差为 0.05）；以工具变量回归，收入惩罚效应为 66%（标准差 0.10）。两项回归中，工具变量法估计的结果均高于 OLS 估计的结果 [267]。Dolton 和 Silles（2003）实证研究发现，以工具变量法控制内生性后，教育过度的收入惩罚效应显著提升 [268]。另外一篇很有代表性的使用工具变量处理内生性的文章是 Korpi and Tahlin（2009）的研究，他们使用"兄弟姐妹数量""孩童时候生活居住的地方""原生家庭的经济问题"和"原生家庭的破裂"作为工作要求教育、教育过度和教育不足三部分教育的工具变量。验证得出以工具变量处理内生性、控制不可观测能力变量后，不同匹配类型经济回报虽然降低，但显著差异依然存在的结论 [115]。

Leuven and Oosterbeek（2011）基于元分析方法（meta-analysis）发现不同估计方法的教育过度的回报率存在明显差异：以加权平均法发现，以 OLS 估计结果的加权平均值为 0.043（标准差为 0.002），工具变量 IV 估计的结果为 -0.031（标准差为 0.028），以固定效应模型 FE 估计的结果为 0.031（标准差为 0.023），即 OLS 估计的结果高于以工具变量 IV 估计方法的结果和用固定效应模型估计得到的结果，工作要求部分的教育和教育不足部分的教育回报率估计结果也有类似的规律。进而以 meta-analysis 中的回归发现，以 OLS 估计结果为参照组，工具变量 IV 法的系数为 -0.084 且在 5% 水平上统计显著，即工具变量 IV 法得到的结果显著低于 OLS 法估计得到的结果。固定效

应模型法的系数为 -0.014，但统计不显著[106]。需要注意的是，Leuven and Oosterbeek（2011）使用 OLS 估计的研究成果占了绝大多数，为 128 个，使用 IV 估计的结果只有 4 个，使用 FE 估计的结果只有 5 个。基于 OLS 估计的研究基于上述实证发现认定教育过度和教育不足对工资收入的因果效应，但忽视了测量误差和遗漏变量问题的存在，可能影响了这些结果的可信度[106]。

遗憾的是，对固定效应模型技术而言，由于面板数据的可得性，其应用可能性受到极大限制，且按照 Leuven and Oosterbeek（2011）的理解，固定效应模型技术主要是通过改变个人受教育水平、转换工作或两者都有的劳动者进行因果推断。所有个案中均应假设相关的不可观测能力是不随时间变化的，若观察期间不可观测能力也随之发生变化，则估计结果就会是有偏差的[106]。以实际应用中固定效应估计工作变化进行识别推断为例，其前提假设是因为一个人进入劳动力市场后是较少改变自己的学历的。经历工作要求教育水平提高的劳动者，应该是因为转换了工作。但工作转换会伴随其他不可观测的变化，而这些变化也会影响工资。在这种情况下，固定效应模型估计所需要的严格外生假设没有得到满足。

而对工具变量 IV 法而言，由于个人实际的教育程度是非随机外生的，而且需要处理个人工作要求教育程度的非随机外生，所以在 ORU 方程中工作要求教育、教育过度和教育不足三个教育变量都与残差项相关。Leuven and Oosterbeek（2011）指出解决教育过度的收入方程估计中的识别问题必须同时寻找个体实际教育水平和工作要求教育水平的外生性工具变量，单纯找到其中任何一个变量的外生工具变量无法解决识别问题；截至目前，学者们已经找到了个体实际受教育水平的合理工具变量，但强调寻找可信的工具变量被证明即使不是不可能，也是非常困难的[106]。Hartog（2000）也在其著名的文献综述中提到了这一点[226]。Leuven and Oosterbeek（2011）强调目前仅有的几篇使用工具变量方法的文献中工具变量的选择不仅存在弱工具变量问题，甚至其外生假设都存在质疑[106]。

鉴于此，很多学者尝试另辟蹊径，如通过重新构建教育过度的测量方式，在一定程度上控制劳动者的技能过度问题，进而控制教育过度工资方程估计中能力变量遗漏的问题。关注检验忽视了能力测量所得到的不匹配在多大程度上代表了基于同等教育水平下异质性劳动者的劳动力市场实际匹配状况，检验劳动者接受高于一般工作要求教育程度的学历教育水平是对工作经验或能力、工作的努力程度等其他类型人力资本短缺的补偿[69, 106]。又如，尝试使用另外一个控制内生性问题的办法——倾向得分匹配（PSM）方法[①]，McGuinness（2008）就使用了这一方法[119]。

这个方面又存在两种主要思路。一是以 Allen 和 Van der Velden（2001）、McGuinness（2003）、Di Pietro 和 Urwin（2006）、Green 和 McIntosh（2007）和 Korpi 和 Tahlin（2009）等人的研究为代表[55-57, 115]。重点是区分教育不匹配和技能不匹配，在控制技能不匹配的情况下，剥离教育过度对收入的真实影响效应。比如，Allen 和 Van der Velden（2001）通过询问劳动者对"我当前的工作为我提供了充分发挥我能力和知识的空间"（My Current job offer me sufficient scope to use my knowledge and skill）以及"如果我有更高的知识和技能，那么我就可以更好地完成工作"（I Would perform better in my current job if I possessed additional knowledge and skills）的回答生成技能过度和技能不足的变量，并代入方程。研究发现，教育匹配与技能匹配是不同的指标变量，控制技能匹配后，教育过度的部分工作效应得到解释。McGuinness（2003）基于北爱尔兰大学生的调查数据，考虑了能力的异质性的条件下教育过度的收入效应，验证了这一结论。他的发现如下：在控制能力后，教育过度收入效应的影响方向和数值均与已有研究成果存在差异；控制技能与工作要求不匹配程度，能够更深层次理解教育过度问题和收入决定过程。研究结果表明，若控制与工作相关的限制教育过度者充分利用其技能的约束后，教育过度者依然相对与适度匹配者而言，获得更少的收入。

二是以重新定义教育过度为目的，以区分真实（或实质）的教育过度和表面（或名义）的教育过度。以 Chevalier（2003）、Chevalier and Lindley（2009）、Green and Zhu（2010）、Pecoraro（2014）和 Mateos-Romero and Salinas-Jiménez（2016）为代表[5, 60-63]。其中，Chevalier（2003）和 Chevalier and Lindley（2009）放松员工和工作的同质性的假设，通过综合职业代码工作要求和自我汇报教育工作的匹配状况（即询问劳动者"对匹配状况是否满意"）两类方法定义教育过度，并将教育过度区分为表面教育过度（apparently overeducation）和真实教育过度（genuinely overeducation）[5, 61]。Green and Zhu（2010）、Pecoraro（2014）则是通过询问教育过度的劳动是否同时存在技

[①] 但有学者指出倾向得分匹配（PSM）方法因果识别的前提假设与最小二乘法（OLS）一样，要求变量无内生性，因此使用 PSM 方法会得到与 OLS 类似的估计结果。声称该方法控制了遗漏变量问题的说法是不现实的，最多只能说明原来基于 OLS 得到的结果不能归于共同支持域问题。

能过度来将教育过度区分为名义教育过度（formal overeducation）和实际教育过度（real overeducation）[62, 63]。Chevalier（2003）更进一步的实证发现，对于表面教育过度者来说，其由教育过度带来的收入要少 5% ～ 11%，而真正教育过度者的收入要少 22% ～ 26%[5]。Chevalier and Lindley（2009）发现，三个群组的不可观测技能存在异质性，但控制异质性并不影响关于教育过度收入效应的结论 [61]。

综合而言，上述研究思路虽然由于使用劳动者的主观评估信息，不可避免地可能包含测量误差，但这些结果均证明经典的 D-H 模型评估结果存在偏差 [106]，也的确为我们提供了一种新的在同等教育水平异质性条件下深入理解教育过度的思路与框架。但稍显遗憾的是，国内教育过度问题的研究成果还没有很好地结合中国的劳动力市场运行环境，也没有按照这一思路对中国劳动力市场运行中的教育过度问题进行深入研究。现有的对教育过度收入效应的研究大多还停留在沿用国外的 ORU 模型或 V-V 模型，使用中国的数据，测量教育过度的收入效应，并进行国际比较的阶段。少数开始尝试研究基于面板数据的固定效应模型甚至工具变量法控制不可观测能力所带来的内生性问题，但基本还处于尝试阶段。

因此，本节基于中国企业雇主 - 雇员匹配数据（2013），首先使用标准的 ORU 方程和 V-V 模型，检验教育过度的收入效应，尝试与国内外的类似研究进行比较；其次依照 Allen and Van der Velden（2001）和 Mateos-Romero and Salinas-Jiménez（2016）等人的实证检验思路，使用第三章中提出的教育过度的测量新方法测得的真实教育过度和名义教育过度，结合技能不匹配的测量指标，检验教育过度和技能过度之间的关系，测量教育过度对工资收入的真实影响效应。

另外，按照 Sicherman and Galor（1990）等人提出的职业流动理论，教育过度是劳动者职业生涯特定阶段的一种策略性选择，因此会有更高的概率在未来进入更高等级要求的工作中，有较高的职位晋升预期和在职搜寻行为，并在 Sicherman（1991）和 Rubb（2013）的实证检验中得到了验证 [8, 128]；但 Allen and Van der Velden（2001）以及 Linsley 则发现了相反的结论 [55, 269]。而 Chevalier（2003）区分真实和表面教育过度后，认为真实教育过度者随着时间推移，将流动到更高等级的工作岗位上，但表面教育过度者并不如此。这也与观察到的大部分教育过度者留在原来岗位上的事实一致 [5]。因此，考虑到职位晋升和离职倾向（在职搜寻行为）在劳动力市场中的重要决策价值，本书也按照上述思路检验教育过度对职位晋升和离职倾向的影响效应。

5.2　计量模型、变量选择与数据来源

5.2.1　计量模型

1. 工资收入效应的计量模型

关于教育过度收入效应的检验的计量模型，已有研究成果提出了两种。第一种方法是 ORU 方程，也有人称为 D–H 模型。Duncan and Hoffman（1981）[43] 从微观视角将劳动者获得的教育水平分为三个部分：工作要求教育；教育过度；教育不足。然后将其代入拓展的 Mincer 方程，以测量不同教育类型的收益率。这种方法被称为 ORU 方程，在很多经典文献中均有使用。第二种方法是 V–V 模型。Verdugo and Verdugo（1989）[47] 假定劳动者的其他特征一致，开创性地将教育过度和教育不足作为虚拟变量的方式代入 Mincer 方程。两种方法各有千秋，均在已有文献中广泛应用。

首先，本节使用 ORU 方程检验教育过度的收入效应，参考 Duncan and Hoffman（1981）和 Hartog and Osterbeek（1988）、Sicherman（1991）等的研究，将计量方程设置如下，简称 Model（5.1）：

$$\ln W_i = \alpha E_i^r + \tau E_i^o + \delta E_i^u + X_i \beta + \varepsilon_i$$

其中，W_i 表示第 i 个劳动者上个月的税后现金总收入；$\ln W_i$ 表示上个月的税后现金总收入的自然对数；E_i^r 表示第 i 个劳动者自我评估做好当前工作要求的受教育年限；E_i^o 表示第 i 个劳动者自身受教育水平超出工作要求的受教育年限，即所谓的教育过度；E_i^u 表示第 i 个劳动者自身受教育水平相对工作要求的受教育年限不足的部分，即教育不足；X_i 表示会影响劳动者的一系列个体特征或工作特征，可以视为教育过度收入效应分析中的控制变量，本研究中代表控制劳动者性别、户口、婚姻、孩子、工作经验、工作经验平方、职业、行业等，并考虑加入代表个人能力或公司管理能力的变量；α、τ、δ 分别表示工作要求的教育、教育过度和教育不足的系数；β 表示控制变量的系数向量；ε_i 表示残差。

在标准 ORU 方程的基础上，为控制不可观测能力变量的影响，在一定程度上解决能力异质性问题，我们尝试引入能力的代理变量。此时计量模型如下，简称 Model（5.2）：

$$\ln W_i = \alpha E_i^r + \tau E_i^o + \delta E_i^u + X_i \beta + A_i \gamma + \varepsilon_i$$

其中，A_i 为不可观测能力的代理变量，本节尝试以毕业证书获得方式及院校等级和在读期间的学习成绩所形成的虚拟变量和纳入企业是否有工会和企业人力资源管理综合评分作为个人不可观测能力的代理变量。其背后的逻辑是在中国的特定背景下，通过高考进入不同等级的大学机构在一定程度上是个人综合能力，包括不可观测能力的信号体现。在大学里的学业成绩也在一定程度上反映个体的专业水准和大学期间的时间分配方式最终形成的综合能力。企业人力资源管理水平的综合评分越高，代表企业越规范、管理水平越高，意味着能够更好地在招聘、配置等相关用人决策综合考察个人实际能力与水平，所以在一定程度上也可以代表一个人的不可观测能力。工会成立也存在同样的逻辑，有工会的机构一般是管理规范、规模较大的企业，能够进入这样的公司也是综合能力的体现。

在 ORU 方程设定下，劳动者受教育水平被分为三个部分：工作要求的教育 E_i^r；教育过度 E_i^o；教育不足 E_i^u。三部分之间的关系如下，简称 Model（5.3）：

$$E_i \equiv E_i^r + E_i^o + E_i^u$$

此外，我们也参考 Allen and Van der Velden（2001）和 Mateos-Romero and Salinas-Jiménez（2016）等人的实证检验思路，使用 Verdugo and Verdugo（1989）创立的 V-V 模型，将教育过度和教育不足作为虚拟变量的方式代入工资收入方程，检验教育过度和教育不足的收入影响效应，并逐步控制专业匹配和技能匹配程度，以获得在控制技能利用情况下教育过度的净效应。具体方程的设置方式如下：

第一步，设置包含劳动者受教育程度、教育过度和教育不足变量及相应控制变量的方程，简称 Model（5.4）。

$$\ln W_i = \alpha^0 E_i + \alpha^1 \text{Over\_edu}_i + \alpha^2 \text{Under\_edu}_i + X_i \beta + \varepsilon_i$$

其中，W_i 表示第 i 个劳动者上个月的税后现金总收入；$\ln W_i$ 表示上个月的税后现金总收入的自然对数；E_i 表示第 i 个劳动者实际教育水平，可以是实际的教育年限，也可以是代表受教育水平的虚拟变量[①]；Over_edu_i 表示第 i 个

---

① 关于 V-V 模型中教育程度变量的形式选择问题，Verdugo ang Verdugo（1989）和 Santos and Kiker(1996)选择的是以劳动者实际获得的教育年限，Battu 等（1999）、Chevalier（2003）、Chevalier and Lindley（2009）、Dolton and Vignoles（2000）、Dolton and Silles（2008）、Aleen and Van der Velden（2001）等选择的是教育类型的虚拟变量。

劳动者是否处于教育过度的虚拟变量或向量，本研究中包括教育过度变量、真实教育过度和名义教育过度，还代表是否技能过度；$Under\_edu_i$ 表示第 i 个劳动者是否处于教育不足状态的虚拟变量；X_i 表示会影响劳动者的一系列个体特征或工作特征，可以视为教育过度收入效应分析中的控制变量，本研究中代表控制劳动者性别、户口、婚姻、孩子、工作经验、工作经验平方、职业、行业等；α^0、α^1、α^2 分别表示个人受教育水平、教育过度和教育不足的系数；β 表示控制变量的系数向量；ε_i 表示残差。

第二步，为检验专业不匹配对教育过度的影响，我们在 Model（5.4）的基础上加上代表专业不匹配程度的变量，形成包含专业不匹配的工资方程，简称 Model（5.5）。

$$\ln W_i = \alpha^0 E_i + \alpha^1 Over\_edu_i + \alpha^2 Under\_edu_i + \alpha^3 Major\_mis + X_i\beta' + \varepsilon_i$$

其中，$Major\_mis$ 代表专业不匹配；α^3 表示专业不匹配的系数。

第三步，进一步检验教育匹配与技能匹配的不同，我们构建仅含有技能不匹配指标的方程，简称 Model（5.6）。

$$\ln W_i = \alpha^0 E_i + \alpha^4 Over\_skill_i + \alpha^5 Under\_skill_i + X_i\beta + \varepsilon_i$$

第四步，将代表教育不匹配、专业不匹配和技能不匹配的变量纳入同一个工资方程中，以获得控制技能利用程度和专业匹配度后教育过度等变量的净影响效应，简称 Model（5.7）。

$$\ln W_i = Model(5.5) + \alpha^4 Over\_skill_i + \alpha^5 Under\_skill_i + \varepsilon_i$$

另外，为进一步了解教育过度的工资惩罚效应在性别、学历、户口、专业及不同婚姻状态下的差别，及教育过度惩罚效应是否随工作经验增长而减少，我们把它们与教育过度、表面教育过度和真实教育过度的交互项分别放入方程来考察，简称 Model（5.8）。

$$\ln W_i = \alpha^0 E_i + \alpha^1 Over\_edu_i + \alpha^2 Under\_edu_i + Inter_i\delta + X_i\beta + \varepsilon_i$$

其中，$Inter_i$ 表示某一交互项；δ 表示交互项系数向量。

2. 晋升 / 离职倾向的计量模型

参照 Sicherman（1991）、Allen and Van der Velden（2001）和 Linsley（2005）的模型，探讨教育过度对晋升和离职倾向（在职搜寻）的影响，我们采用 Probit 模型来分析。

$$pr(y_i = 1) = \Phi\left[\alpha_0 + Mismath_i\gamma + X_i\beta + \varepsilon_i\right]$$

其中，y_i 表示因变量，这里代表晋升预期和离职倾向（在职搜寻）。当有晋升预期或在职搜寻行为时，$y_i = 1$；没有晋升预期或在职搜寻行为时取 $y_i = 0$；$\Phi(\cdot)$ 表示标准正态分布的累积函数，Mismatch、X 分别代表匹配变量和其他控制变量。

5.2.2 变量选择

1. 因变量

在教育过度的收入效应方程中，因变量为劳动者表示上个月的税后现金总收入的自然对数，为连续变量，已在问卷中设置；在晋升和离职倾向方程中，因变量分别为劳动者对未来几年内的晋升预期和在职搜寻行为，为二分变量。有晋升可能或有在职搜寻行为时，取值为 1，否则为 0。

2. 自变量

本研究重点关注的是教育匹配变量的影响效应，包括教育过度、教育不足，以及按照第三章中提出的新测量方法得到的真实教育过度和名义教育过度。其中，教育过度和教育不足是以劳动者自我评估做好工作要求学历为标准与劳动者实际受教育水平对比得到的教育匹配指标。真实教育过度和名义教育过度是在此基础上，结合劳动者对学历和工作要求匹配状况满意度（问卷中询问："您对您现在工作的学历要求与您学历的匹配状态满意吗"，答案是从非常不满意到非常满意的五点计分回答）进行的区分的结果。若劳动者处于教育过度状态，且对匹配状况不满意，则被认定为真实教育过度；若其虽然处于教育过度状态，但对匹配状况满意，则被认为是名义教育过度。

另外，除了教育过度和教育不足外，本节还通过劳动者询问劳动者专业匹配状况（问卷中问题设置是"您现在工作的专业要求与您所学专业的匹配程度"，答案是从非常不匹配到非常匹配的五点计分回答），生成专业不匹配指标（虚拟变量，专业不匹配为 1，其他为 0）；通过对劳动者技能利用和技能不足情况的询问得到技能过度和技能不足的指标（问卷中问题设置方式如下：您是否同意以下说法："在当前岗位上，我的工作能力与技能远超过岗位的实际要求""如果有机会接受专业知识和技能培训，我可以把工作做得更好"，答案的设置是从非常不同意到非常同意的五点计分式回答）。

3. 控制变量

在经典的基本的 Mincer 方程中，自变量为教育年限、工作经验和工作经验平方，没有其他的控制变量。因为潜在的能力偏误和源于教育投资决策和测量误差的教育年限的内生性而饱受批评。更进一步，其最大的问题是完全忽略了劳动力市场上需求因素的影响。因此，后续研究中应多增加相应控制变量，以在一定程度上控制遗漏变量带来的影响。有学者也实证研究发现存在确实的证据表明劳动者的工作场所特征会显著影响工资。比如，Gintis and Osborne（2001）发现表面上相同的劳动者工资水平存在明显差异。控制不同种族、性别以及其他不同个人特征，如年龄、教育经历和家庭背景后，还有 2/3 到 1/4 的小时工资差异无法得到解释。Wachtel and Betsey（1972）、Dickens and Katz（1986）、Krueger and Summers（1986）和 Groshen（1991a，1991b）的研究发现一部分的工资差异可以由行业结构来解释[69]。而 Thurow（1975）提出的工作竞争模型，更是将工作特征视为劳动者边际生产率以及工资的唯一决定因素，从事同样工作的劳动者获得同一的工资水平。因此，脱胎于 Mincer 方程的 ORU 方程和 V–V 模型在实际使用中大多添加相应的控制变量。Verdugo and Verdugo（1989）发现教育过度、教育不足和适度匹配的工资效应在不同职业之间存在显著差异。Rubbs（2003）对使用 ORU 方程估计教育过度收入效应的文献进行了总结梳理，发现 ORU 方程在实际使用中控制变量主要有当前岗位任职年限（Tenure）、代表职业类型的虚拟变量（Occupational Dummy）和其他变量，所有研究均控制了性别、年龄或工作经验，但较少有研究同时控制年龄和工作经验。Hartog（2000）也发现 ORU 方程的研究中，控制工作经验多于对年龄的控制，另外，他还发现在职培训、公司规模和行业等也是经常控制的变量。因此，不同时控制年龄和工作经验，可能是因为两者有较高的相关性，基于本节数据检验也发现年龄和工作经验具有较高的相关性。另外，我们检验当前工作任职年限与工作经验的相关性，也发现相关系数高达 0.7，结合问卷的实际设置，数据库只能提供给我们进入当前工作的时间，实际上是入职本公司的时间，并不完全代表在当前岗位上的工作时间，因为我们也不把当前工作任职时间纳入方程。因此，本研究中控制劳动者性别、户口、婚姻、孩子、工作经验、工作经验平方、职业、行业等，并考虑加入代表个人能力或公司管理能力及其利用程度的变量。

特别需要说明的是，本节尝试以毕业证书获得方式及院校等级和在读期间的学习成绩所形成的虚拟变量和纳入企业是否有工会和企业人力资源管理综合评分作为个人不可观测能力的代理变量。除了前文所述的理由之外，似乎也得到了部分实证研究的支持，如 Belfield and Sloane（1999）发现大学生的证书等级类型显著影响第一年和第六年的工资收入，对于相对较低的第二等级证书，持有第一等级证书的工资溢价为 8% ~ 13%。同样，获得毕业证书的机构类型也会有影响。从大学毕业的毕业生相对于理工学院毕业的学生而言，工资收入高出 8% ~ 11%。① Büchel and Pollmann－Schult（2001）利用德国生活历史调查数据（German Life History Study）发现，控制样本选择性偏差后，持有职业毕业证书的大学生的离校毕业测试中较差的学习成绩对后续的教育过度风险有显著影响。

各类变量的具体定义方式和描述性统计详细见表 5-1。

表5-1 主要变量定义及描述性统计

变量名	变量定义	观测值	均　值	标准差	最小值	最大值
工资对数	上个月税后现金收入自然对数	2 397	7.955 8	0.521 3	5.181 8	11.695
晋升期望	是 =1，否 =0	2 431	0.320 4	0.466 7	0	1
离职倾向（在职搜寻）	有 =1，无 =0	2 427	0.246 4	0.431 0	0	1
教育年限	连续变量	2 435	15.047	1.263 3	14	19
研究生	是 =1，否 =0	2 435	0.039 84	0.195 6	0	1
本科	是 =1，否 =0	2 435	0.423 8	0.494 3	0	1
工作要求教育	以劳动者个人评估做好工作的学历要求为基准，连续变量	2 435	13.757	2.369 5	6	19
教育过度年限	劳动者实际受教育年限相对以劳动者个人评估做好工作的学历要求为基准的工作要求受教育年限的差，即超出部分年限，连续变量	2 435	1.397 9	2.162 0	0	10

① Dolton and Vignoles（2000）利用 1980 年全国毕业生调查数据（National Survey of Graduates and Diplomates）发现，没有证据表明获得更高等级毕业证书者收入高于较低等级证书的毕业生收入；还发现获得大学毕业证书者相对于理工学院毕业生而言，会更少机会遭遇教育过度。

续表

变量名	变量定义	观测值	均　值	标准差	最小值	最大值
教育不足年限	劳动者实际受教育年限相对以劳动者个人评估做好工作的学历要求为基准的工作要求受教育年限的差，即不足超出部分年限，连续变量	2 435	0.108 0	0.504 9	0	5
教育过度	劳动者实际受教育年限相对以劳动者个人评估做好工作的学历要求为基准：是 =1，否 =0	2 435	0.438 2	0.496 3	0	1
教育不足	劳动者实际受教育年限相对以劳动者个人评估做好工作的学历要求为基准：是 =1，否 =0	2 435	0.048 05	0.213 9	0	1
名义教育过度	教育过度但对匹配状况满意：是 =1，否 =0	2 435	0.378 6	0.485 1	0	1
真实教育过度	教育过度且对匹配状况不满意：是 =1，否 =0	2 435	0.058 73	0.235 2	0	1
专业不匹配	是 =1，否 =0	2 433	0.226 9	0.418 9	0	1
技能过度	是 =1，否 =0	2 144	0.368 5	0.482 5	0	1
技能不足	是 =1，否 =0	2 430	0.216 0	0.411 6	0	1
性别	男 =1，女 =0	2 428	0.400 7	0.490 1	0	1
年龄	35 岁以上为 1，其他为 0	2 382	0.217 9	0.412 9	0	1
户口	城镇 =1，农村 =0	2 429	0.731 2	0.443 4	0	1

续表

变量名	变量定义	观测值	均 值	标准差	最小值	最大值
专业	理工科 =1，社科类 =0	2 426	0.242 4	0.428 6	0	1
毕业院校等级	大专 =1，成人教育本科 =2，民办本科／独立学院 =3，一般公立本科 =4，985/211 高校 =5	2 433	2.242 5	1.500 4	1	5
在校学业成绩	前 10%=1，10% ～ 25%=2，15% ～ 50%=3，50% 以下 =4	2 431	2.522 4	1.073 2	1	4
党员	是 =1，否 =0	2 435	0.194 7	0.396 0	0	1
婚姻	已婚 =1，未婚 =0	2 434	0.548 1	0.497 8	0	1
孩子	有 =1，无 =0	2 435	0.391 8	0.488 2	0	1
工作经验	连续变量	2 011	7.671 8	7.450 9	0.500 0	47
工作经验平方 /100	连续变量	2 011	1.143 5	2.168 8	0.002 5	22.090
在职培训	有 =1，无 =0	2 435	0.660 0	0.473 8	0	1
工作转换经历	有 =1，无 =0	2 431	0.526 9	0.499 4	0	1
岗位任职时间	连续变量	2 373	4.618 2	5.694 8	0.500 0	43
职业类型	管理人员 =1，专业技术人员 =2，行政办事人员 =3，技术工人 =4，普通工人 =5	2 434	3.216 1	1.600 2	1	5
中型企业	是 =1，否 =0	2 435	0.282 1	0.450 1	0	1
大型企业	是 =1，否 =0	2 435	0.098 56	0.298 1	0	1

续表

变量名	变量定义	观测值	均　值	标准差	最小值	最大值
行业类型	农、林、牧、渔业/采矿业=1，制造业=2，电力、热力、燃气及水生产和供应业=3，建筑业=4，批发和零售业、住宿餐饮=5，交通运输、仓储和邮政业=6，信息传输、软件和信息技术服务业=7，金融业=8，房地产业=9，租赁和商务服务业=10，科学研究和技术服务业=11，水利环境及其他=12	2 435	5.722 0	3.505 8	1	12
所有制类型	国有企业=1，集体及混合所有制=2，私营企业=3，港澳台/外资=4	2 416	2.765 3	0.791 8	1	4
企业所在区域	东部=1，中部=2，西部=3	2 435	1.581 5	0.670 0	1	3
工会	有=1，无=0	2 435	0.575 4	0.494 4	0	1
人力资源管理系统评分	连续变量	2 404	86.832	15.112	29	130
培训与开发系统评分	连续变量	2 404	5.100×10^{-10}	1	−5.252 1	3.440 2
职位管理系统评分	连续变量	2 404	5.320×10^{-10}	1	−4.404 8	3.816 5
招聘甄选系统评分	连续变量	2 404	1.200×10^{-10}	1	−3.810 3	3.484 8

续表

变量名	变量定义	观测值	均值	标准差	最小值	最大值
领导沟通系统评分	连续变量	2 404	-1.490×10^{-10}	1	-4.001 5	3.961 9
职业发展系统评分	连续变量	2 404	4.680×10^{-10}	1	-2.989 3	2.721 6

5.2.3 数据来源

本节使用的数据来自"中国企业雇主 – 雇员匹配数据调查"项目 2013 年所获取的数据。笔者参加问卷设计，并承担其 2013 年广州地区调查。后文称"中国企业雇主 – 雇员匹配数据（2013）"。

"中国企业雇主 – 雇员匹配数据调查"是中国人民大学设立的长期跟踪调查的基础性科研数据库建设项目，由中国人民大学劳动人事学院主持设计和实施，是一项全国性的企业追踪调查工作。调查旨在同时搜集样本企业的雇主和雇员双向的有关企业人力资源管理、劳动关系、劳动保障等方面的访问信息数据，建立相关数据库，以便长期深入研究中国体制转变过程中企业劳动关系发展、人力资源管理变革以及社会保障制度发展完善对企业的深层次影响等。2013 年中国企业雇主 – 雇员匹配数据调查是本调查项目的第三次试点。调查在全国 12 个大中城市展开，共完成调查企业样本 444 家，员工样本 4 532 人。样本企业的地域分布是先按中国经济版图的东中西和东北四个部分，每个区域各抽选一个省会城市和一个一般地级市，北京市作为直辖市代表，另外增加了一个南方省会城市，共计 12 个城市。444 家企业在城市间的分布如下：北京市 50 家企业，福州、济南、成都、长春、郑州等 5 个省会城市各 40 家企业，齐齐哈尔、咸阳、苏州、襄阳等 4 个地级市各 25 家企业和新增的太原 44 家企业、广州 50 家企业。

各城市样本企业的抽选是以 2008 年全国经济普查数据建立的各城市企业名录为抽样框（去除用工 20 人以下的小微企业），采用按企业人数规模分层的二阶段抽样，第一阶段按企业人数规模排序后每市等距抽取 3 000 家企业，第二阶段按各市调查样本规模（50、40 或 25 家企业）依随机数码排序将 3 000 家企业划分为若干随机样本组，然后从任意一组开始接触访问，在访问中遇有样本企业失联、丢失、延误和拒访的情况时，则以下一组随机样本中的同类（依规模和行业标准）企业替换，依次类推，直至完成该市调查样本要求的企业数目。

　　员工样本的抽选则是在进入调查企业后，在控制一线员工、技术人员和管理人员（不包括高层管理人员）三类员工 6 : 2 : 2 的基本比例和老、中、青兼顾的前提下，由企业方指定员工接受访问。员工样本容量确定是平均每个企业访问 10 名员工，调查中根据企业人员规模作增减调整，最多不超过 20 人，最少不低于 5 人。

　　调查方式是先由调查访问员电话预约样本企业，预约成功后再登门访问，由雇主、雇员分别现场填答问卷。

　　本次调查入访企业填答问卷的工作于 2013 年 8 月至 12 月实施完成，共计完成了 444 家样本企业的问卷填答和样本企业内 4 532 名员工的问卷填答。经后期计算机录入和数据清理工作，444 份企业问卷和 4 532 份员工问卷全部有效，部分敏感性调查项目存在少数回答缺失情况（如在企业营业收入、利润和总资产等调查项目上），总数据缺失率未超过 1%。

　　经数据整理和分析比对，本次调查的企业样本在行业分布、企业规模构成、企业登记类型等几个维度上都获得了与 2008 年全国经济普查数据结构比较相近的结果，表明本次调查的企业样本具有一定的全国代表性。

　　基于获得的原始数据，本研究选取样本中具有大专以上学历的被访者作为研究对象，因此仅保留具有大专以上学历的被调查对象作为研究样本，并删除教育过度测量所需关键变量的缺失值的样本，经过数据清理后，共获取有效样本 2 435 个（因为其他变量依然存在部分缺失值，具体到某一变量，样本数量可能稍有调整）。笔者参与了该项目问卷的设计和调查实施，所以在问卷设计阶段已经将本研究需要的核心变量和相关变量进行了控制，如设置了询问"当您就职目前这个岗位时，公司对这个岗位的学历要求是？"和"您个人认为做好您现在这份工作需要的学历要求？"两个问题后，又设置了被访者"您对您现在工作的学历要求与您学历的匹配状态满意吗？"的问题。这几个问题的设置不仅可以让我们较好地定义经典文献中的教育过度、适度教育和教育不足，更可以让我们有效地区分名义教育过度和真实教育过度，这样的问题设置在国内微观数据调查中还比较少见。另外，"中国企业雇主 – 雇员匹配调查数据（2013）"中包含了院校类型、学业成绩、工作转换经历、职业类型、行业等很多的相关数据，为我们在研究中有效控制其他变量的影响提供了便利，所以是国内少数适合进行教育过度问题研究的具有一定代表性的全国性微观调查数据。

5.3 实证结果分析

5.3.1 教育过度的收入效应

1. 基于 ORU 方程的估计结果

基于前文建立的计量分析方程，我们先以 ORU 方程估计教育过度的收入效应。在模型（1）中，呈现标准的 Mincer 方程作为基准模型；模型（2）按照 Duncan 和 Hoffman（1981）定义 ORU 方程的基本思路，将标准 Mincer 方程中个人受教育水平分为"工作要求教育""过度部分教育"（教育过度）和"不足部分教育"（教育不足），但不添加其他的控制变量，以作为 ORU 方程的参照基准；模型（3）则在模型（2）的基础上控制性别、户口、专业、婚姻、孩子、工作经验、工作经验平方、是否参加在职培训、是否有工作转换经历、职业、企业规模、行业、所有制类型和所在地区，估计教育过度等教育变量的教育回报率；模型（4）和模型（5）是基于模型（3）分别对男性样本和女性样本 ORU 方程分别估计的结果。表 5-2 中呈现基于中国企业雇主－雇员匹配数据得到的 ORU 方程利用 OLS 估计结果。为了处理可能存在的异方差问题，模型（1）～模型（5）均采用 VCE 稳健估计。而模型（1）～模型（5）的 R^2，除了模型（1）之外，大部分为 0.118～0.352，模型拟合较好。

表5-2 教育过度的收入效应（ORU方程）

	模型（1）	模型（2）	模型（3）	模型（4）	模型（5）
教育年限	0.096***				
	[0.009]				
工作要求教育年限		0.253***	0.133***	0.139***	0.135***
		[0.020]	[0.020]	[0.034]	[0.024]
教育过度年限		0.063***	0.032***	0.038***	0.030***
		[0.008]	[0.008]	[0.014]	[0.010]
教育不足年限		−0.108***	−0.074***	−0.122***	−0.040
		[0.026]	[0.023]	[0.034]	[0.033]

续表

	模型（1）	模型（2）	模型（3）	模型（4）	模型（5）
性别			0.112***		
			[0.021]		
户口			0.029	0.012	0.039
			[0.024]	[0.042]	[0.027]
专业			−0.012	0.007	−0.036
			[0.022]	[0.035]	[0.028]
党员			0.024	0.008	0.056*
			[0.026]	[0.043]	[0.033]
婚姻			0.029	0.044	0.012
			[0.029]	[0.055]	[0.033]
孩子			−0.040	−0.067	−0.013
			[0.030]	[0.057]	[0.033]
工作经验	0.030***	0.029***	0.021***	0.025***	0.020***
	[0.004]	[0.004]	[0.004]	[0.008]	[0.006]
工作经验平方/100	−0.071***	−0.066***	−0.044***	−0.055***	−0.038**
	[0.015]	[0.015]	[0.014]	[0.021]	[0.018]
在职培训			0.084***	0.103***	0.072***
			[0.020]	[0.035]	[0.023]
工作转换			0.047**	0.039	0.046*
			[0.021]	[0.038]	[0.024]
职业：以管理人员为参照					
专业技术人员			−0.040	−0.045	−0.043
			[0.037]	[0.057]	[0.048]
行政办事人员			−0.229***	−0.193***	−0.231***
			[0.031]	[0.054]	[0.036]

续表

	模型(1)	模型（2）	模型（3）	模型（4）	模型（5）
技术工人			−0.248***	−0.278***	−0.207***
			[0.045]	[0.064]	[0.071]
普通员工			−0.255***	−0.264***	−0.250***
			[0.029]	[0.052]	[0.034]
企业规模：以小型企业为参照					
中型企业			0.019	−0.050	0.069***
			[0.021]	[0.040]	[0.024]
大型企业			0.066*	0.035	0.083*
			[0.034]	[0.058]	[0.046]
行业：以农业/采矿业为参照					
制造业			−0.114**	−0.171**	−0.080
			[0.056]	[0.083]	[0.077]
电力、热力、燃气及水生产和供应业			−0.005	−0.083	0.047
			[0.060]	[0.094]	[0.078]
建筑业			0.069	0.008	0.119
			[0.067]	[0.105]	[0.088]
批发和零售业、住宿餐饮			0.125*	0.079	0.153*
			[0.068]	[0.114]	[0.085]
交通运输、仓储和邮政业			−0.021	−0.013	−0.023
			[0.055]	[0.086]	[0.073]
信息传输、软件和信息技术服务业			−0.219**	−0.228	−0.191*
			[0.086]	[0.160]	[0.104]
金融业			0.019	−0.121	0.104
			[0.076]	[0.118]	[0.099]

续表

	模型(1)	模型（2）	模型（3）	模型（4）	模型（5）
房地产业			0.077	0.061	0.085
			[0.090]	[0.123]	[0.122]
租赁和商务服务业			−0.101*	−0.210**	−0.036
			[0.060]	[0.100]	[0.077]
科学研究和技术服务业			0.087	0.100	0.075
			[0.073]	[0.122]	[0.093]
水利环境及其他			−0.256***	−0.251***	−0.250***
			[0.058]	[0.089]	[0.077]
所有制类型：以国有企业为参照					
集体企业			0.190***	0.240**	0.169**
			[0.060]	[0.100]	[0.075]
私营企业			0.172***	0.171***	0.198***
			[0.035]	[0.063]	[0.038]
外资企业			0.403***	0.356***	0.446***
			[0.055]	[0.090]	[0.070]
地区：以东部为参照					
中部			−0.304***	−0.333***	−0.277***
			[0.021]	[0.038]	[0.025]
西部			−0.199***	−0.214***	−0.182***
			[0.027]	[0.041]	[0.038]
常数项	6.372***	6.495***	7.165***	7.322***	7.082***
	[0.133]	[0.106]	[0.126]	[0.206]	[0.163]
观测值（N）	1,999	1,999	1,994	798	1,196
拟合优度（R^2）	0.082	0.118	0.323	0.285	0.352

注：因变量为上月税后现金收入对数；方括号内为标准误，*** $p<0.01$，** $p<0.05$，* $p<0.1$。

由表 5-2 可知，基准 Mincer 方程中，个人实际受教育程度的教育回报率为 9.6%，未控制其他变量时，工作要求的教育回报率为 25.3%，远高于基准方程中个人实际受教育的教育回报率。超出部分教育（教育过度）的系数为 6.3%，教育不足部分的系数为 -10.8%，控制个体特征和工作特征等因素的影响后，工作要求的教育回报率为 13.3%，依然高于基准方程中个人实际受教育的教育回报率，超出部分教育（教育过度）的系数为 3.2%，教育不足部分的系数为 -7.4%。按照前文模型介绍中系数关系逻辑可以得出：相对于从事同样工作的适度匹配者而言，教育过度者可以得到正向的工资溢价，超出部分教育回报率为 3.2%，教育不足者每少一年则需要承担 7.4% 的工资损失；但相对于具有相同学历的适度匹配者而言，教育过度者将承受相应的工资惩罚，每少一年的惩罚效应为 -10.1%（由 3.2%-13.3% 得出），而教育不足者将获得较高的工资，超出适度匹配者 5.9%［由（-7.4%）+13.3% 得到］。这一结论与经典 Duncan 和 Hoffman（1981）等使用 ORU 方程研究的结论一致，即超出部分的教育依然可以获得正向的回报，但教育回报率明显低于工作要求的回报率。进一步分析，因为教育过度和教育不足的系数均不等于 0，说明模型拒绝人力资本理论和工作竞争模型理论的解释，而接受配置理论的相关解释。

分性别的估计结果模型（4）和模型（5）表明，对男性而言，工作要求教育的回报率更高，为 13.9%，与从事同一样工作的适度匹配者相比，教育过度存在工资溢价，超出部分的教育回报率为 3.8%，教育不足会导致工资损失，损失率为 12.2%，即工资溢价更高，但收入损失也更大；与同等教育水平的人相比，教育过度要承受的工资惩罚是每超出一年，工资损失为 10.1%，教育不足的工资溢价为每年 1.7%。对女性而言，工作要求教育的教育回报率为 13.5%，略低于男性；与从事同样工作的人相比，教育过度者存在工资溢价，超出部分教育回报率为 3.0%，也略低于男性；与具有同样教育水平的人相比，教育过度者则需要承受的工资惩罚每年为 10.4%，略高于男性。对女性而言，教育不足部分的教育的系数不显著。

为更准确地理解上述模型的分析结果，我们尝试进一步将模型的估计结果与已有研究成果进行对比。表 5-3 罗列了部分使用 ORU 方程进行估计的研究成果，表 5-4 呈现了 Groot and Maassen van den Brink（2000）分析中整理得到的不同地区、方法所估算的各部分教育回报率的平均结果。可以发现，无论是全样本数据还是分性别的样本，我们计算的工作要求教育的系数均大于表 5-3 中的同类型系数，也高于表 5-4 中的相关数值。这说明当前中国劳动力市场中，工作特征对工资水平的影响是客观存在的；教育过度的系数小于大部分研究成果的结果，但与所有研究所得的平均值基本相同，且高于欧洲的平均数值，表明中国劳动力市场上超出部分的教育回报率可能略低于国外的其他地区，但整体还算合理。教育不足的系数的绝对值与部分研究相当，也有小于部分研究成果的情况，说明中国劳动力市场上教育不足获得的工资溢价会更小和工资惩罚会更大。

表5-3 教育过度收入效应的部分研究成果汇总

研究文献	数据年份	测量方法 a	模型设定 b	(男/女)实际教育回报率 /%	(男/女)工作要求教育回报率 /%	(男/女)教育过度(超出部分教育)的教育回报率 /%	(男/女)教育不足(不足部分教育)的教育回报率 /%
Alba-Ramirez (1993)	1985	D	I		9.2	4.0	-6.0
Beneito, Rerri, Molt 6 and Uriel (1996)	1990	B	I				
		C	I		3.3	1.9	-3.3
		D					
Cohn and Kahn (1995)	1985	B	I		8.4	5.9	-4.4
		D	I		7.7	4.9	-3.8
Daly, Büchel and Duncan (2000)	1976	D	I		6.1/9.0	4.5/6.1	-3.4/-3.6
	1985	D	I		7.8/10.9	5.4/8.6	-1.6/-2.5
	1984	D	I		9.0/9.0	4.9/6.6	-7.8/-3.8
Dolton and Vignoles (2000)	1986	D	I				
Duncan and Hoffman (1981)	1976	D	I			3	-4.2

续表

研究文献	数据年份	测量方法 [a]	模型设定 [b]	（男／女）实际教育回报率/%	（男／女）工作要求教育回报率/%	（男／女）教育过度（超出部分教育）的教育回报率/%	（男／女）教育不足（不足部分教育）的教育回报率/%
Groeneveld (1996)	1994	A					
		D					
		C					
Groot (1993)	1983	B	III	5.5		-7.4	2.6
Groot (1996)	1991	B	I	4.5/5.6	7.9/7.4	-2.6/-3.0	12.2/10.9
Groot and Maassen van den Brink (1997)	1991	B	I	4.5/5.6	7.9/9.4	-2.6/-3.0	12.2/10.9
Groot and Maassen van den Brink (1996)	1995	C					
Halaby (1994)	1973/1977A	A					
		B					
		C					
Hartog (1985)	1977	A	I				

续表

研究文献	数据年份	测量方法 a	模型设定 b	(男/女)实际教育回报率/%	(男/女)工作要求教育回报率/%	(男/女)教育过度(超出部分教育)的教育回报率/%	(男/女)教育不足(不足部分教育)的教育回报率/%
Hartog and Oosterbeek (1988)	1982	D	I	6.5/4.7	7.6/5.2	6.5/3.7	-1.9/-4.0
	1969	D	I		9.5	6.2	-3.9
	1973	D	I		7.8	4.4	-2.1
	1977	D	I		8.9	5.1	-1.3
McGoldrick and Robst (1996)	1985	B					
		D					
Oosterbeek and Webbink (1996)	1995	B	I	6.8/6.2	9.2/7.9	5.2/6.3	-3.3/-1.1
Robst (1995)	1976	D					
	1978						
	1985						
Rumberger (1981)	1977	A	I		6.1/11.5	2.8/6.1	
		D	I		5.2/10.0	3.1/5.7	
Santos		B	I		3.5/3.4	1.5/0.9	-1.9/0.7

续表

研究文献	数据年份	测量方法 a 和 模型设定 b		（男/女）实际教育回报率 /%	（男/女）工作要求教育回报率 /%	（男/女）教育过度（超出部分教育）的教育回报率 /%	（男/女）教育不足（不足部分教育）的教育回报率 /%
Santos, Mendes Oliveira and Kiker（1996）	1991	A	I		10.0/10.4	3.4/3.0	-3.9/-6.6
		B	II	6.4/5.6		-9.5/-3.6	16.5/15.6
Sicherman（1991）	1976/1978	D	I	3.8	4.8	3.9	-1.7
Sloane, Battu and Seaman（1995）	1986	D	I			3.3/2.5	-4.8/0.5
Smoorenburg and Van der Velden（2000）	1994	D	I		6.6	4.8	-7.1
Verdugo and Verdugo（1989）	1980	B	II	7.2		-13.0	9.6

注：ᵃ 教育过度/教育不足的测量方法：A 基于工作分析法（DOT）；B 基于职业内的平均学历要求；C 自我评估做好工作要求；D 自我评估新人入职的学历要求。ᵇ 工资方程的设定形式：Ⅰ 包括工作要求教育年限、教育过度（超出部分）教育年限和教育不足（不足部分）教育年限；Ⅱ 包括劳动者的实际受教育年限、教育过度和教育不足的虚拟变量；Ⅲ 包括劳动者的实际受教育年限、教育过度（超出部分）教育年限和教育不足（不足部分）教育年限。

资料来源：GROOT W, MAASSEN VAN DEN BRINK H. Overeducation in the Labor Market: A Meta-Analysis [J]. Economics of Education Review, 2000, 19(2): 149-158.

表5-4　不同特征群组下的教育过度回报率汇总

	实际教育回报率/%	工作要求教育回报率/%	教育过度（超出部分教育）的教育回报率/%	教育不足（不足部分教育）的教育回报率/%
所有研究	5.6（1.0）	7.8（2.2）	3.0（4.7）	−1.5（5.8）
区域				
美国	5.5（2.4）	8.1（2.0）	3.9（4.8）	−1.9（3.8）
欧洲	5.6（0.8）	7.6（2.4）	2.1（4.6）	−1.2（7.0）
年份				
1970s	3.8（0）	7.9（2.3）	4.6（1.3）	−2.9（1.2）
1980s	5.9（1.1）	7.4（2.4）	2.6（5.7）	−2.1（4.3）
1990s	5.7（0.8）	8.2（2.1）	1.4（5.4）	0.85（9.6）
教育定义 [a]				
A		9.5（2.4）	3.8（1.5）	−5.3（1.9）
B	5.8（0.9）	7.4（2.4）	−1.5（7.2）	4.2（8.5）
C		3.3（0）	1.9（0）	−3.3（0）
D	5.0（1.4）	7.9（1.8）	4.9（1.5）	−3.5（2.1）
性别				
男性	5.7（1.1）	7.3（1.9）	2.8（4.3）	−1.3（7.0）
女性	5.5（0.5）	8.7（2.4）	4.2（3.4）	−0.7（6.9）
组合样本	5.5（1.7）	7.4（2.1）	2.0（5.9）	−2.1（4.4）
工资方程设定				
基于实际的受教育年限	6.2（0.8）		−8.4（3.9）	11.1（6.4）
基于要求的受教育年限	5.4（1.0）	7.8（2.2）	4.5（1.7）	−3.5（2.0）

注: [a] 教育过度／教育不足的测量方法：A 基于工作分析法（DOT）； B 基于职业内的平均学历要求； C 自我评估做好工作要求； D 自我评估新人入职的学历要求。

资料来源：GROOT W, MAASSEN VAN DEN BRINK H. Overeducation in the Labor Market: A Meta-Analysis [J]. Economics of Education Review, 2000, 19(2): 149-58.

如引言部分所述，基于 ORU 方程的研究大多忽略了测量误差和遗漏变量问题，本节尝试在 ORU 方程中添加可能代表个体不可观测能力代理变量的变量以及遗漏变量可能带来的误差。回归分析结果呈现在表 5-5 中。模型（1）是前文分析得到的控制个人特质和工作特征基于全样本的 ORU 方程，作为基准方程；模型（2）是在模型（1）的基础上，添加代表公司管理水平和能力的工会和企业人力资源管理系统评分变量；模型（3）是在模型（1）的基础上，添加劳动者毕业院校等级类型和在校学业成绩变量后的结果；模型（4）是同时控制代表公司管理水平、能力变量（工会和企业人力资源管理系统评分）和代表个人综合能力变量（毕业院校等级类型和在校学业成绩）后的结果。为了处理可能存在的异方差问题，模型（1）～模型（4）均采用 VCE 稳健估计。而模型（1）～模型（4）的 R^2 大部分为 0.323～0.329，模型拟合较好。

表5-5　控制遗漏变量后教育过度的收入效应（ORU方程）

	模型（1）	模型（2）	模型（3）	模型（4）
工作要求教育年限	0.133***	0.125***	0.125***	0.110***
	[0.020]	[0.020]	[0.039]	[0.040]
教育过度年限	0.032***	0.029***	0.027	0.022
	[0.008]	[0.008]	[0.016]	[0.017]
教育不足年限	−0.074***	−0.073***	−0.071**	−0.066**
	[0.023]	[0.023]	[0.028]	[0.028]
性别	0.112***	0.113***	0.110***	0.111***
	[0.021]	[0.021]	[0.021]	[0.021]
户口	0.029	0.033	0.026	0.031
	[0.024]	[0.024]	[0.024]	[0.024]
专业	−0.012	−0.018	−0.011	−0.018
	[0.022]	[0.022]	[0.022]	[0.022]
党员	0.024	0.022	0.030	0.028
	[0.026]	[0.026]	[0.026]	[0.026]

续表

	模型（1）	模型（2）	模型（3）	模型（4）
婚姻	0.029	0.029	0.031	0.032
	[0.029]	[0.029]	[0.029]	[0.029]
孩子	−0.040	−0.042	−0.039	−0.042
	[0.030]	[0.030]	[0.030]	[0.030]
工作经验	0.021***	0.022***	0.021***	0.022***
	[0.004]	[0.005]	[0.005]	[0.005]
工作经验平方/100	−0.044***	−0.047***	−0.044***	−0.047***
	[0.014]	[0.014]	[0.014]	[0.014]
在职培训	0.084***	0.079***	0.085***	0.079***
	[0.020]	[0.020]	[0.020]	[0.020]
工作转换	0.047**	0.037*	0.046**	0.036*
	[0.021]	[0.021]	[0.021]	[0.021]
职业：以管理人员为参照				
专业技术人员	−0.040	−0.035	−0.039	−0.033
	[0.037]	[0.036]	[0.037]	[0.036]
行政办事人员	−0.229***	−0.225***	−0.230***	−0.227***
	[0.031]	[0.031]	[0.031]	[0.031]
技术工人	−0.248***	−0.243***	−0.246***	−0.241***
	[0.045]	[0.045]	[0.045]	[0.046]
普通员工	−0.255***	−0.249***	−0.255***	−0.249***
	[0.029]	[0.029]	[0.029]	[0.029]
企业规模：以小型企业为参照				
中型企业	0.019	0.017	0.019	0.017
	[0.021]	[0.022]	[0.021]	[0.022]

	模型（1）	模型（2）	模型（3）	模型（4）
大型企业	0.066*	0.067*	0.070**	0.072**
	[0.034]	[0.035]	[0.034]	[0.034]
行业：以农业 / 采矿业为参照				
制造业	−0.114**	−0.115**	−0.105*	−0.106*
	[0.056]	[0.055]	[0.056]	[0.055]
电力、热力、燃气及水生产和供应业	−0.005	−0.012	0.005	−0.002
	[0.060]	[0.060]	[0.060]	[0.059]
建筑业	0.069	0.067	0.076	0.074
	[0.067]	[0.067]	[0.068]	[0.067]
批发和零售业、住宿餐饮	0.125*	0.117*	0.132*	0.124*
	[0.068]	[0.067]	[0.068]	[0.067]
交通运输、仓储和邮政业	−0.021	−0.021	−0.013	−0.013
	[0.055]	[0.055]	[0.055]	[0.055]
信息传输、软件和信息技术服务业	−0.219**	−0.217**	−0.210**	−0.208**
	[0.086]	[0.087]	[0.086]	[0.087]
金融业	0.019	0.026	0.023	0.030
	[0.076]	[0.075]	[0.076]	[0.075]
房地产业	0.077	0.051	0.087	0.061
	[0.090]	[0.089]	[0.090]	[0.089]
租赁和商务服务业	−0.101*	−0.109*	−0.095	−0.103*
	[0.060]	[0.059]	[0.059]	[0.059]
科学研究和技术服务业	0.087	0.086	0.101	0.102
	[0.073]	[0.072]	[0.073]	[0.072]

续表

	模型（1）	模型（2）	模型（3）	模型（4）
水利环境及其他	−0.256***	−0.252***	−0.247***	−0.243***
	[0.058]	[0.057]	[0.058]	[0.056]
所有制类型：以国有企业为参照				
集体企业	0.190***	0.187***	0.196***	0.193***
	[0.060]	[0.060]	[0.061]	[0.061]
私营企业	0.172***	0.167***	0.176***	0.172***
	[0.035]	[0.035]	[0.035]	[0.035]
外资企业	0.403***	0.392***	0.403***	0.393***
	[0.055]	[0.055]	[0.055]	[0.056]
地区：以东部为参照				
中部	−0.304***	−0.304***	−0.300***	−0.300***
	[0.021]	[0.021]	[0.022]	[0.022]
西部	−0.199***	−0.196***	−0.206***	−0.203***
	[0.027]	[0.028]	[0.028]	[0.029]
院校类型：以大专为参照				
成人教育			−0.007	0.001
			[0.049]	[0.049]
民办本科院校			0.061	0.070
			[0.070]	[0.070]
一般公立本科院校			0.008	0.017
			[0.045]	[0.046]
985/211 高校			0.033	0.040
			[0.056]	[0.057]

续表

	模型（1）	模型（2）	模型（3）	模型（4）
学业成绩：以前 10% 为参照				
10% ～ 25%			−0.049*	−0.053*
			[0.029]	[0.029]
25% ～ 50%			−0.042	−0.048*
			[0.027]	[0.027]
50% 以下			−0.052*	−0.056*
			[0.029]	[0.029]
工会		0.012		0.013
		[0.022]		[0.022]
培训与开发系统评分		−0.006		−0.007
		[0.010]		[0.010]
职位管理系统评分		0.001		0.002
		[0.010]		[0.010]
招聘甄选系统评分		0.023**		0.023**
		[0.010]		[0.010]
领导沟通系统评分		0.029***		0.029***
		[0.010]		[0.010]
职业发展系统评分		0.012		0.013
		[0.010]		[0.010]
常数项	7.165***	7.207***	7.230***	7.308***
	[0.126]	[0.126]	[0.202]	[0.204]
观测值（N）	1, 994	1, 988	1, 993	1, 987
拟合优度（R^2）	0.323	0.327	0.324	0.329

注：因变量为上月税后现金收入对数；方括号内为标准误，*** $p<0.01$，** $p<0.05$，* $p<0.1$。

表 5-5 呈现的结果表明，在以工会和企业人力资源管理水平作为不可观测能力变量引入 ORU 方程后，工作要求教育、教育过度和教育不足的系数均保持在 1% 水平上显著，但系数值都有所降低，表明控制不可观测能力后，教育过度和教育不足的工资效应有所降低。进一步，以院校类型和在校期间学习成绩做个人不可观测能力变量，代入 ORU 方程后，教育过度的系数不再显著，教育不足的系数由 1% 水平显著变为 5% 水平上显著，系数值也有所降低。这与 Bauer（2002）基于德国 1984—1998 年的面板数据，发现当控制不可观测的能力异质性以后，教育过度者和适度匹配者的工资差异变小或完全消失[116]以及 Frenette（2004）发现控制不可观测的能力异质性之后，教育过度的收入负效应几乎消失[117]的结论一致，也在一定程度上说明不可观测变量在教育过度工资效应分析中具有非常重要的影响。

2. 基于 V-V 模型的估计结果

按照前文确定的计量分析思路，使用 Verdugo and Verdugo（1989）提出的 V-V 模型参考 Allen and Van der Velden（2001）和 Mateos-Romero and Salinas-Jiménez（2016）的研究逻辑，基于中国雇主 - 雇员匹配数据（2013）检验教育过度的收入效应。在模型（1）中，呈现标准的 Mincer 方程作为个人教育收益率基准模型；模型（2）在模型（1）的标准的 Mincer 方程基础上，添加性别、户口、专业、婚姻、孩子、工作经验、工作经验平方、是否参加在职培训、是否有工作转换经历、职业、企业规模、行业、所有制类型和所在地区，作为 V-V 模型对照基准；模型（3）则在模型（2）的基础上添加教育过度和教育不足，形成标准的 V-V 模型，考察教育过度和教育不足的收入效应；模型（4）以真实教育过度和名义教育过度代替模型（3）中的教育过度，以检验同等学历能力异质性假设是否成立，检验真实教育过度和名义教育各自收入效应；模型（5）在模型（3）的基础上加入专业不匹配变量，检验专业不匹配对教育过度的影响；模型（6）在模型（4）的基础上加入专业不匹配变量，检验专业不匹配对真实教育过度和名义教育过度收入效应的影响；模型（7）在模型（3）的基础上加入技能过度和技能不足变量，检验技能利用程度对教育过度收入效应的影响；模型（8）在模型（3）的基础上将专业不匹配和技能不匹配变量同时添加到工资方程中，检验专业不匹配和技能不匹配对教育过度收入效应的影响；模型（9）再次以真实教育过度和名义教育过度代替模型（8）中的教育过度变量，检验专业不匹配和技能不匹配对真实教育过度和名义教育过度收入效应的影响。为了处理可能存在的异方差问题，模型（1）～模型（9）均采用 VCE 稳健估计，而模型（1）～模型（9）的 R^2 大部分为 0.082 ～ 0.327，模型拟合较好。

　　表 5-6 呈现了教育过度和教育不足的工资效应。模型（3）中教育过度的系数在 1% 水平上显著，教育不足的系数不显著。这表明与相同教育水平的适度匹配者相比，教育过度者需要承受 8.4% 的工资惩罚。模型（4）中将教育过度区分为真实教育过度和名义教育过度，进一步分析发现，名义教育过度的收入惩罚效应为 6.0%，低于未区分时的教育过度收入惩罚效应；真实教育过度的收入惩罚效应为 23.8%，远高于未区分时的收入惩罚效应和名义教育过度的收入惩罚效应，真实教育过度的收入惩罚效应是名义教育过度的收入惩罚效应的 4 倍。这与 Chevalier（2003）实证发现对表面教育过度者来说，其由教育过度带来的收入要少 5%～11%，而真正教育过度者，其收入要少 22%～26%[5] 的研究结论一致。模型（5）中引入了专业不匹配的影响，发现控制专业不匹配后，教育过度的收入惩罚效应有所降低，变为 7.4%，表明教育过度收入惩罚效应一部分来自专业不匹配的补偿。模型（6）中在区分真实教育过度和名义教育过度的基础上引入专业不匹配变量，发现控制专业不匹配后，真实教育过度和名义教育过度的收入惩罚效应也有所降低，真实教育过度的收入惩罚效应由原来的 23.8% 降低为 20.7%；名义教育过度的收入惩罚效应由原来的 6.0% 降低为 5.6%。这一方面说明我们测量的真实教育过度并不完全包括专业不匹配的影响，而是对学历标准一个比较有效的测量。

　　模型（7）中以技能过度和技能不足代入模型（2）的基准方程，发现技能过度和技能不足对工资的影响均不显著。与 Pietro and Urwin（2006）和 Allen and Van der Velden（2001）发现技能过度显著负向影响工资的结论不一致。模型（8）和模型（9）中分别将技能过度和技能不足代入未区分真实教育过度和名义教育过度但包括专业不匹配变量的模型（5）和区分了真实教育过度和名义教育过度且包含了专业不匹配变量的模型（6），发现技能过度和技能不足对教育过度、真实教育过度以及名义教育过度的影响效应没有影响。这在一定程度上说明教育不匹配和技能不匹配测量的内容是不同的范畴。这与 Allen and Van der Velden（2001）和 Pietro and Urwin（2006）的结论不一致，Allen and Van der Velden（2001）和 Pietro and Urwin（2006）发现技能利用情况可以在一定程度上替代教育过度的影响效用。

表5-6 教育过度的收入效应（V-V模型）

	模型（1）	模型（2）	模型（3）	模型（4）	模型（5）	模型（6）	模型（7）	模型（8）	模型（9）
教育年限	0.096***	0.046***	0.059***	0.058***	0.057***	0.057***	0.046***	0.057***	0.057***
	[0.009]	[0.009]	[0.009]	[0.009]	[0.009]	[0.009]	[0.009]	[0.009]	[0.009]
名义教育过度				-0.060***		-0.056***			-0.056***
				[0.021]		[0.021]			[0.021]
真实教育过度				-0.238***		-0.207***			-0.207***
				[0.043]		[0.045]			[0.045]
教育过度			-0.084***		-0.074***			-0.074***	
			[0.020]		[0.020]			[0.020]	
教育不足			-0.007	-0.006	-0.002	-0.002		-0.001	-0.001
			[0.053]	[0.054]	[0.053]	[0.053]		[0.053]	[0.053]
专业不匹配					-0.083***	-0.062***		-0.082***	-0.061***
					[0.022]	[0.023]		[0.023]	[0.024]
技能过度							-0.006	-0.009	-0.007
							[0.020]	[0.020]	[0.020]
技能不足							-0.027	-0.022	-0.022
							[0.023]	[0.023]	[0.023]

续表

	模型（1）	模型（2）	模型（3）	模型（4）	模型（5）	模型（6）	模型（7）	模型（8）	模型（9）
性别		0.109***	0.110***	0.112***	0.109***	0.111***	0.109***	0.109***	0.111***
		[0.021]	[0.021]	[0.021]	[0.021]	[0.021]	[0.021]	[0.021]	[0.021]
户口		0.028	0.030	0.024	0.027	0.023	0.028	0.026	0.022
		[0.024]	[0.023]	[0.023]	[0.023]	[0.023]	[0.024]	[0.023]	[0.023]
专业		-0.013	-0.012	-0.012	-0.008	-0.009	-0.013	-0.008	-0.009
		[0.022]	[0.022]	[0.022]	[0.022]	[0.022]	[0.022]	[0.022]	[0.022]
党员		0.030	0.026	0.025	0.025	0.025	0.031	0.026	0.026
		[0.026]	[0.026]	[0.026]	[0.026]	[0.026]	[0.026]	[0.026]	[0.026]
婚姻		0.031	0.029	0.026	0.031	0.028	0.031	0.032	0.029
		[0.029]	[0.029]	[0.029]	[0.029]	[0.029]	[0.029]	[0.029]	[0.029]
孩子		-0.047	-0.043	-0.041	-0.044	-0.042	-0.048	-0.044	-0.043
		[0.030]	[0.030]	[0.030]	[0.030]	[0.030]	[0.030]	[0.030]	[0.030]
工作经验	0.030***	0.022***	0.022***	0.021***	0.022***	0.021***	0.022***	0.022***	0.021***
	[0.004]	[0.005]	[0.005]	[0.004]	[0.005]	[0.005]	[0.005]	[0.005]	[0.005]
工作经验平方/100	-0.071***	-0.046***	-0.047***	-0.046***	-0.046***	-0.045***	-0.046***	-0.046***	-0.045***
	[0.015]	[0.014]	[0.014]	[0.014]	[0.014]	[0.014]	[0.014]	[0.014]	[0.014]

续表

	模型（1）	模型（2）	模型（3）	模型（4）	模型（5）	模型（6）	模型（7）	模型（8）	模型（9）
在职培训		0.089***	0.087***	0.083***	0.085***	0.082***	0.090***	0.086***	0.083***
		[0.020]	[0.020]	[0.020]	[0.020]	[0.020]	[0.020]	[0.020]	[0.020]
工作转换		0.049**	0.048**	0.051**	0.053**	0.055***	0.051**	0.055***	0.056***
		[0.021]	[0.021]	[0.020]	[0.021]	[0.021]	[0.021]	[0.021]	[0.021]
职业：以管理人员为参照									
专业技术人员		-0.041	-0.038	-0.044	-0.045	-0.049	-0.042	-0.046	-0.050
		[0.037]	[0.037]	[0.037]	[0.037]	[0.037]	[0.037]	[0.037]	[0.037]
行政办事人员		-0.230***	-0.227***	-0.231***	-0.218***	-0.224***	-0.231***	-0.219***	-0.225***
		[0.031]	[0.031]	[0.031]	[0.031]	[0.031]	[0.031]	[0.031]	[0.031]
技术工人		-0.264***	-0.249***	-0.247***	-0.255***	-0.251***	-0.264***	-0.255***	-0.251***
		[0.044]	[0.045]	[0.045]	[0.045]	[0.046]	[0.044]	[0.045]	[0.045]
普通员工		-0.273***	-0.260***	-0.257***	-0.253***	-0.253***	-0.274***	-0.254***	-0.254***
		[0.028]	[0.029]	[0.028]	[0.029]	[0.029]	[0.029]	[0.029]	[0.029]
企业规模：以小型企业为参照									
中型企业		0.029	0.022	0.020	0.021	0.020	0.029	0.021	0.019
		[0.021]	[0.021]	[0.021]	[0.021]	[0.021]	[0.021]	[0.021]	[0.021]

续表

	模型（1）	模型（2）	模型（3）	模型（4）	模型（5）	模型（6）	模型（7）	模型（8）	模型（9）
大型企业		0.078**	0.065*	0.065*	0.068**	0.068**	0.078**	0.068**	0.068**
		[0.035]	[0.034]	[0.034]	[0.034]	[0.034]	[0.035]	[0.034]	[0.034]
行业：以农业/采矿业为参照									
制造业		-0.106*	-0.110**	-0.116**	-0.109**	-0.114**	-0.108**	-0.110**	-0.115**
		[0.055]	[0.055]	[0.056]	[0.055]	[0.056]	[0.054]	[0.055]	[0.056]
电力、热力、燃气及水生产和供应业		0.009	-0.002	-0.006	-0.001	-0.005	0.008	-0.002	-0.006
		[0.059]	[0.058]	[0.059]	[0.058]	[0.059]	[0.058]	[0.058]	[0.059]
建筑业		0.086	0.077	0.073	0.073	0.070	0.082	0.070	0.067
		[0.066]	[0.066]	[0.067]	[0.066]	[0.067]	[0.066]	[0.066]	[0.066]
批发和零售业、住宿餐饮		0.148**	0.133**	0.133**	0.137**	0.137**	0.146**	0.136**	0.135**
		[0.067]	[0.067]	[0.068]	[0.067]	[0.067]	[0.067]	[0.066]	[0.067]
交通运输、仓储和邮政业		-0.026	-0.019	-0.024	-0.018	-0.022	-0.027	-0.019	-0.023
		[0.054]	[0.054]	[0.055]	[0.054]	[0.055]	[0.054]	[0.054]	[0.055]
信息传输、软件和信息技术服务业		-0.226***	-0.220**	-0.221***	-0.215**	-0.217**	-0.227***	-0.216**	-0.218**
		[0.087]	[0.086]	[0.085]	[0.086]	[0.085]	[0.087]	[0.086]	[0.086]

续表

	模型（1）	模型（2）	模型（3）	模型（4）	模型（5）	模型（6）	模型（7）	模型（8）	模型（9）
金融业		0.046 [0.075]	0.026 [0.075]	0.029 [0.076]	0.026 [0.076]	0.029 [0.076]	0.042 [0.075]	0.023 [0.076]	0.025 [0.077]
房地产业		0.085 [0.089]	0.078 [0.090]	0.074 [0.090]	0.085 [0.089]	0.079 [0.089]	0.084 [0.089]	0.084 [0.089]	0.079 [0.089]
租赁和商务服务业		-0.093 [0.059]	-0.096* [0.058]	-0.105* [0.059]	-0.099* [0.059]	-0.106* [0.059]	-0.095 [0.058]	-0.101* [0.058]	-0.108* [0.059]
科学研究和技术服务业		0.105 [0.072]	0.092 [0.072]	0.098 [0.072]	0.090 [0.072]	0.096 [0.072]	0.106 [0.072]	0.091 [0.072]	0.097 [0.072]
水利环境及其他		-0.248*** [0.057]	-0.252*** [0.056]	-0.255*** [0.057]	-0.251*** [0.057]	-0.253*** [0.057]	-0.250*** [0.056]	-0.252*** [0.056]	-0.255*** [0.057]
所有制类型：以国有企业为参照									
集体企业		0.191*** [0.061]	0.189*** [0.060]	0.194*** [0.060]	0.184*** [0.060]	0.189*** [0.059]	0.194*** [0.061]	0.187*** [0.060]	0.192*** [0.059]
私营企业		0.177*** [0.035]	0.173*** [0.035]	0.170*** [0.035]	0.171*** [0.035]	0.169*** [0.035]	0.176*** [0.035]	0.171*** [0.035]	0.168*** [0.035]

续表

	模型（1）	模型（2）	模型（3）	模型（4）	模型（5）	模型（6）	模型（7）	模型（8）	模型（9）
外资企业		0.419***	0.410***	0.406***	0.414***	0.409***	0.419***	0.414***	0.409***
		[0.055]	[0.055]	[0.055]	[0.055]	[0.055]	[0.055]	[0.055]	[0.055]
地区：以东部为参照									
中部		-0.312***	-0.306***	-0.304***	-0.306***	-0.305***	-0.311***	-0.306***	-0.304***
		[0.022]	[0.022]	[0.021]	[0.021]	[0.021]	[0.022]	[0.022]	[0.021]
西部		-0.212***	-0.200***	-0.204***	-0.201***	-0.204***	-0.214***	-0.203***	-0.206***
		[0.028]	[0.027]	[0.027]	[0.027]	[0.027]	[0.028]	[0.027]	[0.027]
常数项	6.372***	7.154***	7.002***	7.027***	7.043***	7.054***	7.162***	7.050***	7.060***
	[0.133]	[0.146]	[0.151]	[0.150]	[0.150]	[0.150]	[0.147]	[0.151]	[0.150]
观测值（N）	1 999	1 994	1 994	1 994	1 994	1 994	1 992	1 992	1 992
拟合优度（R^2）	0.082	0.313	0.318	0.325	0.323	0.327	0.313	0.323	0.327

注：因变量为上月税后现金收入对数；方括号内为稳健标准误，*** $p<0.01$，** $p<0.05$，* $p<0.1$。

另外，为进一步检验教育过度的工资惩罚效应在性别、学历、户口、专业及不同婚姻状态下是否有差别，以及教育过度惩罚效应是否随工作经验增长而减少，我们分别把它们与教育过度、表面教育过度和真实教育过度的交互项放入方程来考察。模型（1）和模型（2）分别引入"教育等级、教育过度和教育不足"和"教育等级、真实教育过度、名义教育过度和教育不足"变量和性别、专业等控制变量，作为交互作用对比的基准。模型（3）引入性别、学历、户口、专业、婚姻、工作经验与教育过度的交叉项目，检验教育过度收入效应在不同群组内的差异，检验教育过度的收入效应是否随工作经验增长而降低；模型（4）引入性别、学历、户口、专业、婚姻、工作经验与真实教育过度和名义教育过度的交叉项，检验真实教育过度和名义教育过度收入效应是否在不同群组间存在差异，是否随工作经验的增加而降低。为了处理可能存在的异方差问题，模型（1）～模型（4）均采用 VCE 稳健估计，而模型（1）～模型（4）的 R^2 大部分为 0.312～0.329，模型拟合较好。

从表 5-7 可以看到，教育过度与研究生的交叉项在 10% 水平上显著，表明教育过度对研究生的影响更大。这可能与研究生的入学原因以及就业面相对于本科生来说更窄有关。区分真实教育过度和名义教育过度后，真实教育过度与工作经验交叉项的系数为负，且在 10% 水平上显著，表明真实教育过度的工资效应随工作经验的增加而降低。另外，名义教育过度与研究生的交叉项系数为正，且在 10% 水平上显著，表明名义教育过度的工资惩罚效应在研究生组更高。

表5-7　教育过度的收入效应组内差异检验（V-V模型）

	模型（1）	模型（2）	模型（3）	模型（4）
学历：以大专为参照组				
研究生	0.259***	0.249***	0.121	0.122
	[0.057]	[0.056]	[0.075]	[0.074]
本科	0.131***	0.132***	0.116***	0.116***
	[0.023]	[0.022]	[0.032]	[0.032]
名义教育过度		-0.060***		-0.047
		[0.021]		[0.047]

续表

	模型（1）	模型（2）	模型（3）	模型（4）
真实教育过度		−0.241***		−0.310**
		[0.043]		[0.137]
教育过度	−0.085***		−0.099**	
	[0.020]		[0.048]	
教育不足	−0.004	−0.002	−0.012	−0.011
	[0.053]	[0.054]	[0.054]	[0.054]
教育过度 * 研究生			0.168*	
			[0.096]	
教育过度 * 本科			0.034	
			[0.044]	
教育过度 * 性别			0.014	
			[0.042]	
教育过度 * 户口			0.007	
			[0.048]	
教育过度 * 专业			0.028	
			[0.043]	
教育过度 * 婚姻			−0.019	
			[0.046]	
教育过度 * 工作经验			−0.002	
			[0.004]	
真实教育过度 * 研究生				−0.047
				[0.139]
真实教育过度 * 本科				0.047
				[0.092]

续表

	模型（1）	模型（2）	模型（3）	模型（4）
真实教育过度 * 性别				0.055
				[0.096]
真实教育过度 * 户口				0.108
				[0.094]
真实教育过度 * 专业				0.118
				[0.090]
真实教育过度 * 婚姻				0.078
				[0.106]
真实教育过度 * 工作经验				−0.017*
				[0.010]
名义教育过度 * 研究生				0.178*
				[0.099]
名义教育过度 * 本科				0.040
				[0.046]
名义教育过度 * 性别				0.017
				[0.044]
名义教育过度 * 户口				−0.027
				[0.050]
名义教育过度 * 专业				0.013
				[0.045]
名义教育过度 * 婚姻				−0.034
				[0.048]
名义教育过度 * 工作经验				−0.001
				[0.004]

续表

	模型（1）	模型（2）	模型（3）	模型（4）
性别	0.110***	0.113***	0.105***	0.106***
	[0.021]	[0.021]	[0.028]	[0.028]
户口	0.029	0.023	0.027	0.025
	[0.024]	[0.023]	[0.031]	[0.031]
专业	−0.012	−0.012	−0.025	−0.025
	[0.022]	[0.022]	[0.030]	[0.030]
党员	0.028	0.027	0.031	0.032
	[0.027]	[0.026]	[0.027]	[0.026]
婚姻	0.029	0.027	0.037	0.035
	[0.029]	[0.029]	[0.036]	[0.036]
孩子	−0.042	−0.040	−0.043	−0.041
	[0.030]	[0.030]	[0.030]	[0.030]
工作经验	0.022***	0.021***	0.023***	0.023***
	[0.005]	[0.005]	[0.005]	[0.005]
工作经验平方/100	−0.046***	−0.045***	−0.048***	−0.049***
	[0.014]	[0.014]	[0.014]	[0.014]
在职培训	0.087***	0.083***	0.087***	0.084***
	[0.020]	[0.020]	[0.020]	[0.019]
工作转换	0.048**	0.051**	0.048**	0.051**
	[0.021]	[0.020]	[0.021]	[0.021]
职业：以管理人员为参照				
专业技术人员	−0.036	−0.043	−0.037	−0.040
	[0.037]	[0.037]	[0.037]	[0.037]

续表

	模型（1）	模型（2）	模型（3）	模型（4）
行政办事人员	−0.227***	−0.232***	−0.228***	−0.229***
	[0.031]	[0.031]	[0.031]	[0.031]
技术工人	−0.249***	−0.247***	−0.247***	−0.246***
	[0.045]	[0.045]	[0.045]	[0.046]
普通员工	−0.259***	−0.256***	−0.258***	−0.253***
	[0.029]	[0.028]	[0.029]	[0.028]
企业规模：以小型企业为参照				
中型企业	0.022	0.020	0.023	0.024
	[0.021]	[0.021]	[0.021]	[0.021]
大型企业	0.065*	0.066*	0.066*	0.069**
	[0.034]	[0.034]	[0.034]	[0.035]
行业：以农业/采矿业为参照				
制造业	−0.108**	−0.113**	−0.107*	−0.101*
	[0.055]	[0.056]	[0.055]	[0.056]
电力、热力、燃气及水生产和供应业	−0.001	−0.005	−0.002	0.005
	[0.058]	[0.059]	[0.059]	[0.060]
建筑业	0.080	0.076	0.080	0.085
	[0.066]	[0.067]	[0.066]	[0.066]
批发和零售业、住宿餐饮	0.136**	0.137**	0.136**	0.147**
	[0.067]	[0.068]	[0.068]	[0.068]
交通运输、仓储和邮政业	−0.016	−0.020	−0.017	−0.011
	[0.054]	[0.055]	[0.055]	[0.056]
信息传输、软件和信息技术服务业	−0.216**	−0.216**	−0.216**	−0.197**
	[0.086]	[0.085]	[0.087]	[0.085]

续表

	模型（1）	模型（2）	模型（3）	模型（4）
金融业	0.027	0.030	0.026	0.044
	[0.075]	[0.076]	[0.076]	[0.077]
房地产业	0.077	0.073	0.074	0.077
	[0.089]	[0.090]	[0.090]	[0.090]
租赁和商务服务业	−0.095	−0.104*	−0.093	−0.090
	[0.058]	[0.059]	[0.059]	[0.059]
科学研究和技术服务业	0.099	0.107	0.097	0.114
	[0.072]	[0.072]	[0.072]	[0.072]
水利环境及其他	−0.250***	−0.252***	−0.250***	−0.243***
	[0.056]	[0.058]	[0.057]	[0.058]
所有制类型：以国有企业为参照				
集体企业	0.188***	0.193***	0.190***	0.207***
	[0.060]	[0.060]	[0.060]	[0.060]
私营企业	0.173***	0.170***	0.173***	0.172***
	[0.035]	[0.035]	[0.035]	[0.034]
外资企业	0.410***	0.405***	0.408***	0.404***
	[0.055]	[0.055]	[0.055]	[0.055]
地区：以东部为参照				
中部	−0.306***	−0.305***	−0.305***	−0.306***
	[0.022]	[0.021]	[0.022]	[0.022]
西部	−0.199***	−0.203***	−0.198***	−0.204***
	[0.027]	[0.027]	[0.027]	[0.027]
常数项	7.820***	7.835***	7.821***	7.812***
	[0.068]	[0.069]	[0.070]	[0.071]

续表

	模型（1）	模型（2）	模型（3）	模型（4）
观测值（N）	1 994	1 994	1 994	1 994
拟合优度（R^2）	0.319	0.325	0.320	0.329

注：因变量为上月税后现金收入对数；括号内为标准误，*** $p<0.01$， ** $p<0.05$， * $p<0.1$。

3. 基于 PSM 的教育过度收入效应估计结果

脱胎于 Mincer 方程的教育过度收入效应检验方程，无论是 ORU 模型还是 V–V 模型，测量误差、遗漏变量以及由此引发的内生性问题都是在研究中需要小心处理的关键问题。但正如本章引言部分所总结的那样，IQ 等有效代理变量的缺失、面板数据收集的困难以及合理工具变量寻找的挑战，使控制不可观测能力变量的影响成为一件非常困难的事情。可喜的是，有学者尝试以倾向得分匹配方法，控制不可观测能力变量的影响，解决内生性问题。① 比如，McGuinness（2008）使用了这一方法 [119]，国内李骏（2016）也尝试采用了这一方法 [161]。

倾向得分匹配（PSM）方法是当前流行的处理内生性问题的方法。Rosenbaum and Rubin（1983）提出了用于纠正因果关系推断中选择性偏差干扰的有效方法 [270]。

Zhao（2004）总结已有研究成果指出："因果关系识别与估计推断一直是经济学的核心主题，但基于观测数据的项目处理效应却受到样本选择性偏差等问题的困扰。当样本选择性偏差来源于不可观测因素时，估计偏误就是一个困难而富有争议的问题；但当选择性偏差是源于可观测因素时，最常用的方法就是匹配方法，即通过一组相同的协变量匹配处理组观测值和控制组观测值。具体的匹配方法有两种，一是 Rubin（1980）提出的基于一组协变量 X，另一种方法是 Rosenbaum and Rubin（1983）提出的基于倾向得分进行匹配。" [271] 当前，倾向得分匹配（PSM）方法被广泛应用于医药、经济、政策评价研究等领域。此方法虽然也受到一些学者的质疑，认为其估计效果依赖具体问题 [272]，

---

① 但有学者指出倾向得分匹配（PSM）方法因果识别的前提假设与最小二乘法（OLS）一样，要求变量无内生性，因此使用 PSM 方法会得到与 OLS 类似的估计结果。声称该方法控制了遗漏变量问题的说法是不现实的，最多只能说明原来基于 OLS 得到的结果不能归于共同支持域问题。本节在积极尝试寻找工具变量无果的情况下，选用了 PSM 方法。

如 Heckman 通过理论分析认为当存在未观测到的因素时，倾向得分匹配方法不仅不能消除系统偏差，反而会带来新的偏差[273]；Smith 和 Tod 也利用美国"国家支持就业示范计划"数据，比较了多种政策效果评价方法，认为倾向得分匹配方法表现不及 DID 匹配方法（difference –in –differences matching），但 Dehejia and Wahba（2006）认为倾向得分匹配方法是利用观察型数据进行因果推断的最优方法[274]，Zhao（2004）也通过蒙特卡罗模拟方法评价各匹配方法的效果后指出，当协变量与参与变量的相关性较高时，倾向得分匹配方法（PSM）是一个比较好的选择，但样本量太少时，则会影响其表现[271]；因此，正确使用倾向得分匹配（PSM）方法需要满足以下条件：一是数据样本量足够大；二是 PSM 的基本假设条件（强可忽略性假设和共同支持域）需要得到满足。

Rosenbaum and Rubin（1983）通过推导指出，假定 $p(x)$ 表示具有 x 向量特征的个体参与项目的概率，则：

$$(r_1, r_0) \perp z \,|\, x \Rightarrow (r_1, r_0) \perp z \,|\, p(x)$$

其中，r_1 表示个体参与项目的结果；r_0 表示个体未参与项目的结果；z 表示是否参与项目的指示指标。上式表示如果处理组和控制组的参与者有相同的 $p(x)$，则 x 的分布也就是一致的，且项目处理效果独立与项目参与指标是一个必须满足的强假设。① 若该条件得到满足，则有：

$$E(r_1 - r_0 \,|\, z = 1) = E_{x|z=1}(r_1 - r_0 \,|\, p(x))$$

其中，$E_{x|z=1}$ 是基于 x 向量条件下个体参与处理组的期望值。这样保证了倾向得分是 x 的平衡得分，从而保证处理组和控制组中 x 的分布是一致的。

关于 $p(x)$ 的估计方法，一般采用 Logit 模型的形式。至于具体的匹配指标选择，已有研究并没有发现特定显著优于其他匹配方法的指标，最常用的处理方式是临近匹配方法、半径内临近匹配方法和核匹配方法。

鉴于此，本节分别以"教育过度""真实教育过度"和"名义教育过度"作为项目处理变量，将劳动者分为教育过度组和非教育过度的对照组（或真实教育过度组与非真实教育过度组；名义教育过度组和非名义教育过度组），通

---

① 刘凤芹、马慧（2009）利用蒙特卡罗模拟实验研究倾向得分匹配方法(propensity score matching)的敏感性，发现可忽略性假设非常敏感，即使轻度地违背此假设，倾向得分匹配方法的估计结果偏差也超过 50%。并建议在实际应用中，仔细考察是否有同时影响分组和产出结果的混杂因素变量被遗漏。如果有重要变量被遗漏，则意味着强可忽略性假设不成立的可能性极大。

过对照组中具有类似特征的劳动者与教育过度组等处理组中的劳动者进行对比构造反事实假设，以评估教育过度的收入效应。匹配方法上，我们选用临近匹配方法、半径内临近匹配方法、核匹配方法三种匹配方法。同时注重对隐含指数的影响变量选择和方程形式设计。图 5-1 呈现了匹配前后的核密度分布情况对比。

从图 5-1 可以看到，样本匹配后，处理组和控制组的样本分布情况更加趋于一致，特别是对真实教育过度，匹配后，处理组和控制组的样本分布情况核密度函数基本重合，说明 PSM 方法较好地控制了不可观测能力变量的影响。[①]

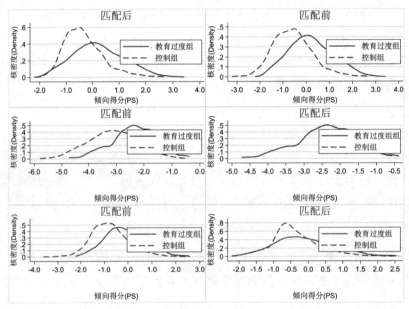

图 5-1　匹配前后样本核密度分布情况对比图

表 5-8 呈现了 1 : 1 临近匹配、半径匹配、半径内临近匹配、核匹配的平均处理效应分析结果。结果显示，匹配前教育过度对收入影响显著，上月税后现金收入的自然对数相差 −0.087 3，即教育过度者相对于其他劳动者而言，收入低 8.73 个百分点，且在 1% 水平上统计显著。匹配后，教育过度对收入影响显著，上月税后现金收入的自然对数相差 −0.067 6，即教育过度者相对于

---

① 此处只呈现了 1 : 1 临近匹配的样本平衡性检验结果，其他方法得到的样本平衡性检验结果类似，所以不再重复呈现。

其他劳动者而言，收入低 6.76 个百分点，且在 1% 水平上统计显著。表明以 PSM 方法控制不可观察能力变量影响后，教育过度的收入惩罚应该有所降低。其他半径匹配方法、半径内临近匹配方法和核匹配方法都得出了类似的结论。对真实教育过度而言，从 1：1 临近匹配结果来看，匹配前，上月税后现金收入的自然对数相差 0.272 8，即真实教育过度的收入惩罚效应为 27.28%；匹配后，上月税后现金收入的自然对数差值为 0.244 4，即控制不可观测能力变量影响后，真实教育过度的收入惩罚效应为 24.44%。其他匹配方法也得到了类似的结果。对名义教育过度而言，匹配前和匹配后，名义教育过度的收入惩罚均低于真实教育过度的收入惩罚效应，且均不显著。

表5-8　教育过度的收入效应（基于PSM的估计结果）

项　目	匹配方法	样　本	处理组	对照组	ATT/ 差分	标准误	t 检验
教育过度	临近匹配（1：1）	匹配前	7.909 6	7.996 8	-0.087 3	0.022 6	3.87***
		匹配后	7.909 3	7.976 9	-0.067 6	0.024 0	2.82**
	半径匹配	匹配前	7.909 6	7.996 8	-0.087 3	0.022 6	3.87***
		匹配后	7.910 2	7.969 6	-0.059 4	0.028 2	2.1**
	半径内临近匹配	匹配前	7.909 6	7.996 8	-0.087 3	0.022 6	-3.87***
		匹配后	7.893 9	7.970 1	-0.076 3	0.030 2	-2.52**
	核匹配	匹配前	7.909 6	7.996 8	-0.087 3	0.022 6	-3.87***
		匹配后	7.909 6	7.970 8	-0.061 2	0.027 7	-2.21**
真实教育过度	临近匹配（1：1）	匹配前	7.701 4	7.974 3	-0.272 8	0.046 8	-5.83***
		匹配后	7.702 3	7.946 6	-0.244 4	0.062 5	-3.91***
	半径匹配	匹配前	7.701 4	7.974 3	-0.272 8	0.046 8	-5.83***
		匹配后	7.701 4	7.907 4	-0.206 0	0.048 6	-4.24***
	半径内临近匹配	匹配前	7.701 4	7.974 3	-0.272 8	0.046 8	-5.83***
		匹配后	7.700 0	7.918 5	-0.218 5	0.055 6	-3.93***
	核匹配	匹配前	7.701 4	7.974 3	-0.272 8	0.046 8	-5.83***
		匹配后	7.701 4	7.926 3	-0.224 9	0.047 8	-4.71***

续表

项 目	匹配方法	样 本	处理组	对照组	ATT/差分	标准误	t 检验
名义教育过度	临近匹配（1：1）	匹配前	7.942 1	7.967 5	−0.025 4	0.023 1	−1.1
		匹配后	7.942 1	7.949 0	−0.006 8	0.025 7	−0.27
	半径匹配	匹配前	7.942 1	7.967 5	−0.025 4	0.023 1	−1.1
		匹配后	7.942 1	7.944 3	−0.002 2	0.026 8	−0.08
	半径内临近匹配	匹配前	7.942 1	7.967 5	−0.025 4	0.023 1	−1.1
		匹配后	7.923 8	7.942 5	−0.018 7	0.028 5	−0.65
	核匹配	匹配前	7.942 1	7.967 5	−0.025 4	0.023 1	−1.1
		匹配后	7.942 1	7.944 9	−0.002 7	0.026 5	−0.1

注：结果变量为上月税后现金收入对数。

5.3.2 教育过度对职位晋升的影响效应

在这一部分，我们检验了教育过度（区分真实教育过度和名义教育过度）对未来几年晋升预期的影响。表 5-9 呈现了 Probit 模型的回归分析结果。模型（1）引入教育过度、教育不足，并添加性别、户口、专业、婚姻、孩子、工作经验、工作经验平方、是否参加在职培训、是否有工作转换经历、任职时间、职业、企业规模、行业、所有制类型和所在地区等控制变量，分析教育过度对晋升预期的影响。模型（2）以真实教育过度和名义教育过度代替模型（1）中的教育过度，检验真实教育过度和名义教育过度对晋升预期的影响；模型（3）在模型（2）的基础上加入专业不匹配变量，检验专业不匹配对教育过度晋升预期效应的影响；模型（4）单独引入技能过度和技能不足变量，分析其对晋升预期的影响和名义教育过度收入效应的影响；模型（5）在模型（1）的基础上加入技能过度和技能不足变量，检验技能利用程度对教育过度晋升预期效应的影响；模型（6）在模型（1）的基础上，将专业不匹配和技能不匹配变量同时添加到晋升预期的 Probit 模型中，检验专业不匹配和技能不匹配对教育过度晋升预期效应的影响；模型（7）再次以真实教育过度和名义教育过度代替模型（6）中的教育过度变量，检验专业不匹配和技能不匹配对真实教育过度和名义教育过度晋升预期效应的影响。为了处理可能存在的异方差问题，模型（1）～模型（7）均采用 VCE 稳健估计，而模型（1）～模型（7）的似然系数和卡方值都表明模型拟合较好。

表 5-9 呈现了教育过度和教育不足对晋升预期的影响效应。模型（1）中教育过度的系数在 1% 水平上显著，教育不足的系数不显著。表明与教育过度对晋升预期有负向影响效应；这与 Sicherman and Galor（1990）等人提出的职业流动理论关于教育过度是劳动者职业生涯特定阶段的一种策略性选择，会有更高的概率在未来进入到更高等级要求的工作中，有较高的职位晋升预期的预测不符合，也与 Sicherman（1991）和 Rubb（2013）的实证检验中得到的结论相反 [8, 128]。

模型（2）中将教育过度区分为真实教育过度和名义教育过度，进一步分析发现名义教育过度和真实教育过度对晋升预期都有明显的负向影响，其中真实教育过度的影响效应更高。这与 Chevalier（2003）实证发现表面教育过度者未来有更高可能性进入高一级职位的结论相反 [5]。模型（3）中引入了专业不匹配的影响，发现控制专业不匹配后，教育过度对晋升预期的影响效应有所降低，系数由 -0.208 变为 -0.190，表明教育过度对晋升预期的影响效应受到专业不匹配的影响。模型（4）仅将技能过度和技能不足和控制变量代入 Probit 模型，发现技能过度和技能不足对工资的影响均不显著。模型（5）中将教育过度、教育不足、技能过度和技能不足同时代入 Probit 模型，即在模型（1）的基础上添加技能利用状况的变量，发现技能过度对晋升预期存在正向影响，且在 10% 水平上显著。教育过度的影响不但没有减少反而稍微有所增加。模型（6）中将技能过度和技能不足和专业不匹配代入模型（1），发现同时控制技能利用状况和专业不匹配情况后，教育过度对晋升预期的影响效应有所降低，但降低幅度仅小于控制专业不匹配的情况。说明技能利用状况与专业不匹配对教育过度与晋升预期的关系有一定的影响。模型（7）中将技能过度和技能不足和专业不匹配代入模型（2）中的教育过度，并与模型（2）中的结果对比，发现控制专业匹配状况和技能利用状况后，名义教育过度的影响效应有所下降，而真实教育过度对晋升预期的影响效应不再显著。

表5-9 教育过度对晋升的影响效应（Probit模型）

	模型（1）	模型（2）	模型（3）	模型（4）	模型（5）	模型（6）	模型（7）
学历：以大专为参照							
研究生	-0.187	-0.192	-0.204	-0.334*	-0.186	-0.203	-0.204
	[0.194]	[0.193]	[0.194]	[0.188]	[0.193]	[0.193]	[0.193]
本科	0.182**	0.182**	0.176**	0.114*	0.179**	0.173**	0.174**
	[0.071]	[0.071]	[0.071]	[0.067]	[0.071]	[0.071]	[0.071]
名义教育过度		-0.198***					-0.190***
		[0.069]					[0.070]
真实教育过度		-0.274**					-0.207
		[0.137]					[0.143]
教育过度	-0.208***		-0.190***		-0.210***	-0.192***	
	[0.067]		[0.068]		[0.067]	[0.068]	
教育不足	-0.021	-0.020	-0.012		-0.021	-0.013	-0.013
	[0.155]	[0.155]	[0.155]		[0.154]	[0.155]	[0.155]
专业不匹配			-0.150**			-0.148*	-0.146*
			[0.075]			[0.076]	[0.078]

续表

	模型（1）	模型（2）	模型（3）	模型（4）	模型（5）	模型（6）	模型（7）
技能过度				0.104 [0.064]	0.109* [0.064]	0.101 [0.064]	0.101 [0.064]
技能不足				0.106 [0.074]	0.104 [0.074]	0.113 [0.075]	0.113 [0.075]
性别	0.158** [0.065]	0.159** [0.065]	0.157** [0.065]	0.155** [0.065]	0.158** [0.065]	0.156** [0.065]	0.157** [0.065]
年龄	−0.004 [0.118]	−0.004 [0.118]	−0.008 [0.118]	−0.010 [0.118]	0.006 [0.119]	0.002 [0.119]	0.002 [0.119]
户口	−0.092 [0.073]	−0.095 [0.073]	−0.100 [0.073]	−0.090 [0.073]	−0.086 [0.073]	−0.094 [0.073]	−0.094 [0.073]
专业	−0.005 [0.073]	−0.005 [0.073]	0.003 [0.073]	−0.003 [0.073]	−0.001 [0.073]	0.007 [0.073]	0.006 [0.073]
党员	0.050 [0.084]	0.050 [0.084]	0.049 [0.084]	0.062 [0.084]	0.050 [0.084]	0.049 [0.084]	0.048 [0.084]
婚姻	−0.075 [0.094]	−0.076 [0.094]	−0.071 [0.094]	−0.075 [0.094]	−0.082 [0.094]	−0.076 [0.094]	−0.076 [0.094]

续表

	模型（1）	模型（2）	模型（3）	模型（4）	模型（5）	模型（6）	模型（7）
孩子	0.070	0.070	0.068	0.056	0.066	0.064	0.064
	[0.103]	[0.103]	[0.103]	[0.103]	[0.103]	[0.103]	[0.103]
工作经验	-0.006	-0.006	-0.006	-0.006	-0.007	-0.007	-0.007
	[0.019]	[0.019]	[0.019]	[0.019]	[0.019]	[0.019]	[0.019]
工作经验平方/100	-0.018	-0.018	-0.017	-0.016	-0.015	-0.014	-0.014
	[0.056]	[0.056]	[0.055]	[0.056]	[0.056]	[0.055]	[0.055]
在职培训	0.314***	0.313***	0.313***	0.309***	0.307***	0.305***	0.305***
	[0.065]	[0.065]	[0.065]	[0.065]	[0.065]	[0.065]	[0.065]
工作转换	-0.033	-0.031	-0.024	-0.032	-0.029	-0.021	-0.021
	[0.077]	[0.077]	[0.077]	[0.077]	[0.077]	[0.077]	[0.077]
任职时间	-0.017*	-0.017*	-0.018*	-0.018*	-0.017*	-0.018*	-0.018*
	[0.010]	[0.010]	[0.010]	[0.010]	[0.010]	[0.010]	[0.010]
职业：以管理人员为参照							
专业技术人员	-0.421***	-0.424***	-0.435***	-0.433***	-0.426***	-0.439***	-0.440***
	[0.100]	[0.100]	[0.100]	[0.101]	[0.101]	[0.101]	[0.101]

续表

	模型（1）	模型（2）	模型（3）	模型（4）	模型（5）	模型（6）	模型（7）
行政办事人员	-0.374***	-0.376***	-0.360***	-0.372***	-0.366***	-0.353***	-0.353***
	[0.107]	[0.107]	[0.107]	[0.107]	[0.107]	[0.107]	[0.107]
技术工人	-0.274*	-0.274*	-0.284*	-0.318**	-0.276*	-0.285*	-0.285*
	[0.162]	[0.162]	[0.162]	[0.162]	[0.162]	[0.162]	[0.162]
普通员工	-0.469***	-0.468***	-0.457***	-0.488***	-0.458***	-0.448***	-0.447***
	[0.089]	[0.089]	[0.089]	[0.088]	[0.089]	[0.089]	[0.089]
企业规模：以小型企业为参照							
中型企业	-0.013	-0.014	-0.016	0.018	-0.001	-0.003	-0.003
	[0.074]	[0.074]	[0.074]	[0.073]	[0.074]	[0.074]	[0.074]
大型企业	-0.073	-0.072	-0.065	-0.032	-0.065	-0.058	-0.058
	[0.106]	[0.106]	[0.107]	[0.105]	[0.106]	[0.107]	[0.107]
行业：以农业/采矿业为参照							
制造业	-0.026	-0.029	-0.027	-0.010	-0.026	-0.026	-0.026
	[0.255]	[0.255]	[0.257]	[0.256]	[0.258]	[0.259]	[0.259]
电力、热力、燃气及水生产和供应业	-0.023	-0.026	-0.023	-0.015	-0.044	-0.042	-0.043
	[0.262]	[0.262]	[0.264]	[0.263]	[0.264]	[0.266]	[0.266]

续表

	模型（1）	模型（2）	模型（3）	模型（4）	模型（5）	模型（6）	模型（7）
建筑业	-0.060	-0.062	-0.068	-0.035	-0.055	-0.060	-0.061
	[0.274]	[0.274]	[0.276]	[0.275]	[0.277]	[0.278]	[0.278]
批发和零售业、住宿餐饮	0.031	0.031	0.037	0.069	0.025	0.033	0.033
	[0.283]	[0.282]	[0.284]	[0.283]	[0.285]	[0.286]	[0.286]
交通运输、仓储和邮政业	0.079	0.076	0.078	0.055	0.069	0.070	0.069
	[0.255]	[0.255]	[0.257]	[0.256]	[0.257]	[0.259]	[0.259]
信息传输、软件和信息技术服务业	0.197	0.197	0.207	0.171	0.189	0.200	0.200
	[0.295]	[0.294]	[0.297]	[0.294]	[0.296]	[0.298]	[0.298]
金融业	0.076	0.076	0.074	0.122	0.076	0.076	0.076
	[0.288]	[0.287]	[0.289]	[0.287]	[0.289]	[0.291]	[0.291]
房地产业	-0.209	-0.213	-0.203	-0.192	-0.222	-0.213	-0.214
	[0.355]	[0.355]	[0.356]	[0.354]	[0.355]	[0.356]	[0.356]
租赁和商务服务业	0.107	0.103	0.095	0.120	0.112	0.101	0.100
	[0.274]	[0.274]	[0.275]	[0.274]	[0.276]	[0.277]	[0.277]

续表

	模型（1）	模型（2）	模型（3）	模型（4）	模型（5）	模型（6）	模型（7）
科学研究和技术服务业	-0.137	-0.134	-0.143	-0.111	-0.150	-0.154	-0.154
	[0.282]	[0.282]	[0.284]	[0.283]	[0.284]	[0.286]	[0.286]
水利环境及其他	0.035	0.033	0.038	0.046	0.032	0.036	0.035
	[0.261]	[0.261]	[0.263]	[0.261]	[0.263]	[0.265]	[0.265]
所有制类型：以国有企业为参照							
集体企业	0.133	0.133	0.121	0.109	0.108	0.097	0.097
	[0.213]	[0.213]	[0.213]	[0.215]	[0.214]	[0.214]	[0.214]
私营企业	0.235**	0.235**	0.233**	0.237**	0.234**	0.232**	0.232**
	[0.110]	[0.110]	[0.110]	[0.109]	[0.110]	[0.110]	[0.110]
外资企业	0.451***	0.449***	0.460***	0.469***	0.450***	0.459***	0.458***
	[0.149]	[0.149]	[0.149]	[0.149]	[0.149]	[0.149]	[0.149]
地区：以东部为参照							
中部	0.056	0.057	0.057	0.042	0.057	0.058	0.058
	[0.073]	[0.073]	[0.073]	[0.073]	[0.073]	[0.073]	[0.073]
西部	0.278***	0.276***	0.275***	0.254***	0.286***	0.285***	0.284***
	[0.099]	[0.099]	[0.099]	[0.099]	[0.100]	[0.100]	[0.100]

续表

	模型（1）	模型（2）	模型（3）	模型（4）	模型（5）	模型（6）	模型（7）
常数项	-0.457	-0.451	-0.429	-0.575**	-0.520*	-0.491*	-0.491*
	[0.292]	[0.292]	[0.294]	[0.292]	[0.296]	[0.297]	[0.297]
观测值（N）	1 974	1 974	1 974	1 972	1 972	1 972	1 972
似然系数	-1 140	-1 140	-1 138	-1 141	-1 136	-1 134	-1 134
卡方（x^2）	145.6	145.8	150.4	136.3	147.9	152.4	152.4

注：因变量为晋升预期；方括号内为稳健标注误，*** $p<0.01$，** $p<0.05$，* $p<0.1$。

5.3.3 教育过度对离职倾向的影响效应

按照与"教育过度对晋升预期影响效应"相同的分析逻辑，依次将相关变量引入 Probit 模型，分析教育过度对离职倾向（在职搜寻行为）的影响。

表 5-10 呈现了教育过度（区分真实教育过度和名义教育过度）对离职倾向的影响。

模型（1）中教育过度的系数为正，且在 5% 水平上统计显著，说明教育过度对离职倾向有正向影响，即与同样教育水平的适度匹配者相比，教育过度者有更高的离职倾向。这与 Alba-Ramirez（1993）关于"教育过度者与适度匹配者相比，有较少的工作经验、较少的在职培训和较高的工作转换率"[45]、Rubb（2013）关于"教育过度者拥有更高的自我汇报的转换公司倾向"[128] 以及武向荣、赖德胜（2010）基于对北京市党政机构及企事业单位职工就业状况的调查数据发现的"教育过度的职工对现在工作不满意，且工作转换频率较高"[137] 和王子成、杨伟国（2014）与刘明艳（2016）分别利用大学生调查数据发现的"教育过度者的就业稳定性较差，出现跳槽的概率较高，具有较高离职倾向"的结论相一致 [220, 221]。

模型（2）中区分了名义教育过度和真实教育过度后，发现名义教育过度对离职倾向没有显著影响，与我们的预期相一致；而真实教育过度会正向影响离职倾向。

模型（3）中在模型（1）的基础上引入专业不匹配变量，发现专业不匹配正向影响离职倾向，而且教育过度对离职倾向影响效应有所降低。

模型（4）中以教育过度和教育不足代替模型（1）中的教育过度和教育不足，发现教育过度和教育不足对离职倾向都有正向影响，但并不显著。

模型（5）中在模型（1）的基础上引入技能过度和技能不足的变量，发现教育过度的影响不仅没有减少反而略有上升。表明教育过度和技能过度是不同的影响变量。

模型（6）中在模型（3）的基础上引入能代表技能利用程度的技能过度和技能不足的变量，发现教育过度的影响效应没有变化，专业不匹配的影响效应略有上升。

模型（7）中在模型（2）的基础上将专业不匹配、技能过度和技能不足引入到方程中，发现名义教育过度对离职倾向的影响效应依然不显著，真实教育过度的影响效应略有减低；结合模型（4）中的分析可以发现，影响效应的降低主要来源于专业不匹配变量的控制，而不是技能利用情况的引入。

表5-10 教育过度对离职倾向的影响效应（Probit模型）

	模型（1）	模型（2）	模型（3）	模型（4）	模型（5）	模型（6）	模型（7）
学历：以大专为参照							
研究生	-0.113	-0.084	-0.092	-0.008	-0.110	-0.091	-0.071
	[0.195]	[0.193]	[0.194]	[0.187]	[0.195]	[0.194]	[0.193]
本科	-0.026	-0.034	-0.015	0.022	-0.023	-0.012	-0.023
	[0.077]	[0.077]	[0.077]	[0.072]	[0.077]	[0.077]	[0.077]
名义教育过度		0.054					0.046
		[0.075]					[0.075]
真实教育过度		0.698***					0.623***
		[0.135]					[0.141]
教育过度	0.156**		0.126*		0.158**	0.126*	
	[0.072]		[0.072]		[0.072]	[0.072]	
教育不足	0.086	0.081	0.080		0.093	0.088	0.086
	[0.175]	[0.174]	[0.176]		[0.175]	[0.177]	[0.175]
专业不匹配			0.233***			0.237***	0.152*
			[0.077]			[0.077]	[0.080]

续表

	模型（1）	模型（2）	模型（3）	模型（4）	模型（5）	模型（6）	模型（7）
技能过度				0.027	0.026	0.039	0.032
				[0.068]	[0.069]	[0.069]	[0.069]
技能不足				0.005	0.005	-0.012	-0.011
				[0.080]	[0.080]	[0.081]	[0.081]
性别	0.160**	0.145**	0.162**	0.166**	0.163**	0.165**	0.151**
	[0.071]	[0.072]	[0.071]	[0.071]	[0.071]	[0.071]	[0.072]
年龄	0.108	0.109	0.118	0.133	0.117	0.126	0.123
	[0.127]	[0.127]	[0.127]	[0.127]	[0.127]	[0.127]	[0.127]
户口	-0.027	-0.003	-0.017	-0.014	-0.019	-0.010	0.008
	[0.078]	[0.079]	[0.078]	[0.078]	[0.078]	[0.078]	[0.079]
专业	-0.041	-0.041	-0.052	-0.037	-0.037	-0.047	-0.043
	[0.080]	[0.080]	[0.079]	[0.080]	[0.080]	[0.080]	[0.080]
党员	0.124	0.124	0.129	0.122	0.128	0.135	0.132
	[0.093]	[0.093]	[0.093]	[0.093]	[0.093]	[0.093]	[0.094]
婚姻	-0.131	-0.127	-0.140	-0.137	-0.133	-0.143	-0.135
	[0.103]	[0.103]	[0.103]	[0.103]	[0.103]	[0.103]	[0.103]

续表

	模型（1）	模型（2）	模型（3）	模型（4）	模型（5）	模型（6）	模型（7）
孩子	0.159	0.159	0.164	0.156	0.149	0.154	0.152
	[0.111]	[0.111]	[0.111]	[0.111]	[0.111]	[0.111]	[0.111]
工作经验	-0.070***	-0.069***	-0.070***	-0.071***	-0.071***	-0.071***	-0.070***
	[0.022]	[0.022]	[0.021]	[0.021]	[0.022]	[0.021]	[0.022]
工作经验平方/100	0.094	0.090	0.091	0.095	0.097	0.093	0.091
	[0.060]	[0.060]	[0.060]	[0.059]	[0.060]	[0.060]	[0.060]
在职培训	-0.027	-0.015	-0.024	-0.033	-0.029	-0.025	-0.016
	[0.070]	[0.070]	[0.070]	[0.070]	[0.070]	[0.070]	[0.070]
工作转换	0.456***	0.443***	0.440***	0.466***	0.467***	0.453***	0.446***
	[0.082]	[0.082]	[0.082]	[0.082]	[0.082]	[0.082]	[0.082]
任职时间	-0.010	-0.011	-0.010	-0.009	-0.010	-0.010	-0.010
	[0.014]	[0.014]	[0.014]	[0.014]	[0.014]	[0.014]	[0.014]
工资对数	-0.082	-0.044	-0.061	-0.101	-0.086	-0.065	-0.037
	[0.083]	[0.082]	[0.083]	[0.083]	[0.083]	[0.083]	[0.082]

续表

	模型（1）	模型（2）	模型（3）	模型（4）	模型（5）	模型（6）	模型（7）
职业：以管理人员为参照							
专业技术人员	-0.074	-0.043	-0.050	-0.078	-0.085	-0.061	-0.042
	[0.114]	[0.115]	[0.115]	[0.114]	[0.115]	[0.115]	[0.115]
行政办事人员	0.096	0.120	0.078	0.099	0.098	0.080	0.108
	[0.114]	[0.115]	[0.115]	[0.114]	[0.114]	[0.115]	[0.115]
技术工人	0.233	0.242	0.258	0.260	0.231	0.257	0.256
	[0.167]	[0.168]	[0.169]	[0.167]	[0.167]	[0.169]	[0.169]
普通员工	-0.171*	-0.176*	-0.188*	-0.151	-0.170*	-0.186*	-0.185*
	[0.101]	[0.101]	[0.101]	[0.100]	[0.101]	[0.101]	[0.101]
企业规模：以小型企业为参照							
中型企业	0.036	0.047	0.040	0.028	0.042	0.047	0.054
	[0.079]	[0.079]	[0.079]	[0.079]	[0.079]	[0.079]	[0.080]
大型企业	0.107	0.097	0.093	0.085	0.108	0.094	0.091
	[0.114]	[0.115]	[0.115]	[0.114]	[0.115]	[0.115]	[0.115]

续表

行业：以农业/采矿业为参照	模型（1）	模型（2）	模型（3）	模型（4）	模型（5）	模型（6）	模型（7）
制造业	-0.314	-0.296	-0.317	-0.324	-0.315	-0.321	-0.302
	[0.241]	[0.248]	[0.242]	[0.243]	[0.243]	[0.243]	[0.249]
电力、热力、燃气及水生产和供应业	-0.558**	-0.554**	-0.564**	-0.600**	-0.585**	-0.595**	-0.587**
	[0.259]	[0.264]	[0.259]	[0.261]	[0.260]	[0.261]	[0.266]
建筑业	-0.406	-0.402	-0.395	-0.423	-0.408	-0.402	-0.402
	[0.270]	[0.277]	[0.271]	[0.273]	[0.271]	[0.273]	[0.278]
批发和零售业、住宿餐饮	0.033	0.014	0.020	0.004	0.031	0.014	0.003
	[0.272]	[0.278]	[0.272]	[0.273]	[0.273]	[0.274]	[0.279]
交通运输、仓储和邮政业	-0.110	-0.101	-0.110	-0.101	-0.113	-0.116	-0.106
	[0.241]	[0.247]	[0.241]	[0.242]	[0.242]	[0.242]	[0.247]
信息传输、软件和信息技术服务业	-0.390	-0.401	-0.407	-0.384	-0.396	-0.416	-0.419
	[0.294]	[0.296]	[0.294]	[0.295]	[0.295]	[0.295]	[0.297]
金融业	-0.486*	-0.515*	-0.482*	-0.523*	-0.492*	-0.494*	-0.520*
	[0.284]	[0.288]	[0.286]	[0.285]	[0.286]	[0.287]	[0.290]

续表

	模型（1）	模型（2）	模型（3）	模型（4）	模型（5）	模型（6）	模型（7）
房地产业	0.135	0.143	0.123	0.113	0.130	0.113	0.128
	[0.320]	[0.324]	[0.320]	[0.321]	[0.321]	[0.321]	[0.324]
租赁和商务服务业	-0.417	-0.382	-0.405	-0.424	-0.418	-0.408	-0.380
	[0.263]	[0.270]	[0.264]	[0.265]	[0.264]	[0.265]	[0.271]
科学研究和技术服务业	-0.256	-0.296	-0.250	-0.278	-0.258	-0.255	-0.292
	[0.270]	[0.278]	[0.270]	[0.271]	[0.271]	[0.271]	[0.278]
水利环境及其他	-0.515**	-0.501**	-0.519**	-0.525**	-0.517**	-0.525**	-0.510**
	[0.249]	[0.255]	[0.250]	[0.251]	[0.250]	[0.251]	[0.256]
所有制类型：以国有企业为参照							
集体企业	-0.098	-0.130	-0.092	-0.099	-0.104	-0.098	-0.129
	[0.231]	[0.237]	[0.233]	[0.233]	[0.232]	[0.233]	[0.239]
私营企业	-0.006	-0.007	-0.012	-0.015	-0.011	-0.017	-0.016
	[0.124]	[0.125]	[0.124]	[0.124]	[0.124]	[0.124]	[0.125]
外资企业	0.255	0.256	0.233	0.241	0.252	0.231	0.239
	[0.167]	[0.167]	[0.168]	[0.167]	[0.167]	[0.168]	[0.168]

续表

地区：以东部为参照	模型（1）	模型（2）	模型（3）	模型（4）	模型（5）	模型（6）	模型（7）
中部	-0.132	-0.124	-0.124	-0.126	-0.129	-0.122	-0.117
	[0.083]	[0.083]	[0.083]	[0.083]	[0.083]	[0.083]	[0.083]
西部	-0.138	-0.113	-0.127	-0.117	-0.136	-0.127	-0.108
	[0.107]	[0.107]	[0.106]	[0.107]	[0.107]	[0.107]	[0.108]
常数项	0.343	0.002	0.138	0.527	0.355	0.151	-0.079
	[0.701]	[0.703]	[0.705]	[0.707]	[0.706]	[0.709]	[0.708]
观测值（N）	1 965	1 965	1 965	1 963	1 963	1 963	1 963
似然系数	-968.5	-956.8	-964.1	-968.0	-965.6	-961.2	-952.4
卡方（x^2）	146.6	168.3	157.8	142.3	149.2	160.2	174.9

注：因变量为在职搜寻行为；方括号内为标准误，*** $p<0.01$，** $p<0.05$，* $p<0.1$。

5.4　本章小结

　　教育过度的劳动力市场影响效应一直是学术界关注的焦点问题，本章基于"中国企业雇主－雇员匹配数据调查"项目 2013 年所获取的数据，以 Duncan and Hoffman（1981）提出的 ORU 方程和 Verdugo and Verdugo（1989）创立的 V-V 模型，实证分析教育过度的收入效应，并尝试以不可观测的能力代理变量和 PSM 方法控制不可观测能力变量的影响，同时利用 Probit 模型分析教育过度对晋升预期和离职倾向的影响。研究发现以下结论：

　　第一，基于 ORU 方程的分析结果发现，控制个体特征和工作特征等因素的影响后，工作要求的教育回报率为 13.3%，依然高于基准方程中个人实际受教育的教育回报率，超出部分教育（教育过度）的系数为 3.2%，教育不足部分的系数为 –7.4%。按照前文模型介绍中系数关系逻辑可以得出，相对于从事同样工作的适度匹配者而言，教育过度者可以得到正向的工资溢价，超出部分教育回报率为 3.2%，教育不足者需要承担每年 7.4% 的工资损失；但相对于具有相同学历的适度匹配者而言，教育过度者将承受相应的工资惩罚，每超出一年的惩罚效应为 –10.1%（由 3.2%–13.3% 得出），而教育不足者将获得较高的工资，超出适度匹配者 5.9%［由（–7.4%）+13.3% 得到］。

　　第二，分性别的 ORU 方程估计结果发现，对男性而言，工作要求教育的回报率更高，为 13.9%，与从事同一样工作的适度匹配者相比，教育过度存在工资溢价，超出部分教育回报率为 3.8%，教育不足的工资损失为每年 12.2%，即工资溢价更高，但收入损失也更大；与同等教育水平的人相比，教育过度要承受的工资惩罚为每年 10.1%，教育不足的工资溢价为每年 1.7%。对女性而言，工作要求教育的教育回报率为 13.5%，略低于男性；与从事同样工作的人相比，教育过度者也存在工资溢价，超出部分教育回报率为 3.0%，也略低于男性；与具有同样教育水平的人相比，教育过度者需要承受的工资惩罚为每年 10.4%，略高于男性。对女性而言，教育不足部分的教育的系数不显著。

　　第三，以代理变量控制不可观测能力后，教育过度和教育不足的工资效应有所降低。

　　第四，基于 V-V 模型的估计结果显示，与相同教育水平的适度匹配者相比，教育过度者需要承受 8.4% 的工资惩罚；区分为真实教育过度和名义教育过度的进一步分析发现，名义教育过度的收入惩罚效应为 6.0%，低于未区分时的教育过度收入惩罚效应；真实教育过度的收入惩罚效应为 23.8%，远高于未区分时的收入惩罚效应和名义教育过度的收入惩罚效应，真实教育过度的收入惩罚效应是名义过度收入惩罚效应的 4 倍。

第五，专业不匹配的补偿可解释一部分教育过度甚至真实教育过度和名义教育过度的影响，但技能过度和技能不足的技能利用状况变量对教育过度（包括真实教育过度和名义教育过度）的影响不显著。

第六，教育过度（包括真实教育过度和名义教育过度）的收入影响效应在性别、户口、专业、婚姻组群之间不存在差异，但在研究生收入的影响效应会更大，且真实教育过度的收入效应会随工作经验的增长而降低。

第七，以 PSM 方法控制不可观察能力变量影响后，教育过度（包括真实教育过度）的收入惩罚应该有所降低。

第八，教育过度对晋升预期有负向影响效应；区分真实教育过度和名义教育过度后，名义教育过度和真实教育过度对晋升预期都有明显的负向影响，其中真实教育过度的影响效应更高，且教育过度（包括真实教育过度和名义教育过度）对晋升预期的影响受到专业不匹配的调节，而不受教育过度和教育不足的影响。

第九，教育过度对离职倾向有正向影响，即与同样教育水平的适度匹配者相比，教育过度者有更高的离职倾向；区分名义教育过度和真实教育过度后，名义教育过度对离职倾向没有显著影响，而真实教育过度会正向影响离职倾向，与我们的预期相一致；与对晋升效应的影响一样，教育过度（包括真实教育过度和名义教育过度）对晋升预期的影响受到专业不匹配的调节，而不受教育过度和教育不足的影响。

第6章 教育过度对劳动者身心健康的影响：过度劳动

6.1 引言

"过劳"作为一个对劳动者、企业和家庭均有严重影响的社会问题，已经广受关注。据世界卫生组织调查，英、美、日、澳等国都有关于"过劳死流行率"的统计记载[275]。相对而言，欧美对该问题关注的重点是与超长工作时间相关的"过度雇佣"，而日本则持续关注与"过度疲劳"乃至"过劳死"相关的内涵。中国对"过度劳动"问题的关注相对较晚，但近年来发展迅速。在引进和介绍国外研究成果的基础上，中国开始根据特定领域的特殊问题进行尝试探索：首先，特别值得一提的是首都经贸大学杨河清教授及其团队从2007年开始就不断地引进、介绍国外（特别是日本）的相关研究成果，于2012年9月提出了"适度劳动"的概念并主导成立了"中国适度劳动研究中心"[276]；其次，在"过劳"测量方面：薛晓林（2006）基于心理测量学开发了《疲劳自评量表》[277]，王丹（2011）依据日本厚生劳动省发布的疲劳程度自我监测量表《劳动者的疲劳蓄积度自己诊断调查表》开发了本土化的"过度劳动测量量表"[278]，黄河等（2010）、吴君（2011）在本土化多维度过度劳动测量量表开发方面亦有尝试[279, 280]。再次，在过度劳动的影响因素和形成机制方面：国内学者尝试探索"过劳"的形成机制，近年来取得了一定的突破，如张春雨（2010）基于"过劳的关键是工作要求和工作资源的双重作用，同时考虑非工作场所的压力源和个人因素"的认知，提出"JD-R过劳产生机理模型"[281]；王素娟（2012）在上述模型基础上实证以社会文化、经济等为基础变量，组织管理、家庭和工作任务为间接变量，个人特质、认知模式和自我实现为直接变量等三大变量与工作压力度的关系，进一步修正了JD-R模型[282]；王丹（2012）从知识工作者的群体和个人特征分析三大类变量之间的相互关系及作用机理，构建了过劳形成机制的概念模型[283]；另外还有孟续铎、王欣（2014）的"推－拉模型"[284]和孟续铎（2014）的"输入－输出模型"[285]。在对过度劳动的影响因素上，学者们关注了年龄、性别、健康状况、成就动机等个人差异，工作时间、强度、工作负荷、压力等工作特征和政府宏观政策、科技发展程度、法治建设等社会环境因素。特别是石建忠（2014）基于期望理论指出，激励超过一定强度会导致工作负担系数增加，从而增加过劳的可能[286]。童玉芬（2014）从宏观劳动力市场供需不匹配的角度指出，为弥补劳动力质量不足，雇主被迫延长劳动时间或工作强度从而获取收益可能是造成过劳的原因[287]。但遗憾的是并未从微观角度考察教育－工作的匹配状况对过度劳动造成的影响。最后，值得注意的是，国内学者开始尝试进行过劳问题的实证研究，目前主要集中在三个方面：一是对某一群体或者行业的劳动者的过劳状况进行调查；二是探讨年龄、工龄、体质、受教育程度和工作特征等因素在过劳不同维度上的差异；三是基于实证进一步探讨形成机制和评级机制。当前，学者已经对农民工[288, 289]、司机[290]、高校教师[291-293]、中职教师[294]、白领[295-298]等典型群体和行业的过度劳动问题进行了尝试描述，但还处于仅针对个别行业、个别地区的零星化和分散化状态[275]。杨河清（2010、2014）撰文指出"中国过劳问题严重，亟须加强研究"[299, 300]。

综上，强化"过劳"问题，特别是结合典型行业群体和个人特征，剖析过劳成因的实证研究，应当是当前学术界力量投入的方向。值得注意的是，中国医师协会2015年发布的《中国医师执业状况白皮书》显示，85.41%的医师平均每周工作时间在四十小时以上，仅有17.85%的医师可以按规定休完年假，70.67%的医师把"医疗纠纷、工作量大以及患者的期望值太高"三项列为工作压力的主要来源。工作时间长，工作强度和压力大，可以说，"过度劳动"似乎已成为医务人员这一群体的普遍状态[301]。"过劳"轻则会造成医务人员处于亚健康的状态，重则会导致医务人员猝死，也就是通常所说的"过劳死"。这无疑给社会和谐以及医务人员的工作生活带来消极影响。习近平在2016年全国卫生与健康大会中特别强调要着力发挥广大医务人员积极性，从提升薪酬待遇、发展空间、执业环境、社会地位等方面入手，关心爱护医务人员身心健康，通过多种形式增强医务人员职业荣誉感，营造全社会尊医重卫的良好风气。但稍显遗憾的是，目前"白衣天使"这一群体的"过劳问题"主要还仅限于相关新闻媒体关于"医务人员过劳问题重要性"的不断呼吁，而缺乏必要的规范实证研究，仅有刘鑫和张震（2016）尝试分析了医务人员过劳的成因[302]，但并未关注教育过度因素可能造成的影响。基于此，我们尝试以广州市部分医院医务人员的配额抽样调查数据，勾勒医务人员的工作状态，描述医务人员"过劳"的程度与特征，特别是从个人 – 工作匹配的角度剖析过度劳动的成因，以期深入理解教育过度等工作匹配因素对劳动者身心健康的影响，为相关问题的解决提供有效借鉴与依据。

6.2　模型、变量选择与数据来源

6.2.1　有序 Probit 模型及其估计方法

有序 Probit 模型是用可观测的有序相应数据建立模型研究不可观测潜变量（latent variable）变化规律的方法，是受限因变量模型（limited dependent variable model）的一种，要求因变量为离散型变量且取值之间存在等级关系。本研究中过劳的程度没有具体的样本数值，故也是一种潜变量。其影响方程可以线性形式表示如下：

$$y_i^* = x_i'\beta + \varepsilon_i \quad i = 1, 2, \cdots, N \tag{1}$$

其中，i 是医务人员个体，y_i^* 代表过劳程度，x_i' 是可能影响过劳程度的一组解释变量向量，β 是相应的未知系数，ε_i 是均值为 0、方差为 δ^2 的随机扰动项。本书中 y_i^* 虽然无法直接观测，但它与另外一个可以观测的变量 y_i 有如下关系：

$$y_i = \begin{cases} 1 & \text{若}\, y_i^* < \alpha_1 \\ 2 & \text{若}\, \alpha_1 \leqslant y_i^* < \alpha_2 \\ \vdots \\ J & \text{若}\, \alpha_{J-1} \leqslant y_i^* \end{cases} \tag{2}$$

y_i 是取值范围为 $\{1, 2, \cdots, J\}$ 的离散变量，它表示第 i 个医务人员的过劳等级。本书中过劳等级是根据被调查者填写的王丹改良后的《积蓄性疲劳量表》以及相应的计分规则得到的过劳等级。α_J 是一组新的参数，且 $\alpha_1 < \alpha_2 < \cdots < \alpha_J$，$\alpha_J$ 表示未知切割点，这样 y_i^* 就被切割成 J 个互不重叠的区间。y 取每个值概率可以用以下公式计算出：

$$\Pr[y_i = j] = \begin{cases} F(\alpha_1 - x_i'\beta) & \text{若}\, j = 1 \\ F(\alpha_1 - x_i'\beta) - F(\alpha_{j-1} - x_i'\beta) & \text{若}\, 2 \leqslant j \leqslant J-1 \\ 1 - F(\alpha_{j-1} - x_i'\beta) & \text{若}\, j = J \end{cases} \tag{3}$$

其中，（3）式中的 $F(\cdot)$ 为 ε_i 的累积分布函数。

这时我们就可以建立以 y 为因变量的有序 Probit 模型，且此模型的对数似然函数为：

$$\ln L = \sum_{i=1}^{N}\sum_{j=1}^{J} y_{ij}\ln[F(\alpha_j - x_i'\beta) - F(\alpha_{j-1} - x_i'\beta)] \tag{4}$$

当 ε_i 服从标准正态分布时，公式（4）中的 $F(\cdot)$ 由标准正态分布的累积分布函数 Φ 替代，此即标准的有序 Probit 模型，通过最大似然估计，可以得到 β 的一致有效估计量，此即有序 Probit 模型的参数估计。当 ε_i 不服从标准正态分布时，按照原有的方法估计不可能得到参数的一致有效估计量。纠正的方法就是用半参数估计法。

运用半参数估计方法时假定 ε_i 的分布函数是未知函数，用 Hermite 序列展开方法逼近 ε_i 的密度函数。本研究采用如下形式：

$$f_K(\varepsilon) = \frac{1}{\theta}\left(\sum_{k=0}^{K}\gamma_k\varepsilon^k\right)^2\varphi(\varepsilon) \tag{5}$$

其中，γ_k 是待估参数，$\varphi(\varepsilon)$ 是标准正态分布的密度函数。而 θ 为标准化因子：

$$\theta = \int_{-\infty}^{\infty}\left(\sum_{k=0}^{K}\gamma_k\varepsilon^k\right)^2\varphi(\varepsilon)\mathrm{d}\varepsilon \tag{6}$$

由此，似然函数中的 F 逼近分布的累积分布函数 $F_j(\cdot)$，进而根据拟似然函数的最大化求解得到参数 β 的估计。为方便起见，本书将 γ_0 设为 1，容易证明这种处理方式不会改变上面函数的概率密度函数。根据此概率密度函数，得出 ε_i 的分布函数为

$$F_K(u) = \frac{\int_{-\infty}^{u}\left(\sum_{k=0}^{K}\gamma_k\varepsilon^k\right)^2\varphi(\varepsilon)\mathrm{d}(\varepsilon)}{\int_{-\infty}^{+\infty}\left(\sum_{k=0}^{K}\gamma_k\varepsilon^k\right)^2\varphi(\varepsilon)\mathrm{d}(\varepsilon)} \tag{7}$$

可以证明（详见 Gallant and Nychka, 1987；Stewart, 2004），只要未知函数的概率密度函数满足某些平滑条件，就可以不断提高 K 由上述 Hermite 序列不断逼近。再加上"温和"的正则性等条件，模型中的系数可以通过最大化拟似然函数一致地估计出来。此半参数估计方法的优点是：较大的 K 和较小的 K 对应的模型是嵌套的，且 $K=2$ 时使用的估计与有序 Probit 模型参数估计

是一样的，故可以似然比检验选择 K 或说明半参数估计的必要性 [①]。

6.2.2　变量选择

（1）因变量：模型的因变量为过度劳动等级。依据问卷中引用的王丹改进版的《积蓄性疲劳量表》测量量表获取数据，并按照相应的计分方式评级。在被调查者填写过度劳动自评表后，经过计算过度劳动得分，根据等级划分，过度劳动程度从 Ⅰ 级到 Ⅳ 级逐级递增。从分析结果可得出大部分医务人员处于过度劳动 Ⅰ 级以外的非绿灯区，有 58.54% 的医务人员处于红灯危险区或深红灯高危区。32.98% 的医生、28.51% 的护士处于 Ⅲ 级的红灯危险区，过劳状况已较为明显，而 26.18% 的医生、29.79% 的护士处于 Ⅳ 级，即过劳程度较为严重。从数据可看出医务人员普遍处于过度劳动状态（见表 6-1）。这可能与医务人员工作时间过长、工作压力过大有着直接的关系，本次调查发现每周工作在 40 ～ 50 小时者占 58.96%，50 ～ 60 小时者占 17.22%，60 小时以上者为 9.67%；而《中国医师执业状况白皮书》中指出，52.72% 的医师平均每周工作时间在 40 ～ 60 小时，32.69% 的医师在 60 小时以上 [301]。

表6-1　广州医务人员过度劳动现状

变　量		医　生	护　士	总　体
过劳等级	变量说明	百分比 /%	百分比 /%	百分比 /%
Ⅰ 级	绿灯安全区	15.71	17.45	16.86
Ⅱ 级	黄灯警告区	25.13	24.26	24.59
Ⅲ 级	红灯危险区	32.98	28.51	30.44
Ⅳ 级	深红灯高危区	26.18	29.79	28.10
N		427	427	427

（2）自变量：基于教育过度的自我评价法，根据调查问卷中关于"您个人认为做好您现在这份工作需要的学历要求"和"您已获得的最高学历（已获得的证书）"对比得到"教育过度"和"教育不足"两个学历不匹配的变量；同时根据"您是否同意'在当前岗位上，我的工作能力与技能远超过岗位的实际要

[①] 此处比较概略地介绍了半参数估计的思路和特点，详细介绍和讨论可参考 Stewart（2004）。

求'和'在当前岗位上，我经常感觉力不从心，如果有机会接受专业知识和技能培训，我可以把工作做得更好'"问题的回答，生成"技能过度"和"技能不足"两个变量。由此得到本研究重点关注的"教育过度状况"核心自变量。

（3）控制变量：人口统计学变量为性别、学历、职称、是否党员；家庭特征变量为婚姻状况、有无子女、居住状况；工作单位特征变量为职业类型、医院等级、医院规模。模型中的解释变量的基本情况如表6-2所示。

表6-2 变量定义及描述性统计

变量名称	定 义	观测值	均 值	标准差	最小值	最大值
教育程度	1= 大专；2= 本科；3=硕士及以上	425	1.918	0.633	1	3
教育过度	1= 教育过度；0= 其他	425	0.242	0.429	0	1
教育不足	1= 教育不足；0= 其他	425	0.214	0.411	0	1
技能过度	1= 技能过度；0= 其他	416	0.313	0.464	0	1
技能不足	1= 技能不足；0= 其他	415	0.467	0.5	0	1
性别	1= 男性；0= 女性	427	0.255	0.437	0	1
年龄	1=25 岁以下；2=25～34 岁；3=35～44 岁；4=45 岁以上	426	1.843	0.879	1	4
职称	1= 初级职称；2= 中级职称；3= 高级职称	425	1.238	0.534	0	3
党员	1= 党员；0= 否	427	0.286	0.452	0	1
婚姻状态	1= 已婚；0= 未婚	427	0.44	0.497	0	1
有无孩子	1= 有；0= 无	427	0.361	0.481	0	1
居住情况	1= 租房居住；2= 单位宿舍或福利房；3= 自己或父母的房子	425	1.939	0.864	1	3
医院等级	1= 三甲医院；0 = 其他	427	0.674	0.469	0	1

续表

变量名称	定　　义	观测值	均　　值	标准差	最小值	最大值
医院规模	1=500 张及以下； 2=500 ～ 1 000 张； 3=1 000 张及以上	420	2.186	0.865	1	3

6.2.3　数据来源

本研究使用的数据来自对广州市部分医院医务工作人员的问卷调查。研究对象为广州市医院的医务人员。

问卷为自编问卷，分为两个部分：一是医务人员的性别、年龄、职称等个人基本情况；二是包含过度劳动测量量表的工作状况。其中过度劳动测量使用改进后的日本的《积蓄性疲劳量表》，由被调查的医务人员依据自身状况进行自评。

本研究综合考虑"广覆盖面，分层特色"的研究需要与资源经费有限的限制条件，采取配额抽样的方法进行抽样。共发放问卷 490 份，覆盖广州市天河区、海珠区、荔湾区、越秀区、白云区；收回问卷 490 份，其中，有效问卷451 份，有效率为92.04%。剔除大专以下学历者，得到最终的样本量为427。其中，医生占 41.4%，护士占 58.6%；男性 24%，女性 76%；大专及以下学历占 28.6%，本科占 56%，硕士以上占 15.4%；未婚者占 57.9%，已婚者占42.1%；三甲医院 67.5%，非三甲医院 32.5%。

6.3　实证结果分析

本书使用以教育过度、教育不足、技能过度、技能不足作为自变量，以过度劳动等级为因变量的有序 Probit 模型，基于广州市部分医院医务人员的问卷调查数据进行分析教育过度对过度劳动的影响效应。基于标准的有序 Probit模型，在模型（1）中，我们仅放入教育过度、教育不足变量，分析教育过度和教育不足对过度劳动的影响；在模型（2）中，我们在模型（1）的基础上，加入技能过度和技能不足，分析技能过度和技能不足对过度劳动的影响，及是否改变教育过度影响效应；在模型（3）、模型（4）和模型（5）中，我们依次设定人口统计学变量为性别、年龄、职称、是否党员；家庭特征变量为婚姻状况、有无子女、居住状况；工作单位特征变量为医院等级、医院规模等，控制变量引入模型，估计教育 – 工作不匹配、技能 – 工作不匹配对过度劳动的影响效应。

从表6-3中我们可以看到，在未加入技能利用情况指标时，教育过度对过度劳动的影响效应为负，但并不统计显著；教育不足的系数为正，且在5%水平上统计显著，表明教育不足会增加劳动者遭遇过度劳动的概率。引入技能过度和技能不足两个代表技能利用情况的指标后，教育过度的影响为正，依然统计不显著，而教育不足的系数依然为正，且在5%水平上显著，表明即使控制了技能利用程度情况后，教育不足对过度劳动依然有正向影响。同时，技能过度对过度劳动的影响不显著，技能不足则会对过度劳动产生正向影响。模型（3）～模型（5）的估计结果表明，上述影响效应并不因为添加了更多的控制变量而发生根本性改变，但系数的数值和显著性上略有调整。

表6-3　教育过度对过度劳动影响效应（有序Probit模型）

变量名	模型（1）	模型（2）	模型（3）	模型（4）	模型（5）
研究生及以上	0.193	0.139	0.068	0.033	0.051
	[0.172]	[0.181]	[0.225]	[0.225]	[0.232]
本科	0.276**	0.237*	0.174	0.163	0.142
	[0.132]	[0.134]	[0.153]	[0.154]	[0.158]
教育过度	−0.034	0.018	0.022	0.037	0.055
	[0.128]	[0.129]	[0.133]	[0.136]	[0.137]
教育不足	0.316**	0.311**	0.291**	0.272*	0.302**
	[0.138]	[0.140]	[0.144]	[0.145]	[0.149]
技能过度		0.036	0.074	0.094	0.082
		[0.113]	[0.121]	[0.123]	[0.124]
技能不足		0.258**	0.245**	0.244**	0.207*
		[0.106]	[0.108]	[0.108]	[0.110]
观测值	425	412	410	409	402
伪 R 方	0.008 71	0.013 2	0.023 5	0.027 4	0.030 9

续表

变量名	模型（1）	模型（2）	模型（3）	模型（4）	模型（5）
对数似然函数	−574.9	−553.7	−545.5	−542.2	−531.1
卡方值	8.991	13.64	26.08	29.55	31.98
显著性	0.061 3	0.034 0	0.010 4	0.020 5	0.031 4

注：1. 方括号内为标准误（Standard errors in brackets）；* p<0.1，** p<0.05，*** p<0.01。

2. 逐步加入人口统计学控制变量：性别、年龄、职称、是否党员；家庭特征变量：婚姻状况、有无子女、居住状况；工作特征变量：医院等级、医院规模。

在标准有序 Probit 模型的基础上，为避免标准有序模型可能存在的缺陷的影响，文章进一步使用半参数方法对模型进行估计与检验。为选择合适的残差分布函数从而正确设定模型，文章采用不断提升 K 值，对模型进行半参数估计，并基于似然比（LR）检验结果进行模型选择的思路，寻找合理的模型设定。该思路的假设是低阶 K 对应的模型是嵌套在高阶 K 所对应的模型的。

表 6-4 报告了 K 取不同值时半参数估计似然比（LR）检验结果。依据上面说的检验思路，这里的检验有两种。第一种是 K 大于 2 的值时的模型分别对 K=2 时对应的普通有序 Probit 模型的 LR 检验，表 6-4 第 5 列报告的 P 值表明，K 分别取 3，4，5，6 时的扩展逼近模型显著异于 K=2 时正态分布假定下的标准 Probit 模型，因此参数方法不太适宜估计模型，而应采用半参数方法进行估计。第二种检验是 K 阶与 K−1 阶逼近模型之间的 LR 检验，表 6-4 最后一列 P 值表明，K 大于 3 时，不同的 K 值对应的模型的估计结果不存在显著性差异，K=5 时有差异。综合考虑，半参数估计模型设定中 K 的合理取值应该为 3。

表6-4　K不同取值对应模型的LR检验

K	对数似然值	对 OP 模型的 LR 检验	自由度	P 值	对（K−1）模型的 LR 检验	P 值
2	−529.919 8					
3	−526.388 29	6.74	1	0.009 4		
4	−525.854 02	7.80	2	0.050 3	1.06	0.303 9

续表

K	对数似然值	对 OP 模型的 LR 检验	自由度	P 值	对（K-1）模型的 LR 检验	P 值
5	−525.741 29	28.47	3	0.000 0	20.67	0. 000
6	−525.736 95	28.65	4	0.000 0	0.18	0.672 7

注：OP 模型 LR 检验的原假设是 K=2[有序 Probit 模型（OP）]，备择假设分别是 K = 3、4、5 和 6 阶扩展模型；后两列 LR 检验的原假设是（K-1）阶扩展模型，备择假设是 K 阶扩展模型，检验的自由度都为 1。

　　表 6-5 同时报告参数和半参数估计（K = 3）结果以供比较。从参数与半参数估计结果发现，我们关心的教育过度变量的各系数估计的显著性和符号并不完全一致：在参数估计模型中，教育过度和技能过度对过度劳动的影响系数不显著，但教育过度的影响效应为负，即教育过度可能对过度劳动有负向效应，虽然并不统计显著；而教育不足的系数在 5% 水平上显著，技能不足在 10% 水平上统计显著，表明教育不足和技能不足都会对过度劳动产生显著影响，会提高劳动者遭遇过度劳动的概率。而在半参数估计模型中，教育不足的系数不再显著，而技能不足的系数在 5% 水平上显著，表明技能过度的确会提升劳动者遭遇过度劳动的概率。同时，从半参数估计所得的残差分布来看，偏度、峰度和标准差分别为 0.488，3.44，1.620，显著不同于标准正态分布所对应的偏度 0、峰度 3 和标准差 1。这些都与上述检验结果（半参数估计显著区别于参数估计）相吻合，这里半参数估计和检验结果为参数估计结果应用于实证分析提供了统计支持和保证。

表6-5　有序Probit模型参数及半参数估计结果比较

变量名	（1）标准有序 Probit 模型	（2）半参数估计（K=3）模型
研究生及以上	0.051	0.039
	[0.232]	[0.236]
本科	0.142	0.040
	[0.158]	[0.149]

续表

变量名	（1）标准有序 Probit 模型	（2）半参数估计（K=3）模型
教育过度	0.055	−0.008
	[0.137]	[0.133]
教育不足	0.302**	0.150
	[0.149]	[0.146]
技能过度	0.082	0.141
	[0.124]	[0.140]
技能不足	0.207*	0.201**
	[0.110]	[0.100]
观测值	402	402
对数似然函数	−531.095	−527.722
卡方值	31.984	80.818
显著性	0.031	0.000
偏度	0	0.540
峰度	3	3.516
离差	1	1.615

注：1.方括号内为标准误（Standard errors in brackets）；* $p<0.1$，** $p<0.05$，*** $p<0.01$。

2.控制变量为性别、年龄、职称、是否党员；婚姻状况、有无子女、居住状况；医院等级、医院规模。

6.4　本章小结

在本章中，我们基于广州市医务人员工作状况调查数据，描述统计医务人员的过度劳动现状，并利用标准 Oprobit 模型和半参数分析法分析教育过度、教育不足、技能过度和技能不足对教育过度的影响效应。研究发现：

第一，大部分医务人员处于过度劳动 Ⅰ 级之外的非绿灯区，有 58.54% 的医务人员处于红灯危险区或深红灯高危区。32.98% 的医生、28.51% 的护士处于 Ⅲ 级的红灯危险区，过劳状况已较为明显，而 26.18% 的医生、29.79% 的护士处于 Ⅳ 级，即过劳程度较为严重。

第二，教育过度和技能过度对过度劳动的影响不显著，但有可能教育过度对过度劳动存在负向效应；标准 Oprobit 模型的参数估计结果表明，教育不足和技能不足对过度劳动存在显著正向效应，会提高劳动者处于过度劳动状态的概率；而半参数估计结果中，教育不足的系数虽然为正，但并不统计显著，而技能不足的系数在 5% 水平上显著，表明技能不足的确会明显提升劳动者遭遇过度劳动的概率。

第 7 章 结论

7.1 主要结论

　　劳动力市场运行中，教育与工作的关系一直是劳动经济学和教育经济学关注的热点问题。20 世纪 70 年代，Freeman（1976）对美国出现的教育蓬勃发展与大量高学历人才失业和教育投资回报率下降现象进行研究，并出版《教育过度的美国人》（*The Overeducated American*）一书，提出"教育过度理论"，自此以来教育过度问题备受关注。伴随中国经济的飞速发展，中国的高等教育进入快速的扩张中。自 1998 年国家提出《面向 21 世纪教育振兴行动计划》决定大幅度扩大高等教育招生规模以来，中国高等教育规模不断扩大，大学生就业问题日益突出。在就业形势日益严峻的背景下，"毕业即失业""屈身俯就从事以前由较低学历者从事的工作或从事与所学专业无关的工作""大材小用""高学低就""人才高消费"的现象也日益普遍。有学者据此认为中国开始出现了"教育过度问题"，但也有学者对此提出异议。若进一步考察现有研究成果测量的教育过度发生率及影响效应，同样也会发现存在巨大分歧。

　　本研究基于翔实的"中国企业雇主 – 雇员匹配调查数据（2013）""广州市大学生首份工作就业质量调查数据"和"广州市医务人员工作状况调查数据"等讨论三个基本问题。一是在放松"同等学历下能力同质"假设下，提出了一种更符合中国实际的教育过度测量方法，区分名义教育过度和真实教育过度，并测量中国当前劳动力市场教育过度的现状，确认当前是否存在教育过度问题，若存在，中国劳动力市场的教育过度有何特征，特别是不同性别、学历、职业类型、行业、地区间是否存在明显的群组差异；二是突破现有教育过度成因解释理论"个人决策主体"和"劳动力市场收益是教育单一功能回报"的前提假设，以家庭为决策单元，基于教育目的的多维性和教育预期收益的多元性，构建双边异质性条件下的教育－工作匹配三阶段动态决策过程模型，剖析教育过度的形成机制，为理解教育过度的深层次成因提供一个新的理论视角。并基于调查数据，以 Logit 模型和 mlogit 模型实证考察在教育过度形成过程中扩招政策、家庭背景与教养方式、家庭相对地位与角色分工、企业规范意识与 HR 管理水平、求职渠道与搜寻强度等因素的影响效应。三是基于调查数据，利用 ORU 方程、V-V 模型和 Probit 实证考察教育过度（包括真实教育过度和名义教育过度）对劳动者劳动力市场表现（如工资、晋升、离职倾向）的影响效应，利用有序的 Probit 模型和半参数模型分析教育过度对劳动者身心健康（过度劳动）的影响效应，并探寻教育过度对个体劳动力市场表现产生影响的机制，特别是对工资收入产生惩罚效应的机理与路径。

经过研究得出以下主要结论：

第一，在不区分真实教育过度和名义教育过度的情况下，以公司对工作的学历要求作为基准，教育过度发生率为 42.09%，教育不足发生率为 2.59%，适度教育比例为 55.32%；以个人认为做好工作的学历要求作为基准，教育过度的发生率为 43.82%，教育不足发生率为 4.8%，适度教育比例为 51.38%；两种测量方法的结果基本相当；与国内已有研究成果也基本一致。

第二，在区分真实教育过度和名义教育过度的情况下，以公司学历要求作为基准，名义教育过度发生率为 36.84%，真实教育过度发生率为 5.22%；若以个人认为做好工作的学历要求为基准，名义教育过度发生率为 37.86%，真实教育过度发生率为 5.87%。

第三，分群组的测量结果发现，不同群组间的教育过度发生率存在明显差异。在不区分名义教育过度和真实教育过度的条件下中国教育过度发生率存在以下特征：一是教育过度发生率随着学历等级的提升而提高；二是理工科类的教育过度发生率高于社科类专业劳动者的教育过度发生率；三是成人教育和民办高校／独立院校的教育过度发生率均为最高，大专的教育过度发生率最低；四是男性的教育过度发生率高于女性；五是除了个别年龄段外，其他各年龄段的教育过度发生率差距并不明显；六是非农业户口和本地户口的劳动者更容易处于教育过度状态；七是已婚的或有孩子的劳动者均高于未婚劳动者的教育过度发生率；八是从职业类型上看技术工人的教育过度发生率最高；九是有工作转换经历的劳动者教育过度发生率远低于无工作转换经历的劳动者的教育过度发生率；十是大中小规模企业的教育过度发生率依次提高；十一是不同所有制类型的企业中劳动者的教育过度发生率也存在显著不同，其中，国有企业和股份联营企业的教育过度发生率最高，港澳台投资企业及外商投资企业的真实教育过度发生率最低。从企业控股形式上看，也有类似的规律；十二是从行业／产业看，不同行业的教育过度发生率存在明显差异，其中教育过度发生率较高的行业为水利环境与公共设施管理；十三是从城市和地区看，被调查的十个城市中教育过度发生率也存在明显差异，一线城市和东部地区城市的教育过度发生率最低。

第四，在区分名义教育过度和真实教育过度后，除了"女性的真实教育过度发生率低于男性""有工作转换经历劳动者真实教育过度发生率高于无工作转换经历者""国有企业和股份联营企业的真实教育过度率最高，港澳台投资企业及外商投资企业的真实教育过度发生率最低"和"一线城市和东部地区城市的教育过度发生率最低"外，很多特征和规律发生了变化：具体而言，从学历层次上看，发现本科的真实教育过度发生率最高；从专业上看，真实教育过度发生率理工科与社科类基本相等，且教育过度发生率最高的专业也有所变化；从院校类型上看，大专的真实教育过度发生率依然最低，但教育过度发生率最高的成人教育其真实教育过度发生率并不高；从年龄上看，年轻人真实教育过度发生率最高，随着年龄的增长，真实教育过度发生率有明显的下降趋势。特别是超过 45 岁以后，方法 1 和方法 2 得到的结果均很低，55 岁以上的真实教育过度发生率甚至为 0；从户口上看，非农户口和本地户口的真实教育过度发生率均低于农业和外地户口的劳动者；从婚姻和孩子状况看，已婚者和有孩子的真实教育过度发生率低于未婚者和无孩子劳动者的真实教育过度发生率，在一定程度上说明，教育过度的发生一部分是劳动者为平衡家庭和工作所做出的主动选择的结果；从企业规模上看，以做好工作的学历要求为基准，大型企业规模的真实教育过度发生率最低，即真实教育过度发生率随企业规模增大而降低。

第五，描述性统计发现，未区分真实教育过度和名义教育过度时，以公司招聘的学历要求为基准，发现扩招后教育过度发生率不仅没有上升，反而有下降的特点，而以劳动者自我评估做好工作要求为基准，中国教育过度发生率有了明显的提高。区分真实教育过度和名义教育过度后，扩招后，真实教育过度发生率有所上升。但控制性别等相关变量的 Logit 模型分析发现：扩招对教育过度没有显著影响，即使区分真实教育过度和名义教育过度后，扩招的影响依然不显著，即扩招并没有明显提升教育过度的发生率。

第六，不同经济社会的地位等级对于教育过度的影响存在明显区别，相对于低经济社会地位家庭大学生而言，中等经济社会地位大学生教育过度和教育不足的概率与适度匹配的概率都明显降低；但对高经济社会地位家庭的大学生来说，教育过度的概率明显提高。家庭教养方式也对教育过度有显著影响，在忽视型教养方式下成长的大学生，其处于教育不足状态的概率明显降低，且在 5% 水平上统计显著；其处于教育过度概率明显上升，为其他类型的1.86 倍。

第七，家庭相对地位会明显影响劳动者教育过度的概率。当劳动者的受教育程度高于配偶的受教育程度时，其处于教育过度的风险明显提高，为对照组的 1.634 倍；但区分真实教育过度和名义教育过度后，其对真实教育过度的影响效应消失，不再统计显著；但对名义教育过度的影响依然显著，即遭遇名义教育过度的概率为对照组的 1.521 倍；收入明显高于配偶一个标准差的劳动者，其遭遇教育过度的风险明显降低。这些影响存在明显的性别差异。

第八，企业管理规范化意识和规范化程度会显著降低教育过度的发生率，企业有正式的岗位说明书和明确的任职标准，会降低劳动者遭遇教育过度的概率，特别是有正式岗位说明书对名义教育过度的影响在 10% 水平上统计显著。工会的存在也会明显降低劳动者处于教育过度的概率。企业 HR 的管理水平，特别是企业招聘甄选系统和职业发展系统会整体降低劳动者遭遇教育过度的概率，尤其是真实教育过度的概率；企业人力资源管理系统的各个维度的完善成对都会直接降低劳动者发生真实教育过度的概率。

第九，通过熟人介绍寻找工作，整体提升了教育过度的风险，但细分"真实教育过度"和"名义教育过度"后，我们发现名义教育过度的概率是降低的，表明熟人介绍可以有效消除信息不对称带来的不利影响。但对真实教育过度而言，则是明显提升的，且在 10% 水平上统计显著，为对照组的 1.384 倍。而简历投寄数量、面试次数和搜寻时间等搜寻强度指标均对教育过度有正向影响，虽然并不统计显著。

第十，教育过度特别是真实教育过度存在明显的工资惩罚效应。ORU 方程回归结果表明：相对于从事同样工作的适度匹配者而言，教育过度者可以得到正向的工资溢价 3.2%，教育不足者需要承担 7.4% 的工资损失；但相对于具有相同学历的适度匹配者而言，教育过度者将承受相应的工资惩罚 –10.1%，而教育不足者将获得较高的工资，超出适度匹配者 5.9%。分性别的 ORU 方程估计结果发现：对男性而言，与从事同样工作的适度匹配者相比，教育过度的工资溢价为 3.8%，教育不足的工资损失为 12.2%，即工资溢价更高，但收入损失也更大；与同等教育水平的人相比，教育过度要承受的工资惩罚为10.1%，教育不足的工资溢价为 1.7%。对女性而言，工作要求教育的教育回报率为 13.5%，略低于男性；与从事同样工作的人相比，教育过度者的工资溢价为 3.0%，也略低于男性；与具有同样教育水平的人相比，教育过度者则需要承受的工资惩罚为 10.4%，略高于男性。对女性而言，教育不足部分的教育的系数不显著。

第十一，基于 V–V 模型的估计结果显示，与相同教育水平的适度匹配者相比，教育过度者需要承受 8.4% 的工资惩罚；区分为真实教育过度和名义教育过度进一步分析发现，名义教育过度的收入惩罚效应为 6.0%，低于未区分时的教育过度收入惩罚效应；真实教育过度的收入惩罚效应为 23.8%，远高于未区分时的收入惩罚效应和名义教育过度的收入惩罚效应，真实教育过度的收入惩罚效应约是名义教育过度收入惩罚效应的 4 倍。进一步分析教育过度的影响机制，发现专业不匹配的补偿可解释一部分教育过度甚至真实教育过度和名义教育过度的影响，但技能过度和技能不足的技能利用状况变量对教育过度（包括真实教育过度和名义教育过度）的影响不显著。

第十二，进一步以 PSM 模型控制不可观测能力变量影响后，收入惩罚效应有所降低。加入相应交叉项，分析教育过度收入效应在性别、户口、专业、婚姻之间是否存在差异以及是否随工作经验增长而减少，发现，教育过度（包括真实教育过度和名义教育过度）的收入影响效应在性别、户口、专业、婚姻组群之间不存在差异，但在研究生收入的影响效应会更大，且真实教育过度的收入效应会随工作经验的增长而降低。

第十三，教育过度对晋升预期有负向影响效应；区分真实教育过度和名义教育过度后，名义教育过度和真实教育过度对晋升预期都有明显的负向影响，其中真实教育过度的影响效应更高。且教育过度（包括真实教育过度和名义教育过度）对晋升预期的影响受到专业不匹配的调节，而不受教育过度和教育不足的影响。

第十四，教育过度对离职倾向有正向影响，即与同样教育水平的适度匹配者相比，教育过度者有更高的离职倾向；区分了名义教育过度和真实教育过度后，名义教育过度对离职倾向没有显著影响，而真实教育过度会正向影响离职倾向，与我们的预期相一致；与对晋升效应的影响一样，教育过度（包括真实教育过度和名义教育过度）对离职预期的影响受到专业不匹配的调节，而不受教育过度和教育不足的影响。

第十五，教育过度和技能过度对过度劳动的影响不显著，但有可能教育过度对过度劳动存在负向效应；标准 Oprobit 模型的参数估计结果表明，教育不足和技能不足对过度劳动存在显著正向效应，会提高劳动者处于过度劳动状态的概率；而半参数估计结果中，教育不足的系数虽然为正，但并不统计显著，而技能不足的系数在 5% 水平上显著，表明技能不足的确会明显提升劳动者遭遇过度劳动的概率。

7.2 对策建议

在劳动力市场上，拥有高学历的劳动者是一个相对特殊的群体，他们既是具有一定较高技能、知识的专门人才，又是推动技术革新和经济社会发展不可或缺的重要力量。教育过度的普遍存在，可能会给经济社会和劳动者个人带来负面影响。因此，我们应采取合理措施，形成政府、高校、企业、家庭、个人"五位一体"的互动体系，降低教育过度、特别是真实教育过度的发生率。

一、政府：适度控制高等教育规模，提升市场中介服务效率

中国劳动力市场中已经出现较明显的教育过度现象。因此，适度控制高等教育的发展规模和速度是必要的。高等教育应从单纯的数量追求向内涵型发展转变。"双一流"等发展战略举措表明，高等教育发展方向已经开始向内涵型转变。但需要注意的是投入的方式与方法，顺应教育的发展规律，做好相关的工作。另外，劳动力市场中介服务效率的提升是需要重点强化的内容，本书的实证研究结论表明，通过熟人介绍，劳动者遭遇教育过度的概率提高。因此，大力发展劳动力市场中介服务体系，提升服务效率是可以重点强化的举措。另外一个含义是促进发展家务劳动市场中介的发展。家庭分工与家庭角色对教育过度有着重要影响。家庭产品生产效率的提升和时间的缩短，可以更多地解放被家务束缚的劳动力，使他们更能全心全意地投入劳动力市场。具体而言，可以改革中小学的教育管理方式，促进儿童看护、儿童素质项目的发展使家长有可能减少孩子学习的必要陪护时间，促进家政等专业家庭服务质量的提升，使双职工家庭可以更放心地雇佣家政服务人员处理家务活动。

二、高校：创新人才培养模式，提升人才培养质量，并强化就业指导

当前，教育过度，特别是表面教育过度，在很大程度上是大学生综合能力不足以及就业观念错位的结果。同时，搜寻能力的欠缺也是导致教育过度率较高的主要原因。因此，一方面，建议高校以市场需求为导向，完善大学生就业能力的培养体系。具体应做到如下几点：第一，重视对市场需求、社会经济发展的调查和预测，加强与用人单位之间的联系，将大学生的教育培养方式与

市场需求紧密结合起来。另一方面，应根据市场需求，切实加强大学生的就业指导，对大学生的择业倾向进行合理引导和优化，帮助他们正确认识自我潜能和社会需求，合理调整就业期望，促进和实现顺利高质量就业，这也是高等院校必须承担起的教育重任。

三、用人单位：创新组织结构形式，提升管理规范意识与管理能力，广拓搜寻渠道

首先，本书的实证研究表明，家庭分工模式会导致劳动者主动选择出现教育过度。企业组织可以通过组织结构创新与工作再设计，使劳动者更好地平衡工作和家庭。

其次，实证研究表明企业管理规范意识，如有正式岗位说明书、有明确任职资格标准都可以降低教育过度的发生率。特别是企业人力资源管理系统能力的提升对教育过度发生率的降低具有显著影响。用人单位只有苦练"内功"，在提升内部管理方面大做文章才能提升内部人才匹配效率，提升工作满意度。用人单位可以考虑从两个方面着手：一方面，设计公平、科学的薪酬制度，并保持其动态调整性，即随着大学毕业生技能的提高和资历的增加而进行合理的薪酬调整。另一方面，帮助大学毕业生规划职业生涯，并为其设计明确、具体的实现职业生涯目标的路径。此外，用人单位还需要注意加强以下三个方面的管理：一是严把"入口关"，即在招聘应届大学毕业生的过程中，结合岗位和企业的特点，运用科学的手段，尽量选聘那些能够胜任工作岗位、价值观与企业相匹配、适应能力较强的大学毕业生。二是加强企业文化的建设，增强企业对大学毕业生的吸引力，从而达到"文化留人"的目的。三是要求各级主管，尤其是大学毕业生的直接上级更多地尊重他们、关心他们，帮助他们尽快适应工作环境，帮助他们解决工作、生活中的问题，从感情上留住大学毕业生。

最后，拓展搜寻渠道同时强化招聘过程管理，增加必要的测试和测评。本书实证检验结论发现，熟人推荐会提高真实教育过度的发生率，而参加过技能测试的劳动者教育过度的发生概率明显降低，所以用人单位在企业招聘工作中应广开渠道，广揽人才。对于大学应届毕业生的招聘，今后用人单位除了选用校园招聘、熟人推荐和招聘会这三种传统的搜寻渠道之外，还要充分考虑应届大学毕业生相对聚集这一特点，充分利用校园宣讲会这一渠道，以便降低招聘成本，提高招聘效果，并提高自身的知名度和影响力。此外，还要充分利用并积极借助先进的技术，结合本单位的实际用人需求或偏好，聘请专人（或单位）为本单位量身打造在线招聘系统，以提高应届大学生的招聘效率，增加本

单位网站的访问量，顺便达到宣传本单位的目的。

四、家庭：提升家庭教育投资质量，平衡工作和家庭关系

家庭教育投资既需要数量，又要十分注意质量。原生家庭对子女的教育投资，既要注重学历等正规学校的投资，又要注意子女软技能的培养，同时注意留出必要的时间进行陪伴，给孩子一个积极健康的成长环境和空间。家庭和工作是人类生活的两大领域，需要平衡处理。家长一方面可以通过家庭内部的合理分工，积极利用外部中介服务和家庭退休人员等有效方式方法，缩短家务劳动所用时间占比，另一方面可以积极采用新的家庭生产工具，提升家务劳动生产效率。

五、大学生：端正就业观念，提升综合能力，优化搜寻路径

千变万变，核心不变。大学生的核心任务是努力学习，以多种方式提升自身的综合素质与能力。在快速变化的环境中，大学生就业只能牢牢抓住"提升自我核心竞争力"这一核心，结合专业特征和自己的兴趣爱好，多方位、多方式提升自己的综合素养和能力。大学生要做好以下三项工作：其一，在平时的学习过程中，应该有一定的紧迫感，在充分利用课堂时间加强专业知识学习的同时，积极参加并充分利用课堂实践和课外实践，努力锻炼提高自身的专业能力，特别是提高动手能力。其二，要积极参与班级活动、学生会活动和社团活动，锻炼自己解决问题的能力；在日常生活当中，也要尽力去和周围的人融洽相处，有意识地锻炼自己的沟通能力和人际关系处理能力。其三，要掌握职业生涯规划知识，努力认识自我和职业世界，根据用人单位对大学生的需求，尽早规划个人的职业生涯，制定明确的职业生涯目标和实施方案，努力提升个人的就业竞争力和职业发展力。

7.3 研究局限与进一步研究方向

本书以新的教育过度测量方法，结合"中国企业雇主－雇员匹配调查数据（2013）"等微观调查数据，测量中国劳动力市场中教育过度程度及其对劳动力市场表现与身心健康的影响效应，尝试从家庭决策主体和教育功能与回报多元化的视角，剖析教育过度的形成机制，得到了一些有意义的结论。但由于

数据可能性的限制和研究方法本身存在的局限，本研究还存在以下几点不足：

第一，本研究提出的教育过度测量方法，本质上还是一种以自我评估法为基础的测量方法，该方法的天然局限是劳动者评价的主观性，虽然我们区分真实教育过度和名义教育过度，深化了测量的内涵，但并未从根本上克服该方法自身与生俱来的局限性，同时劳动者对工作其他方面的不满以及评价主体认知能力的异质性也会对测量结果产生影响。

第二，本研究提出了双边异质性下教育－工作匹配三阶段动态决策过程模型，从家庭决策角度对教育过度的形成机制进行了剖析，并基于调查数据进行了实证检验，但由于使用的并不是同一套调查数据，所以限制了对各因素之间相互关系的进一步分析。

第三，本研究使用的数据主要是以劳动力市场的现有劳动者为调查对象的，数据采集方式的局限限制了研究中对退出劳动力市场的选择等造成的样本选择性偏差的控制和对合理工具变量的选择，因此在内生性的处理上，还存在进一步改进的空间。

鉴于此，未来在时间、资源允许的条件下，笔者可以在以下几个方面进一步深入研究：

第一，在测量方法上，将区分名义教育过度和真实教育过度的做法进一步与工作分析法和实际匹配法结合，并与本书提出的测量方法对比印证；或者在数据采集中加入专门的认知能力测量指标，结合相应的客观能力指标，形成更加有效的测量方法。

第二，依托以家庭入户调查方式获得的数据，进一步考察以家庭为决策主体的教育过程形成机制在现实中的可信度与解释力，实证检验各阶段关键影响因素对教育过度的影响效应，并尝试寻找合理的工具变量，纠正教育过度对劳动者市场表现和身心健康影响中的样本选择性偏差和内生性偏差。

第三，进一步探讨中国特殊背景下劳动力市场分割、空间错配等对教育过度的影响效应与机理。

主要参考文献

[1] FREEMAN R B. The over educated American [M]. New York: Academic Press, 1976.

[2] BUCHEL F. The effects of overeducation on productivity in germany—the firms' viewpoint [J]. Economics of education review, 2002, 21(3): 263-275.

[3] HERSCH J. Education match and job match [J]. Review of economics and statistics, 1991, 73(1): 140-144.

[4] TSANG M C, RUMBERGER R W, LEVIN H M. The impact of surplus schooling on worker productivity [J]. Industrial relations, 1991, 30(2): 209-228.

[5] CHEVALIER A. Measuring over-education [J]. Economica, 2003, 70(279): 509-531.

[6] TSANG M C, LEVIN H M. The economics of overeducation [J]. Economics of education review, 1985, 4(2): 93-104.

[7] TSANG M C , RUMBERGER R W , Levin H M . The impact of surplus schooling on worker productivity[J]. Industrial relations: a journal of economy and society, 1991, 30(2):209-228.

[8] SICHERMAN N. "Overeducation" in the labor market [J]. Journal of labor economics, 1991, 9(2): 101-122.

[9] TOPEL R. Job mobility, search, and earnings growth: a reinterpretation of human capital earnings functions [J].// POLACHEK S W. and TATSIRAMOS K. (Ed.) 35th Anniversary retrospective (research in labor economics, Vol. 35)[M]. London: Emerald Group Publishing Limited, Bingley, 2012: 401-435. https://doi.org/10.1108/S0147-9121(2012)0000035038

[10] VISCUSI W K. Job hazards and worker quit rates: an analysis of adaptive

worker behavior [J]. International economic review, 1979, 20(1): 29-58.

[11] VAN SMOORENBURG M S M, VAN DER VELDEN R K W. The training of school-leavers: complementarity or substitution? [J]. Economics of education review, 2000, 19(2): 207-217.

[12] BUCHEL F, MERTENS A. Overeducation, undereducation, and the theory of career mobility [J]. Applied economics, 2004, 36(8): 803-816.

[13] BENEITO P, FERRI J, MOLTO M L, et al. Over/undereducation and specific training in Spain: complementary or substitute components of human capital? [M]. London: MacMillan Press, 2000.

[14] 郑永年. "过度教育"和"教育不足"的代价 [J]. 中国城市经济, 2009(7): 11.

[15] 白珺. 我国高等教育中的过度教育探索 [D]. 西安:西北大学, 2009.

[16] 白韶红. 过度教育及其对经济增长的影响分析 [J]. 重庆社会科学, 2006(9): 14-18.

[17] 陈方红. 从社会学视角审视高等教育过度的影响 [J]. 教育与职业, 2007(8): 16-18.

[18] 张彦通, 赵世奎. 过度教育与我国高等教育发展 [J]. 中国高教研究, 2004(12): 43-44.

[19] 杨文奇. 劳动力市场与大学生就业——过度教育现象的经济学分析 [J]. 教育发展研究, 2006(15): 40-52.

[20] 张谋贵. 中国会出现教育过度与人才过剩吗——兼论我国高等教育发展存在的问题与对策 [J]. 高等工程教育研究, 2003(5): 14-17, 24.

[21] 陈方红. 我国高等教育过度:事实还是假象 [J]. 江西教育科研, 2007(1): 31-33.

[22] 范皑皑. 高校毕业生的学历与岗位匹配——基于全国高校抽样调查数据的实证分析 [J]. 教育与经济, 2013(2): 18-24.

[23] 赖德胜. 教育似一座孤岛——中国遭遇教育结构性过度 [J]. 中国国情国力, 1999(9): 10-11.

[24] 周婧, 符少辉. 中国"过度教育"现象及其治理对策 [J]. 湖南农业大学学报(社会科学版), 2011(2): 69-72.

[25] 张军利. "过度教育":劳动力市场视角下的中国高等教育 [J]. 教育研究,

2010(9): 81-84.

[26] 张军利. 过度教育理论视角下的大学生就业问题研究 [D]. 西安: 西北大学, 2011.

[27] 孔宇芳. 教育过度与大学生就业问题分析 [C]//.2004 年中国教育经济学学术年会论文——四川师范大学经济学院研究生论文集. 北京: 中国教育学会教育经济学分会,2004: 20-32.

[28] 刘小华. 真相抑或假象: 我国高等教育过度问题探析 [J]. 湖南省社会主义学院学报, 2014(5): 84-87.

[29] 刘璐宁. 我国劳动力市场中过度教育问题研究 [D]. 北京: 首都经济贸易大学, 2015.

[30] 中国遭遇教育结构性过度 [J]. 领导决策信息, 1999(39): 20.

[31] 梁强. 我国教育与就业问题探究 [D]. 大连: 东北财经大学, 2005.

[32] 徐文华. 高等教育大众化进程中的教育过度 [J]. 扬州大学学报 (高教研究版), 2005(6): 11-13.

[33] 胡解旺. 大学生就业难: 过度教育与教育不足辨析 [J]. 河北师范大学学报 (教育科学版), 2010(10): 56-60.

[34] 杨卫军. 当前"知识失业"是过度教育还是教育深化? [J]. 教育与经济, 2003(3): 63.

[35] 牛凤蕊. "教育过度"——知识失业的悖论 [J]. 现代教育科学, 2006(11): 27-30.

[36] 许林, 许丽. 国外"过度教育"问题研究对我国解决"教育深化"问题的启示 [J]. 教育探索, 2009(8): 153-155.

[37] 夏再兴. 中国 "教育过度"问题研究 [M]. 北京: 人民出版社, 2005.

[38] 夏再兴. 对我国高等教育"过度"问题的分析 [J]. 高等教育研究, 2003(6): 34-37.

[39] 李幸福. 我国高等教育"过度"现象的经济学分析 [J]. 平顶山学院学报, 2008(5): 123-126.

[40] 蔡昉. 高等教育过度了吗?[N]. 北京日报,2013-12-02(20).

[41] 刘金菊. 中国人口的教育过度:水平、趋势与差异 [J]. 人口研究, 2014(5): 41-53.

[42] 张霞. 过度教育对员工工作绩效的作用机制研究综述 [J]. 现代大学教育,

2012(5): 54-58.

[43] DUNCAN G J, HOFFMAN S D. The incidence and wage effects of overeducation [J]. Economics of education review, 1981, 1(1): 75-86.

[44] HARTOG J, OOSTERBEEK H. Education, allocation and earnings in the Netherlands: overschooling? [J]. Economics of education review, 1988, 7(2): 185-194.

[45] ALBA-RAMIREZ A. Mismatch in the Spanish labor market: overeducation? [J]. Journal of human resources, 1993, 28(2): 259-278.

[46] HALABY C N. Overeducation and skill mismatch [J]. Sociology of education, 1994, 67(1): 47-59.

[47] VERDUGO R R, VERDUGO N T. The impact of surplus schooling on earnings: some additional findings [J]. The journal of human resources, 1989, 24(4): 629-643.

[48] KIKER B F, SANTOS M C, DE OLIVEIRA M M. Overeducation and undereducation: evidence for portugal [J]. Economics of education review, 1997, 16(2): 111-125.

[49] CLOGG C C, SHOCKEY J W. Mismatch between occupation and schooling: a prevalence measure, recent trends and demographic analysis [J]. Demography, 1984, 21(2): 235-257.

[50] PATRINOS H A. Overeducation in greece[J]. International review of education, 1997, 43(2/3): 203-223.

[51] 武向荣. 教育扩展中的过度教育现象及其收入效应——基于中国现状的经验研究 [J]. 北京师范大学学报 (社会科学版), 2007(3): 132-136.

[52] BATTU H, BELFIELD C R, SLOANE P J. How well can we measure graduate over-education and its effects? [J]. National institute economic review, 2000, 17(1): 82-93.

[53] GROOT W, MAASSEN VAN DEN BRINK H. Overeducation in the labor market: a meta-analysis [J]. Economics of education review, 2000, 19(2): 149-158.

[54] VERHAEST D, OMEY E. Discriminating between alternative measures of over-education [J]. Applied economics, 2006, 38(18): 2113-2120.

[55] ALLEN J, VAN DER VELDEN R. Educational mismatches versus skill mismatches:

effects on wages, job satisfaction, and on-the-job search [J]. Oxford economic papers, 2001, 53(3): 434-452.

[56] PIETRO G D, URWIN P. Education and Skills Mismatch in the Italian Graduate Labour Market [J]. Applied Economics, 2006, 38(1): 79-93.

[57] GREEN F, MCINTOSH S. Is there a genuine under-utilization of skills amongst the over-qualified? [J]. Applied economics, 2007, 39(4-6): 427-439.

[58] Mavromaras K G, MCGUINNESS S, O'LEARY N C, et al. The problem of overskilling in Australia and Britain [J]. Manchester school, 2010, 78(3): 219-241.

[59] IAMMARINO S, MARINELLI E. Education-job (mis)match and interregional migration: Italian university graduates' transition to work [J]. Regional studies, 2015, 49(5): 866-882.

[60] MATEOS-ROMERO L, SALINAS-JIMéNEZ M D M. Skills heterogeneity among graduate workers: real and apparent overeducation in the Spanish labor market [J]. Social indicators research, 2016, 132(3): 1247-1264.

[61] CHEVALIER A, LINDLEY J. Overeducation and the skills of UK graduates [J]. Journal of the royal statistical society: series a (statistics in society), 2009, 172(2): 307-337.

[62] PECORARO M. Is there still a wage penalty for being overeducated but well-matched in skills? A panel data analysis of a swiss graduate cohort [J]. Labour, 2014, 28(3): 309-337.

[63] GREEN F, ZHU Y. Overqualification, job dissatisfaction, and increasing dispersion in the returns to graduate education [J]. Oxford economic papers, 2010, 62(4): 740-763.

[64] DOLTON P, VIGNOLES A. The incidence and effects of overeducation in the U.K. graduate labour market [J]. economics of education review, 2000, 19(2): 179-198.

[65] JENSEN U, GARTNER H, RASSLER S. Estimating german overqualification with stochastic earnings frontiers [J]. AStA: advances in statistical analysis, 2010, 94(1): 33-51.

[66] BETTI G, D'AGOSTINO A, NERI L. Educational mismatch of graduates: a multidimensional and fuzzy indicator [J]. Social indicators research, 2011, 103(3): 465-480.

[67] ROBST J. Career mobility, job match, and overeducation [J]. Eastern economic journal, 1995, 21(4): 539-550.

[68] MICHAEL S. Job market signaling [J]. Quarterly journal of economics, 1973, 87(3): 355-374.

[69] SLOANE P J. Much ado about nothing? What does the overeducation literature really tell us? [M]//BUCHEL F, DE GRIP A, MERTENS A. Overeducation in Europe: current issues in theory and policy. Cheltenham, U.K. and Northampton, Mass.:Elgar. 2003: 11-45.

[70] MENDES DE OLIVEIRA M, SANTOS M C, KIKER B F. The role of human capital and technological change in overeducation [J]. Economics of education review, 2000, 19(2): 199-206.

[71] FRANK R H. Why women earn less: the theory and estimation of differential overqualification [J]. American economic review, 1978, 68(3): 360-373.

[72] MCGOLDRICK K, ROBST J. Gender differences in overeducation: a test of the theory of differential overqualification [J]. American economic review, 1996, 86(2): 280-284.

[73] BUCHEL F, BATTU H. The theory of differential overqualification: does it work? [J]. Scottish journal of political economy, 2003, 50(1): 1-16.

[74] HEAD T C. The organizational and personal consequences of the overqualified employee [D]. Ann Arbor: Texas A&M University, 1989.

[75] DOLTON P J, SILLES M A . The effects of over-education on earnings in the graduate labour market[J]. Economics of education review, 2008, 27(2):0-139.

[76] KARAKAYA G, PLASMAN R, RYCX F. The incidence and determinants of overeducation in belgium [J]. Brussels economic review/Cahiers economiques de bruxelles, 2005, 48(1-2): 113-136.

[77] KLER P. Graduate overeducation in Australia: a comparison of the mean and objective methods [J]. Education economics, 2005, 13(1): 47-72.

[78] DIAZ M D M, MACHADO L. Overeducation e Undereducation no Brasil: incidência e retornos. [J]. Estudos economicos, 2008, 38(3): 431–460.

[79] MORA J J. Sobre-educacion en el mercado laboral colombiano. [J]. Revista de economia institucional, 2008, 10(19): 293–309.

[80] DOMINGUEZ, MORENO J A. Sobreeducacion en el mercado laboral urbano de Colombia para el ano 2006[J]. Sociedad y economia, 2009, 16): 139–158.

[81] JAUHIAINEN S. Overeducation in the finnish regional labour markets [J]. Papers in regional science, 2011, 90(3): 573–588.

[82] YANO S. Overeducated? The impact of higher education expansion in post-transition Mongolia [D]. Ann Arbor: Columbia University, 2012.

[83] VOON D, MILLER P W. Undereducation and overeducation in the Australian labour market [J]. Economic record, 2005, 81(S):22–33.

[84] CARROLL D, TANI M. Over-education of recent higher education graduates: New Australian panel evidence [J]. Economics of education review, 2013, 32(2):207–218.

[85] BUCHEL F, VAN HAM M. Overeducation, regional labor markets, and spatial flexibility [J]. Journal of urban economics, 2003, 53(3): 482–493.

[86] LENTON P. Over-Education across British Regions [J]. Regional Studies, 2012, 46(9): 1121–1135.

[87] NG Y C. Overeducation and undereducation and their effect on earnings: evidence from Hong Kong, 1986–1996 [J]. Pacific economic review, 2001, 6(3): 401–418.

[88] MCGUINNESS S. Private sector postgraduate training and graduate overeducation: evidence from Northern Ireland [J]. International journal of manpower, 2002, 23(6): 527–541.

[89] BUCHEL F, POLLMANN-SCHULT M. Overeducation and human capital endowments [J]. International journal of manpower, 2004, 25(2): 150–166.

[90] ORDINE P ,ROSE G. Overeducation and instructional quality: A Theoretical Model and Some Facts[J].Journal of human capital,2009,3(1):73–105.

[91] DI PAOLA V, MOULLET S. Femmes et fonction publique: un risque calcule de declassement?[J]. Travail et emploi, 2009(120): 47–61.

[92] VERHAEST D, OMEY E. The determinants of overeducation: different measures, different outcomes? [J]. International journal of manpower, 2010, 31(6): 608-625.

[93] FREI C, SOUSA-POZA A. Overqualification: permanent or transitory? [J]. Applied economics, 2012, 44(13-15): 1837-1847.

[94] BLAZQUEZ M, BUDRIA S. Overeducation dynamics and personality [J]. Education economics, 2012, 20(3): 260-283.

[95] WIRZ A, ATUKEREN E. An analysis of perceived overqualification in the Swiss labor market [J]. Economics Bulletin, 2005, 9(2): 1-10.

[96] SOHN K. The role of cognitive and noncognitive skills in overeducation [J]. Journal of labor research, 2010, 31(2): 124-145.

[97] JOUBERT C, MAUREL A. A structural dynamic analysis of over-education and mismatch [J]. Journal of Asian studies, 2012, 50(2): 75-86.

[98] BATTU H, SLOANE P J. To what extent are ethnic minorities in Britain over-educated? [J]. International journal of manpower, 2002, 23(3): 192-208.

[99] BATTU H, SLOANE P J. over-education and ethnic minorities in Britain [J]. Manchester school, 2004, 72(4): 535-559.

[100] GREEN C, KLER P, LEEVES G. Immigrant overeducation: evidence from recent arrivals to Australia [J]. Economics of education review, 2007, 26(4): 420-432.

[101] KLER P. A panel data investigation into over-education among tertiary educated Australian immigrants [J]. Journal of economic studies, 2007, 34(3-4): 179-193.

[102] LINDLEY J. The over-education of UK immigrants and minority ethnic groups: evidence from the labour force survey [J]. Economics of education review, 2009, 28(1): 80-89.

[103] POOT J, STILLMAN S. The importance of heterogeneity when examining immigrant education-occupation mismatch: evidence from New Zealand [R]. IZA discussion paper No. 5211, available at SSRN: https://ssrn.com/abstract=1686522 2010.

[104] DELL'ARINGA C, PAGANI L. Labour market assimilation and over-education: The case of immigrant workers in Italy [J]. Economia politica, 2011, 28(2): 219-240.

[105] NIELSEN C P. Immigrant over-education: evidence from Denmark[J]. Journal of population economics, 2011, 24(2): 499-520.

[106] LEUVEN E, OOSTERBEEK H. Overeducation and mismatch in the labor market [J]. Handbook of the economics of education, 2011, 4:283-326.

[107] CUTILLO A, DI PIETRO G. The effects of overeducation on wages in Italy: a bivariate selectivity approach [J]. International journal of manpower, 2006, 27(2): 143-168.

[108] DIEBOLT C, GUIRONNET J-P. Vers une theorie economique de la sureducation?[J]. Economies et societes, 2012, 46(8): 1453-1468.

[109] GROOT W, MAASSEN VAN DEN BRINK H. Skill mismatches in the dutch labor market [J]. International journal of manpower, 2000, 21(7-8): 584-595.

[110] VAHEY S P. The great Canadian training robbery: evidence on the returns to educational mismatch [J]. Economics of education review, 2000, 19(2): 219-227.

[111] RUBB S. Overeducation among older workers: impact on wages and early retirement decisions [J]. Applied economics letters, 2009, 16(16-18): 1621-1626.

[112] MCGUINNESS S, SLOANE P J. Labour market mismatch among UK graduates: an analysis using reflex data [J]. Economics of education review, 2011, 30(1): 130-145.

[113] MCGUINNESS S, BENNETT J. Overeducation in the graduate labour market: a quantile regression approach [J]. Economics of education review, 2007, 26(5): 521-531.

[114] KORPI T, TAHLIN M. Educational mismatch, wages, and wage growth: overeducation in Sweden, 1974-2000 [J]. Labour economics, 2009, 16(2): 183-193.

[115] MCGUINNESS S. Graduate overeducation and the Northern Ireland labour market [D]. Ann Arbor: Queen's University of Belfast (United Kingdom),

2003.

[116] BAUER T K. Educational mismatch and wages: a panel analysis [J]. Economics of education review, 2002, 21(3): 221–229.

[117] FRENETTE M. The overqualified Canadian graduate: the role of the academic program in the incidence, persistence, and economic returns to overqualification [J]. Economics of education review, 2004, 23(1): 29–45.

[118] VERHAEST D, OMEY E. Overeducation, undereducation and earnings: further evidence on the importance of ability and measurement error bias [J]. Journal of labor research, 2012, 33(1): 76–90.

[119] MCGUINNESS S. How biased are the estimated wage impacts of overeducation? a propensity score matching approach [J]. Applied economics letters, 2008, 15(1–3): 145–149.

[120] JAOUL–GRAMMARE M, GUIRONNET J–P. Does over–education influence French economic growth? [J]. Economics bulletin, 2009, 29(2): 1190–1200.

[121] TSAI Y. Returns to overeducation: a longitudinal analysis of the U.S. labor market [J]. Economics of education review, 2010, 29(4): 606–617.

[122] JENKINS C S. Overeducation: job satisfaction, job security, and attitudes toward education [D]. Ann Arbor: University of Kentucky, 1988.

[123] TSANG M C. The impact of overeducation on productivity: a case study of a communication industry (AT&T, satisfaction) [D]. Ann Arbor: Stanford University, 1984.

[124] FLEMING C M, KLER P. I'm too clever for this job: a bivariate probit analysis on overeducation and job satisfaction in Australia [J]. Applied economics, 2008, 40(7–9): 1123–1138.

[125] BELFIELD C. over–education: what influence does the workplace have? [J]. Economics of education review, 2010, 29(2): 236–245.

[126] CURTARELLI M, GUALTIERI V. Educational mismatch e qualita del lavorro: Un quadro d'insieme e alcune specificita del caso italiano[J]. Economia e lavoro, 2011, 45(3): 27–50.

[127] DE GRIP A. The economics of overeducation: comment [J]. Economics of education review, 1989, 8(2): 205–207.

[128] RUBB S. Overeducation, undereducation and asymmetric information in occupational mobility [J]. Applied economics, 2013, 45(4-6): 741-751.

[129] JOHNSON G J. The effects of underemployment and being underpaid on psychosocial functioning among workding men [D]. Ann Arbor: University of Michigan, 1986.

[130] DE GRIP A, BOSMA H, WILLEMS D, et al. Job-worker mismatch and cognitive decline [J]. Oxford economic papers, 2008, 60(2): 237-253.

[131] LEE C. Overeducation and work orientations: a comparative study of Japanese and Americans [D]. Ann Arbor: University of Minnesota, 1997.

[132] BüCHEL F. The effects of overeducation on productivity in Germany — the firms' viewpoint [J]. Economics of education review, 2002, 21(3): 263-275.

[133] 杨友国，刘志民. 我国高等教育过度问题的经济学分析 [J]. 教育科学，2006,(3): 62-64.

[134] 谭桂利. 美国 20 世纪 70 年代过度教育分析及对我国启示 [D]. 曲阜：曲阜师范大学, 2012.

[135] 于洪霞. 高校毕业生工作与学历匹配情况及其影响因素分析 [J]. 教育与经济，2010(4): 1-5.

[136] 彭勃，吴治兵. 高等教育过度化的文化解析与重构 [J]. 煤炭高等教育，2006(5): 46-48.

[137] 武向荣，赖德胜. 过度教育发生率及其影响因素——基于北京市数据的分析 [J]. 教育发展研究，2010(19): 36-41.

[138] 刘扬. 教育与工作匹配性研究：本专科毕业生就业差异 [J]. 复旦教育论坛，2011(2): 63-67.

[139] 代懋，王子成. 中国大学生就业匹配质量研究 [J]. 教育发展研究，2014(3): 42-48.

[140] 刘璐宁. 我国劳动力市场中的过度教育表现和成因的实证研究——基于 ISCO-ISCED 对接法的计算分析 [J]. 教育学术月刊，2016(4): 15-23.

[141] 任苗苗. 中国过度教育问题研究 [D]. 大连：东北财经大学, 2016.

[142] 罗润东，彭明明. 过度教育及其演变趋势分析——基于 CGSS 受高等教育职员的调查 [J]. 经济社会体制比较，2010(5): 173-179.

[143] 罗润东，彭明明．中国教育不匹配状况及其对工资收入的影响 [J]．学术月刊，2010(11): 71-77.

[144] 赖德胜．2012 中国劳动力市场报告：高等教育扩展背景下的劳动力市场变革 [M]．北京：北京师范大学出版社，2012.

[145] 代馨．过度教育发生率及其影响因素的实证分析 [J]．云南财经大学学报，2016(3): 81-92.

[146] 王芳芳．我国高等教育就业人员的过度教育问题研究 [D]．杭州：浙江工商大学，2017.

[147] 孟文新．过度教育的弊端与对策 [J]．辽宁教育行政学院学报，2010(2): 30-31.

[148] 于林月，张力．我国首职过度教育的持续性及影响因素探究 [J]．理论与改革，2015(3): 61-65.

[149] 颜敏，王维国．中国过度教育现状及其演变——来自微观数据的证据 [J]．山西财经大学学报，2017(3): 15-29.

[150] 刘璐宁．大材小用与学以致用：过度教育及非教育影响因素的实证研究——基于 2003 年和 2008 年 CGSS 数据 [J]．高教探索，2014(5): 30-36, 41.

[151] 陈洁．扩招后我国过度教育及其收益的变化 [J]．未来与发展，2017(2): 48-53.

[152] 赵世奎，张彦通．过度教育的预警研究 [J]．高等工程教育研究，2008(4): 81-84.

[153] 李锋亮，岳昌君，侯龙龙．过度教育与教育的信号功能 [J]．经济学（季刊），2009(2): 569-582.

[154] 张苏，李东，曾庆宝．大学教育与劳动力市场需求匹配关系研究 [J]．管理世界，2010(10): 180-181.

[155] 许紫岳，胡淑静，黄一岚．高校扩招下大学毕业生过度教育问题研究 [J]．浙江工业大学学报（社会科学版），2010(4): 450-455.

[156] 缪宇环．我国过度教育现状及其影响因素探究 [J]．统计研究，2013(7): 48-54.

[157] 代懋，王子成，杨伟国．中国大学生就业匹配质量的影响因素探析 [J]．中国人口科学，2013(6): 113-123, 128.

[158] 马莉萍．流动与工作匹配 [J]．复旦教育论坛，2015(2): 73-79.

[159] 郝明松. 社会网络对人职匹配的正负作用 [J]. 学术交流，2015(2)：148-153.

[160] 马文武，李中秋. 中国城乡居民过度教育考察:CHNS 数据的经验分析 [J]. 创新，2016(6)：113-122.

[161] 李骏. 中国高学历劳动者的教育匹配与收入回报 [J]. 社会，2016(3)：64-85.

[162] 袁玥. 我国教育职业纵向错配及其对收入差距影响的实证研究 [D]. 南宁：广西大学，2016.

[163] 周鹏，朱小军. 劳动力市场视角下高校毕业生过度教育收入效应研究——基于全国 28 所高校毕业生的抽样调查数据 [J]. 职业技术教育，2016(22)：32-37.

[164] 黄琪. 高校毕业生过度教育问题的研究 [D]. 北京：北京交通大学，2017.

[165] 王春超，佘诗琪. 户籍异质性、职业匹配与收入差距 [J]. 经济社会体制比较，2017(3)：10-20，53.

[166] 杨金阳，周应恒，严斌剑. 劳动力市场分割、保留工资与"知识失业" [J]. 人口学刊，2014(5)：25-36.

[167] 邓光平. 高校毕业生就业结构性失衡与教育过度探析 [J]. 江苏高教，2004(3)：42-45.

[168] 彭金冶. "高等教育过度"别议——以知识失业和几个悖论为切入点 [J]. 黑龙江高教研究，2005(9)：8-10.

[169] 赖德胜. 中国教育收益率偏低新解 [J]. 河北学刊，2001(3)：32-36.

[170] 张曙光，施贤文. 市场分割、资本深化和教育深化——关于就业问题的进一步思考 [J]. 云南大学学报（社会科学版），2003(5)：70-76，96.

[171] 姚白羽. 对过度教育成因的一个解释——分割劳动力市场的视角 [J]. 世界经济情况，2008(11)：61-65.

[172] 张晓蓓，亓朋. 我国过度教育现象研究——基于全国综合社会调查数据的分析 [J]. 教育发展研究，2010(17)：31-36.

[173] 范皑皑，丁小浩. 谁的文凭贬值了——分割的劳动力市场视角下的过度教育问题研究 [J]. 教育发展研究，2013(17)：7-14.

[174] 石丹淅，刘青桃. 过度教育的发生率及政策启示研究——基于北京市数据的分析 [J]. 西北人口，2013(1)：11-16.

[175] 刘志业，栾开政，李卫东. 教育过度与高校毕业生就业问题分析 [J]. 高等教

育研究, 2003(4): 25-29.

[176] 赵宏斌. 论高等教育投资风险与教育过度的关系 [J]. 江苏高教, 2003(6): 102-105.

[177] 章小梅, 姚利民. 从"知识失业"现象思考高等教育发展的问题 [J]. 高等教育研究, 2004(4): 11-14.

[178] 章小梅. 从"知识失业"现象思考高等教育发展问题 [J]. 学位与研究生教育, 2005(4): 45-48.

[179] 夏再兴, 周春丽. 解决我国"教育过度"问题的高校使命 [J]. 科技进步与对策, 2005(6): 158-160.

[180] 王一涛. 论过度教育竞争的根源及其对策——对一起"高考事件"的"过程——事件"分析 [J]. 教育理论与实践, 2007(3): 34-36.

[181] 魏立佳. 基于产业结构观点的我国高等教育过度问题实证研究 [J]. 西北人口, 2008(2): 74-77.

[182] 王华春, 赵蕊, 杨丙见. 浅议局部"过度教育"的成因与对策 [J]. 江苏高教, 2010(2): 10-12.

[183] 汪凌洲. 透视我国高等教育的过度教育 [J]. 亚太教育, 2015(6): 100-101.

[184] 王良美. 论学历与高等教育大众化的未来 [J]. 科技进步与对策, 2002(12): 161-162.

[185] 张香敏. 教育过度产生的制度探析 [J]. 煤炭高等教育, 2004(6): 33-35.

[186] 殷朝晖, 欧阳红兵. 我国的结构性教育过度及其原因探讨 [J]. 现代教育科学, 2005(5): 40-43.

[187] 马桂兰, 李静. 经济学视角下"过度教育"的多因素分析 [J]. 大学 (研究与评价), 2009(5): 51-54.

[188] 黄志岭, 逯岩, 樊小钢. 过度教育的收入效应实证研究 [J]. 财经论丛, 2010(6): 16-22.

[189] 王文龙. 结构主义视角下的中国高等教育"过度"问题研究 [J]. 江苏高教, 2012(6): 17-19.

[190] 刘小华. 制度视角下的高等教育过度问题探析 [J]. 湖南省社会主义学院学报, 2015(2): 90-92.

[191] 刘茂松, 刘果. 结构型教育过度与高校毕业生就业难 [J]. 湖南商学院学报, 2004(2): 1-5, 18.

[192] 赵彦. 高等教育过度问题研究 [D]. 长沙：湖南师范大学，2007.

[193] 靳宏. 我国高等教育结构性过度的社会心理分析 [J]. 新西部（下半月），2008(5): 130-131, 134.

[194] 刘险得. 劳动力市场视域下的研究生"过度教育"内涵与应对路径探析 [J]. 山西高等学校社会科学学报，2017(1): 70-73.

[195] 黄芳. 我国大学毕业生过度教育问题研究 [D]. 武汉：华中科技大学，2004.

[196] 陈磊. 我国高校本科毕业生过度教育问题研究 [D]. 武汉：华中师范大学，2007.

[197] 王鹭娟. 价值观视域下高等教育过度问题研究 [D]. 太原：山西大学，2009.

[198] 刘亚兰，王洪见. 中国过度教育现状及政策选择 [J]. 北京教育（高教），2012(12): 10-13.

[199] 张仙芬. 过度教育对工资惩罚效应的研究 [D]. 大连：东北财经大学，2016.

[200] 张冰冰，沈红. 过度教育的收入效应 [J]. 复旦教育论坛，2016(3): 87-94.

[201] 唐可月，张凤林. 高校扩招后果的经济学分析——基于劳动市场信号发送理论的研究 [J]. 财经研究，2006(3): 133-145.

[202] 杨娟. 过度教育的成因及其对工资的影响 [C]//.2007年中国教育经济学年会会议论文集.金华：浙江师范大学教育经济研究中心：中国教育学会教育经济学分会,2007: 1013-1026.

[203] 卿石松. 教育回顾、城市婚姻与就业歧视——女研究生比例上升的经济解析 [J]. 中国高教研究，2008(9): 21-24.

[204] 陈纪平. 过度教育与教育的非经济功能 [J]. 教育与经济，2012(3): 30-33.

[205] 曹妍，芮潇潇. 高等教育扩招背景下就业预期对过度教育影响的模型构建 [J]. 教育与经济，2012(2): 35-39.

[206] 宋锦. 教育竞争与农民工工资 [J]. 劳动经济研究，2015(2): 62-81.

[207] 代馨. 中国大学生过度教育问题研究 [D]. 大连：东北财经大学，2016.

[208] 邢芸. 少数民族高校毕业生就业匹配对收入的影响 [J]. 中国大学生就业，2017(3): 39-44.

[209] 武向荣. 中国过度教育的收入效应 [J]. 北京大学教育评论，2007(2): 136-146, 91-92.

[210] 范皑皑. 大学生人力资本的过度与不足——基于弥补型过度教育视角的实证分析 [J]. 北京大学教育评论，2012(4): 100-119, 87.

[211] 周丽萍，马莉萍．高校毕业生的就业匹配与工资起薪的关系研究 [J]．教育学术月刊，2016(4)：82—88.

[212] 董延芳，刘传江，胡铭．农民工的过度教育与收入效应的统计考量 [J]．统计与决策，2012(9)：104—106.

[213] 王广慧，徐桂珍．教育—工作匹配程度对新生代农民工收入的影响 [J]．中国农村经济，2014(6)：66—73, 96.

[214] 吴杨，施永孝．新生代农民工教育—职业匹配收益率实证分析 [J]．成人教育，2015(3)：1—5.

[215] 叶尔肯拜·苏琴，伍山林．农民工教育与工作匹配状态及收入效应 [J]．财经研究，2016(11)：32—43, 59.

[216] 隋国玉．过度教育与工资不平等 [D]．长春：吉林大学，2009.

[217] 李剑峰．过度教育对大学生就业状况的影响——基于比较优势视角的分析 [J]．教育学术月刊，2016(2)：82—89.

[218] 李楠．新生代员工过度教育、组织支持感与工作投入的关系研究 [D]．哈尔滨：哈尔滨工程大学，2012.

[219] 尹盈盈．员工心理授权与组织公民行为的关系研究：过度教育的调节作用 [J]．绍兴文理学院学报（自然科学），2014(3)：78—83.

[220] 王子成，杨伟国．就业匹配对大学生就业质量的影响效应 [J]．教育与经济，2014(3)：44—52, 57.

[221] 刘明艳．教育—工作匹配对高校毕业生离职倾向的影响 [D]．长春：吉林大学，2016.

[222] 王广慧，耿菊徽．教育—工作匹配程度对高校毕业生就业满意度的影响 [J]．高教探索，2016(3)：123—128.

[223] IVAR B. Education and jobs: the great training of robbery [M]. New York: Praeger, 1970.

[224] SLOANE P J, BATTU H, SEAMAN P T. Overeducation, undereducation and the British labour market [J]. Applied economics, 1999, 31(11): 1437—1453.

[225] 曲恒昌，曾晓东．西方教育经济学研究 [M]．北京：北京师范大学出版社，2000.

[226] HARTOG J. Over-education and earnings: where are we, where should we go? [J]. Economics of education review, 2000, 19(2): 131—147.

[227] ALLEN J, VELDEN R V D. The role of self-assessment in measuring skills [J]. Reflex working paper, 2005(2): 1-24.

[228] ROBST J. Education and job match: the relatedness of college major and work [J]. Economics of education review, 2007, 26(4): 397-407.

[229] PIETRO G D, CUTILLO A. University quality and labour market outcomes in Italy [J]. Labour, 2006, 20(1): 37-62.

[230] QUINTINI G. Right for the job: over-qualified or under-skilled? [J]. OECD social employment & migration working papers, 2011(7): 183-226.

[231] 丁守海, 时新哲. 家庭劳动供给行为研究进展 [J]. 经济学动态, 2012(10): 108-115.

[232] 丁守海, 蒋家亮. 家庭劳动供给的影响因素研究：文献综述视角 [J]. 经济理论与经济管理, 2012(12): 42-51.

[233] BECKER G S. A theory of the allocation of time [J]. Economic journal, 1965, 75(299): 493-517.

[234] WEISBROD. External benefits of education [M]. Princeton: Princeton University Press, 1964.

[235] CHIAPPORI P-A, IYIGUN M, WEISS Y. Investment in schooling and the marriage market [J]. American economic review, 2009, 99(5): 1689-1713.

[236] CHIAPPORI P-A, COSTA DIAS M, MEGHIR C. The marriage market, labour supply and education choice [R]. Institute for Fiscal Studies, IFS Working Papers: W16/09. 2016.

[237] HAVEMAN R H, WOLFE B L. Schooling and economic well-being: the role of nonmarket effects [J]. Journal of human resources, 1984, 19(3): 377-407.

[238] SCHULTZ TW. Capital formation by education [J]. Journal of political economy, 1960, 68(6): 571-583.

[239] 陈纪平. 过度教育与教育的非经济功能 [J]. 教育与经济, 2012, (3): 30-33.

[240] 熊婕. 异质性劳动力、就业匹配与收入差距 [D]. 重庆：重庆大学, 2014.

[241] 龙立荣. 国外三个职业兴趣测验的发展趋势 [J]. 心理科学, 1991, (6): 61-62, 24.

[242] 边星灿. 平等与效益——教育决策的两难选择 [J]. 浙江社会科学, 1998, (6): 72-76.

[243] 李悦. 我国当前高等教育学历贬值现象探究 [D]. 吉林: 东北师范大学, 2008.

[244] 黄芝华. 教育对幸福效应的研究 [D]. 上海: 上海师范大学, 2009.

[245] VILA L E. The outcomes of investment in education and people's well-being [J]. European journal of education, 2005, 40(1): 3-11.

[246] CU, XF, ADO J, et al. Does education affect happiness? Evidence for Spain [J]. Social indicators research, 2012, 108(1): 185-196.

[247] 梁艺濒. 影响高等教育个人投资的若干因素分析 [D]. 重庆: 重庆大学, 2009.

[248] MASLOW A H. A theory of human motivation [J]. Psychological review, 1943, 50(1): 370-396.

[249] BROWNING M, CHIAPPORI P-A, WEISS Y. Economics of the family [M]. London: Cambridge University Press, 2014.

[250] CHIAPPORI P-A. Rational household labour supply [J]. Econometrica, 1988, 56(1): 63-90.

[251] 李然. 我国婚姻家庭关系现状及发展走向 [D]. 石家庄: 河北师范大学, 2013.

[252] 牛建林. 夫妻教育匹配对男性平等分担家务的影响 [J]. 人口与经济, 2017(2): 32-41.

[253] 黄建军. 剖析 Simon 的有限理性理论 [J]. 理论月刊, 2001(3): 13-15.

[254] 西蒙. 杨砾, 徐立, 译. 现代决策理论的基石有限理性说 [M]. 北京: 北京经济学院出版社, 1989.

[255] 莱茵哈特·泽尔滕, 高雷. 有限理性论 [J]. 审计与经济研究, 2011(1): 3-8.

[256] 李秀伟, 杨竟. 婚姻市场的教育匹配与分层研究的新进展 [J]. 技术与市场, 2009, 16(3): 42-43.

[257] 董志强, 洪夏璇. 行为劳动经济学: 行为经济学对劳动经济学的贡献 [J]. 经济评论, 2010(5): 132-138.

[258] 刘春荣. 论效用、偏好与选择性劳动供给——兼谈企业常态化"招工难" [J]. 首都经济贸易大学学报, 2015(4): 70-75.

[259] 奚玉芹, 戴昌钧. 人-组织匹配研究综述 [J]. 经济管理, 2009(8): 180-186.

[260] MUCHINSKY P M, MONAHAN C J. What is person-environment congruence?

Supplementary versus complementary models of fit [J]. Journal of vocational behavior, 1987, 31(3): 268-277.

[261] CABLE D M, JUDGE T A. PAY preferences and job search decisions: a person-organization fit perspective [J]. Personnel psychology, 1994, 47(2): 317-348.

[262] KRISTOF A L. Person-organization fit: an integrative review of its conceptualizations, measurement, and implications [J]. Personnel psychology, 1996, 49(1): 1-49.

[263] 李锋亮,徐舜平,付新宇. 匹配效应与溢出效应:基于夫妻教育匹配对收入影响的实证发现 [J]. 教育与经济, 2016(1): 47-52.

[264] MCGUINNESS S. Overeducation in the labour market [J]. Journal of economic surveys, 2006, 20(3): 387-418.

[265] GILL A M, SOLBERG E J. Surplus schooling and earnings: a critique [J]. The journal of human resources, 1992, 27(4): 683-689.

[266] GREEN F, MCINTOSH S, VIGNOLES A. Overeducation and skills-clarifying the concepts [M]. London: Centre for Economic Performance, 1999.

[267] DOLTON P, SILLES M A. The effects of over-education on earnings in the graduate labour market [J]. Economics of education review, 2008, 27(2): 125-139.

[268] DOLTON P, SILLES M A. The determinants and consequences of graduate overeducation [A]//BUCHEL F, DE GRIP A, MERTENS A. Overeducation in Europe: current issues in theory and policy. Cheltenham, U.K. and Northampton, Mass.:Elgar. 2003: 189-216.

[269] LINSLEY I. Causes of overeducation in the Australian labour market [J]. Australian journal of labour economics, 2005, 8(2): 121-143.

[270] ROSENBAUM PAUL R, RUBIN DONALD B. The central role of the propoensity score in observational studies for causal effects [J]. Biometrika, 1983, 70(1): 41-55.

[271] ZHAO Z. Using matching to estimate treatment effects: data requirements, matching metrics, and monte carlo evidence [J]. Review of economics & statistics, 2004, 86(1): 91-107.

[272] 刘凤芹，马慧．倾向得分匹配方法的敏感性分析 [J]．统计与信息论坛，2009，24(10): 7-13.

[273] HECKMAN J J. Econometric causality [J]. International statistical review / Revue internationale de statistique, 2008, 76(1): 1-27.

[274] DEHEJIA R H, WAHBA S. Propensity score-matching methods for nonexperimental causal studies [J]. Review of economics & statistics, 2006, 84(1): 151-161.

[275] 卿涛，纪义予．我国"过劳"研究评述与展望 [J]．中国人力资源开发，2015(13): 95-101.

[276] 孟续铎，李付俊．劳动者的工作生活质量与过劳问题——中国适度劳动研究中心 2013 年年会暨学术研讨会综述 [J]．中国人力资源开发，2014(3): 6-10.

[277] 薛晓琳．"疲劳"症状的规范化研究 [D]．北京：北京中医药大学，2006.

[278] 王丹．我国劳动者过度劳动的评定及其实证研究 [J]．经济经纬，2011(2): 86-90.

[279] 黄河．从劳动时间论员工"过劳"现象及其防止 [J]．中国人力资源开发，2010(9): 17-23.

[280] 吴君．北京市 CBD 地区白领员工"过度劳动"状况的实证研究 [D]．北京：首都经济贸易大学，2011.

[281] 张春雨，张进辅，张苹平．员工过劳现象的形成机理与管理方法——立足工作要求-资源模型的分析 [J]．中国人力资源开发，2010(9): 30-34.

[282] 王素娟．JD-R 模式下过度劳动的多维动态性形成与管理研究 [J]．山东大学学报(哲学社会科学版)，2012(4): 81-88.

[283] 王丹，杨河清．知识工作者过度劳动的形成机制探析 [J]．中国人力资源开发，2012(1): 96-99.

[284] 孟续铎，王欣．企业员工"过劳"现状及其影响因素的研究——基于"推-拉"模型的分析 [J]．人口与经济，2014(3): 92-100.

[285] 孟续铎．劳动者过度劳动的若干理论问题研究 [J]．中国人力资源开发，2014(3): 29-35.

[286] 石建忠．劳动者过劳现象若干理论问题探讨 [J]．中国人力资源开发，2010(9): 24-29.

[287] 童玉芬．人口老龄化过程中我国劳动力供给变化特点及面临的挑战 [J]．人口

研究，2014, 38(2): 52-60.

[288] 蒋睿琦. 劳动报酬对农民工过度劳动影响的经验研究 [D]. 长春：吉林大学，2016.

[289] 石郑. 建筑企业员工"过劳"现象调查研究——以 A 公司为例 [J]. 中国人力资源开发，2015(9): 97-103.

[290] 刘云章. 从司机"过劳死"想到的…… [J]. 安全与健康，2008(18): 20.

[291] 邵晴芳. 高校教师"过度劳动"问题研究 [D]. 武汉：武汉科技大学，2012.

[292] 王建军. 探析高校中青年教师"过劳死" [J]. 内蒙古师范大学学报（教育科学版），2005(11): 134-136.

[293] 刘贝妮，杨河清. 我国高校部分教师过度劳动的经济学分析 [J]. 中国人力资源开发，2014(3): 36-41.

[294] 谢明荣，费均玲. 中职教师过度劳动对策研究 [J]. 人力资源管理，2016(12): 210-3.

[295] 杨河清，韩飞雪，肖红梅. 北京地区员工过度劳动状况的调查研究 [J]. 人口与经济，2009(2): 33-41.

[296] 王丹，杨河清. 北京地区企事业单位劳动者的过劳情况调查 [J]. 中国人力资源开发，2010(9): 38-40.

[297] 杨河清，王丹. 北京商务中心区知识工作者过劳状况——现状与对策 [J]. 经济与管理研究，2011(10): 54-9.

[298] 杨河清，吴君. 北京市 CBD 知识员工过劳状况调查研究 [J]. 北京联合大学学报（人文社会科学版），2012(3): 44-50.

[299] 杨河清. 实践科学发展观，高度关注"过劳"问题 [J]. 中国工人，2010(10): 4-5.

[300] 杨河清. 我国过劳问题严重，亟须加强研究 [J]. 人口与经济，2014(3): 85-88.

[301] 孙乐琪. 首部《中国医师执业状况白皮书》发布 超三成医师每周工作超 60 小时 [EB/OL]. （2015-05-28）. http://www.xinhuanet.com/politics/2015-05/28/c_1115443216.htm.

[302] 刘鑫，张震. 医务人员过劳原因分析 [J]. 医学与社会，2016(1): 23-26.